TEORIA DA MUDANÇA CONSTITUCIONAL:
sua trajetória nos Estados Unidos e na Europa

Fernanda Duarte e José Ribas Vieira (orgs.)

Francisco da Cunha e Silva Neto, Josué Mastrodi, Rafael M. Iorio Filho, Francisco Moura, Manuela Martins, Rubens Takashi Tsubone, Igor de Abreu, Márcia Tamburini, Vanice Lírio do Valle

TEORIA DA MUDANÇA CONSTITUCIONAL:
sua trajetória nos Estados Unidos e na Europa

RENOVAR

Rio de Janeiro • São Paulo • Recife

2005

Todos os direitos reservados à
LIVRARIA E EDITORA RENOVAR LTDA.
MATRIZ: Rua da Assembléia, 10/2.421 - Centro - RJ
CEP: 20011-901 - Tel.: (21) 2531-2205 - Fax: (21) 2531-2135
LIVRARIA CENTRO: Rua da Assembléia, 10 - loja E - Centro - RJ
CEP: 20011-901 - Tels.: (21) 2531-1316 / 2531-1338 - Fax: (21) 2531-1873
LIVRARIA IPANEMA: Rua Visconde de Pirajá, 273 - loja A - Ipanema - RJ
CEP: 22410-001 - Tel: (21) 2287-4080 - Fax: (21) 2287-4888
FILIAL RJ: Rua Antunes Maciel, 177 - São Cristóvão - RJ - CEP: 20940-010
Tels.: (21) 2589-1863 / 2580-8596 / 3860-6199 - Fax: (21) 2589-1962
FILIAL SP: Rua Santo Amaro, 257-A - Bela Vista - SP - CEP: 01315-001
Tel.: (11) 3104-9951 - Fax: (11) 3105-0359
FILIAL PE: Rua Gervásio Pires, 545 - Boa Vista - Recife - PE - CEP 50050-070
Tel.: (81) 3223-4988 - Fax: (81) 3223-1176

www.editorarenovar.com.br   renovar@editorarenovar.com.br
SAC: 0800-221863
© 2005 by Livraria Editora Renovar Ltda.

Conselho Editorial:

Arnaldo Lopes Süssekind — Presidente
Carlos Alberto Menezes Direito
Caio Tácito
Luiz Emygdio F. da Rosa Jr.
Celso de Albuquerque Mello (*in memoriam*)
Ricardo Pereira Lira
Ricardo Lobo Torres
Vicente de Paulo Barretto

Revisão Tipográfica: Julio Boto Pedroso

Capa: Duplo Design

Editoração Eletrônica: TopTextos Edições Gráficas Ltda.

№ 0087

CIP-Brasil. Catalogação-na-fonte
Sindicato Nacional dos Editores de Livros, RJ.

T463	Teoria da mudança constitucional: sua trajetória nos Estados Unidos e na Europa / Fernanda Duarte e José Ribas Vieira (organizadores). — Rio de Janeiro: Renovar, 2005. 366. ; 21cm. Inclui bibliografia. ISBN 85-7147-496-6 1. Direito constitucional. I. Brasil. I. Título. CDD-344.810419

Proibida a reprodução (Lei 9.610/98)
Impresso no Brasil
Printed in Brazil

*Ao Professor Celso D. de Albuquerque Mello,
sempre fonte de inspiração.*

AGRADECIMENTOS

Sem dúvida alguma, e ainda mais nos dias de hoje, uma obra de pesquisa em torno de temas avançados e teoricamente complexos não é algo que possa ser resultado de um mero trabalho individual. Qualquer autor que busque publicar estudos visando a concretizar investigações científicas bastante atualizadas, com o intento de contribuir de alguma forma para linhas inovadoras no mundo jurídico, precisa contar com uma equipe de pesquisadores para auxiliá-lo na obtenção e até na leitura de artigos e livros recém-publicados, sem esquecer de interlocutores hábeis para discutir as questões mais relevantes.

A exemplo de nossa primeira obra (VIEIRA, 2004), esta é também o resultado do compromisso de uma ação integrada de todo o grupo de pesquisa, daí a declaração da co-autoria de todos os seus membros. Pouco comum na área das ciências sociais, em que livros coletivos são em geral a compilação de artigos preparados cada qual por seu autor, os procedimentos de consecução desta obra foram predominantemente coletivos: os capítulos foram em geral resultado do trabalho conjunto de dois ou três co-autores, o que não impediu que praticamente todos os demais integrantes deste grupo de pesquisa apresentassem considerações, comparações com outras leituras, a relação com outros pontos levantados em outras partes do livro etc. Não há dúvida que a internet e a utilização conjunta de endereço eletrônico foram ferramentas vitais para o preparo deste trabalho acadêmico, sem as quais as discussões e compilações teriam ocorrido em ritmo muito mais lento.

Além de registrarmos esse processo coletivo peculiar de elaboração de cada um dos capítulos, houve também outras formas essenciais de participação de alguns membros do mencionado grupo para alcançarmos o objetivo de concluir uma obra com caráter sistemático e articulado. Por este motivo, desejamos reconhecer os relevantes papéis de coordenadores desempenhados pelos Professores Doutores Fernanda Duarte e José Ribas Vieira e de revisor, ao compatibilizar as inúmeras versões de leituras de capítulos desta obra, levado à frente de forma incansável pelo Professor e doutorando Josué Mastrodi.

PREFÁCIO

Este grupo de pesquisa foi instituído no âmbito do Programa de Pós-Graduação de Direito da Universidade Gama Filho (UGF) durante o primeiro semestre de 2002, tendo por objeto de estudos as questões envolvendo os mecanismos do *judicial review* norte-americano e sua congênere européia, a jurisdição constitucional. A proposta original centrava-se em pontuar, por método comparativo, os conceitos jurídicos construídos em cada um dos modelos de controle de constitucionalidade (concreto e difuso norte-americano, abstrato e concentrado austríaco, além das variações deste nos ordenamentos alemão, suíço e italiano, bem como o sistema francês).

As discussões e os questionamentos levantados intensamente ao longo das reuniões acabaram por direcionar a pesquisa para outros campos práticos e teóricos, impulsionados pela necessidade de ir além dos conceitos e compreender sua construção a partir do contexto histórico e social; de encontrar os valores e interesses que fundamentaram o desenvolvimento daqueles sistemas jurídicos. Nesse sentido, muito embora o foco das investigações tenha gravitado em torno de modelos jurídicos de controle de constitucionalidade, a primeira obra coletiva deste grupo de pesquisa (VIEIRA, 2003) cuidou do ativismo judicial e os impasses entre legislador e juiz, em especial no contexto estadunidense.

Referido trabalho, publicado em revista especializada, acabou por se constituir a base para os capítulos iniciais do primeiro livro (VIEIRA, 2004), cujo tema, já bem longe das discussões sobre controle de constitucionalidade, versou a respeito da legitimidade do processo de desenvolvimento do projeto que, em breve, dará lugar à Constituição européia.

A distância que medeia o estudo publicado em 2003 e aquele de 2004 não é, a rigor, muito significativa. Os contextos norte-americano e europeu são, é verdade, totalmente distintos entre si. Em ambos, porém, é intenso o enfrentamento acerca da afirmação da legitimidade das autoridades exercentes do poder político, em especial, como afirma GRIFFIN, no que respeita a saber o que é a Constituição e quem deve decidir o que ela é. O mesmo debate, já abordado nos trabalhos acadêmicos anteriores, é agora retomado na primeira parte deste livro, tendo como ponto de partida a abordagem sobre a teoria da mudança constitucional.

De outra parte, os processos de busca da legitimidade para a instituição dos Estados Unidos e da União Européia constitucional apresentam certa similitude, valendo observar os movimentos que deram origem à Convenção da Filadélfia de 1787[1], que tornou federados os treze Estados anteriormente independentes entre si, e à organização européia que, mesclando conferências intergovernamentais e consultas populares (aos povos de cada Estado integrante da Comunidade européia), tornou realidade a União de quinze Estados, hoje vinte e cinco, e com a previsão de ingresso de vários outros e que, muito provavelmente, unificará a todos sob a égide de uma única Constituição[2].

---

1   E as anteriores Assembléias de Massachusetts, Virgínia, Pensilvânia e Nova York.
2   Se esse *Super-Estado* será federal, confederal ou de natureza jurídica de caráter original isto é discussão tratada no capítulo 6 da obra ora prefaciada.

Mas não é só isso. A fundamentação teórica do processo constitucional norte-americano de 1787 sofre influência marcadamente européia (francesa e inglesa). Isto porque o desenvolvimento dos conceitos europeus nos Estados Unidos construiu um contexto todo próprio e, numa "retribuição do favor", tais resultados têm sido apreciados pelos europeus no curso do final do século passado e início deste século XXI para, em parte, lastrear seu futuro Texto Maior. Este assunto foi muito discutido na obra anterior (VIEIRA, 2004) e volta a ser muito bem pontuado nesta daqui, especialmente em seu Capítulo 4.

Enfim, procuramos oferecer uma obra que versa sobre mudança constitucional, tratando de transformações que ocorrem independentemente de qualquer alteração do texto da Carta Política, e cuja legitimidade é igual — ou até superior, mas nunca inferior — à das alterações havidas por força de emendas ao texto constitucional.

Esperamos que esta seja uma leitura útil e apreciável por todos aqueles que têm como interesse acadêmico as questões ora abordadas.

Rio de Janeiro, verão de 2005.

José Ribas Vieira
Josué Mastrodi

COLABORADORES

José Ribas Vieira — Doutor em Direito pela Universidade Federal do Rio de Janeiro (UFRJ), é professor do Programa de Pós-Graduação em Direito da Universidade Gama Filho (UGF) e coordena o grupo de pesquisa sobre Constitucionalismo e Democracia.

Fernanda Duarte — Doutora em Direito pela Pontifícia Universidade Católica do Rio de Janeiro (PUC), é Professora do Programa de Pós-Graduação em Direito da Universidade. Gama Filho (UGF) e coordena o grupo de pesquisa sobre Constitucionalismo e Democracia. É juíza federal no Rio de Janeiro.

Francisco da Cunha e Silva Neto — Mestrando do Programa de Pós-Graduação em Direito da Universidade Gama Filho, especialista em Direito Processual Civil pela Pontifícia Universidade Católica do Paraná (PUC-PR). É advogado em Curitiba.

Francisco Moura — Mestre em Direito pela Universidade Gama Filho, professor de Direito Público do curso de graduação da UGF e da Universidade Estácio de Sá (Unesa). É advogado no Rio de Janeiro.

Igor de Abreu — Mestre em Direito pela Universidade Metodista de Piracicaba (UNIMEP), doutorando em Direito pela Universidade Gama Filho (UGF), professor de Direito Público do curso de graduação da UGF. É advogado em São Paulo.

Josué Mastrodi — Mestre e doutorando em Direito pela Universidade Gama Filho (UGF), professor de Direito Público do curso de graduação da UGF. É advogado no Rio de Janeiro.

Manuela Martins — Mestre e doutoranda em Direito pela Universidade Gama Filho (UGF), professora de Direito Público do curso de graduação da UGF e da Universidade da Cidade.

Márcia Tamburini — Mestre e doutoranda em Direito pela Universidade Gama Filho, bolsista "Sandwich" (Capes) no curso de Pós-graduação em Direito da Universidade de Montpellier (França), professora de Direito Público do curso de graduação da Universidade Estácio de Sá (Unesa). É promotora de justiça do Estado do Rio de Janeiro.

Rafael M. Iorio Filho — Mestrando em Direito do Programa de Pós-Graduação em Direito da Universidade Gama Filho (UGF).

Rubens Takashi Tsubone — Mestrando em Direito do Programa de Pós-Graduação em Direito da Universidade Gama Filho. É advogado do Banco Nacional de Desenvolvimento Econômico e Social (BNDES).

Vanice Lírio do Valle — Mestre em Direito pela Universidade Estácio de Sá (Unesa) e doutoranda em Direito pela Universidade Gama Filho (UGF), diretora do Departamento de Ciências Jurídicas da Universidade Gama Filho. É Procurador do Município do Rio de Janeiro.

ÍNDICE

AGRADECIMENTOS VII
PREFÁCIO IX

PRIMEIRA PARTE:
TEORIA DA MUDANÇA CONSTITUCIONAL NOS ESTADOS UNIDOS DA ÁMERICA

CAPÍTULO 1
A TEORIA DA MUDANÇA NO CONSTITUCIONALISMO AMERICANO: LIMITES E POSSIBILIDADES 1

1.1. Introdução 1
1.2. O início do debate da mudança constitucional nos Estados Unidos da América 10
1.3. A contribuição original de Bruce Ackerman 12
1.4. A concepção de Stephen Griffin da Teoria de Mudança Constitucional sob a perspectiva do institucionalismo histórico 17
1.5. A proposta de Mark Tushnet sobre a mudança constitucional e as relações institucionais 21
1.6. Cass Sunstein e a mudança constitucional 24
1.7. A análise de Michel Rosenfeld a respeito de mudança constitucional e a busca de adequação da identidade do sujeito constitucional 32
1.8. Uma relação de círculos concêntricos entre as teorias propostas 36
1.9. A título de síntese 37

CAPÍTULO 2
AINDA HÁ SUPREMACIA DO JUDICIÁRIO? 43
2.1. Considerações iniciais...44
2.2. A supremacia da Constituição: necessidade de controle judicial da constitucionalidade dos atos normativos dos poderes eleitos?...50
2.3. A supremacia do Judiciário: um panorama do debate...............58
2.3.1. Uma sistematização das críticas à supremacia judicial.................60
2.3.2. Em favor da supremacia judicial: uma defesa a partir da teoria da separação dos poderes e dos direitos fundamentais...............70
2.4. Visões alternativas à supremacia judicial e animadas pela teoria da mudança...74
2.4.1. Ackerman e os momentos constitucionais...................76
2.4.2. Griffin e sua democracia de direitos 87
2.4.3. Tushnet e sua nova ordem constitucional....................93
2.5. Algumas conclusões...101

CAPÍTULO 3
CONSTITUCIONALISMO AMERICANO E A INCORPORAÇÃO TEÓRICA DOS *SEPARATION OF POWER GAMES* 105
3.1. Introdução..105
3.2. Um breve percurso sobre elementos de inspiração do processo de definição de um modelo institucional na Convenção de Filadélfia....108
3.3. Um caminho de aproximação: institucionalismo como dado da interpretação da constituição..118
3.4. Uma segunda via de aproximação: institucionalismo como elemento de formulação de uma teoria constitucional.................127
3.5. Sobre o institucionalismo e o constitucionalismo brasileiro..........146

SEGUNDA PARTE:
TEORIA DA MUDANÇA CONSTITUCIONAL NA EUROPA

CAPÍTULO 4
OS IMPASSES POLÍTICO-SOCIAIS E SUAS CONSEQÜÊNCIAS PARA A TEORIA DA MUDANÇA CONSTITUCIONAL EUROPÉIA.....................155
4.1. O Surgimento do Estado-Nação.....................................156
4.2. Trajetória Histórica..158

4.3. A Construção da identidade nacional 165
4.4. As Constituições na Europa Central no período entre-guerras 181
4.5. A crise dos Estados nacionais das Europa central e oriental 182
4.6. Revoluções e instabilidade dos Estados 189
4.7. Os encargos econômicos e sociais 192
4.8. As novas Constituições 197
4.8.1. Alemanha 197
4.8.2. Áustria 203
4.8.3. Polônia 208
4.8.4. Tchecoslováquia 211
4.8.5. Hungria 214
4.9. Comparação entre os processos político-institucionais descritos ... 216
4.10. A homogeneidade social da população como condição de
uma democracia funcional 217
4.11. A capacidade de resposta como condição funcional da
democracia 219
4.12. A tradição e a estabilidade das instituições políticas como
condições funcionais da democracia 221
4.13. Autodeterminação da democracia por meio do Direito
Constitucional 223
4.14. A organização dos poderes do Estado 225
4.15. Poder Executivo — O Presidente da República e o Governo 227
4.16. A racionalização do federalismo e o Estado Integral 228
4.17. União Européia — Legitimação e Democracia 231
4.18. A estrutura Institucional da União Européia 244
4.19. Construindo uma identidade 235
4.20. Segurança e integração 254
4.21. Estado constitucional democrático. 257

CAPÍTULO 5
A NOVA TRÍADE CONSTITUCIONAL EM ERHARD
DENNINGER 261
5.1. Apresentação 261
5.2. O legado constitucional pós-1945 264
5.3. Transição dos anos 1990 para o século XXI 265
5.4. Novos paradigmas de DENNINGER 271
5.5. Igualdade e diversidade 274
5.6. Segurança e liberdade 279
5.7. Fraternidade e solidariedade 286
5.8. Conclusão 288

CAPÍTULO 6
PERSPECTIVAS DE UMA NOVA TEORIA CONSTITUCIONAL: REFLEXOS DO PROJETO DE CONSTITUIÇÃO EUROPÉIA 289
6.1. Considerações iniciais 289
6.2. A trajetória política da União Européia 291
6.3. A forma e conteúdo do Tratado: delineamento de uma Constituição? 502
6.4. Um novo modelo de poder constituinte pela via convencional 306
6.5. O Projeto de tratado: moldura confederal, federal ou de natureza híbrida? 316
6.6. O conteúdo constitucional: proteção aos direitos fundamentais 318
6.7. Conclusão 330

CONCLUSÃO 337

BIBLIOGRAFIA 345

CAPÍTULO 1

A TEORIA DA MUDANÇA NO CONSTITUCIONALISMO AMERICANO: LIMITES E POSSIBILIDADES

José Ribas Vieira
Josué Mastrodi Neto
Vanice Lírio do Valle

1.1. Introdução; 1.2. O início do debate da mudança constitucional nos Estados Unidos da América; 1.3. A contribuição original de Bruce Ackerman; 1.4. A concepção de Stephen Griffin da Teoria de Mudança Constitucional sob a perspectiva do institucionalismo histórico; 1.5. A proposta de Mark Tushnet sobre a mudança constitucional e as relações institucionais; 1.6. Cass Sunstein e a mudança constitucional; 1.7. A análise de Michel Rosenfeld a respeito de mudança constitucional e a busca de adequação da identidade do sujeito constitucional; 1.8. Uma relação de círculos concêntricos entre as teorias propostas; 1.9. A título de síntese.

1.1. INTRODUÇÃO

Apontar as grandes mudanças acontecidas em nossas sociedades — em todas, e em cada qual dos sistemas que nela se inter-relacionam —, em especial na segunda metade do século passado, é exercício que já se tornou lugar-comum, fazendo com que expressões como "globalização", "sociedade da comunicação", "pós-modernidade", "sociedade de riscos" e outras que tais integrem, na verdade, o próprio vocabulário, não mais dos cientistas, mas sim de nosso quotidiano.[1]

Esse conjunto de fenômenos de mudança, operadas no ambiente social, gera por certo, uma enorme pressão de equacionamento de suas origens e seus possíveis desdobramentos, notadamente, nas ciências sociais, que são chamadas ainda a, sobretudo, oferecer (novas) respostas às questões que esse novo ambiente desperta.

Na Teoria do Direito — indissociavelmente relacionado a todo esse cenário sócio-político — o século XX se mostrou particularmente desafiador, com o surgimento e subseqüente exaurimento, em velocidade recorde de modelos e conceitos que, uma vez suplantados, exigiam por sua vez a oferta de novas concepções que pudessem orientar as relações entre os homens. Assim é que o positivismo, por exemplo, teve no século passado, ao mesmo tempo, momentos de seu apogeu e derrocada, forçando os teóricos à construção de alternativas que conciliassem, de um lado, a prevenção do risco que a dissociação entre direito e moral apresentava; e de outro, imperativos como os da segurança jurídica e estabilidade das relações.

No terreno dos conceitos, simbólica é a transformação pela qual passa o de soberania, começando, como assinala

---

1 Essas categorias refletem, naturalmente, no campo do Direito. Para o legado constitucional pós-1945 defrontamos, por exemplo, com termos como *neoconstitucionalismo* (*Cf.* COMANDUCCI, 2002 e MORESO, 2003). Vide, ainda, síntese desse debate no capítulo 2 de SANCHIS (2003). E, também, ROSENFELD (2003), que discute sobre o *novo* e o *velho* constitucionalismos.

FERRAJOLI (2002:39-40) pela sua limitação jurídica, no plano internacional, às normas fundamentais do imperativo da paz e da tutela dos direitos humanos; e culminando com esse extraordinário fenômeno que é o da criação da União Européia, cuja análise específica se dá na presente obra, a partir do Capítulo 4.

Tamanho movimento de transformação, por certo, não poderia deixar de produzir efeitos por sua vez, em sensível área do conhecimento jurídico — igualmente valorizada em plano mundial nesse mesmo período histórico —, a saber, o constitucionalismo.

Fortalecida pelo seu potencial não só organizador-institucional, mas sobretudo propositivo em relação à mesma realidade condicionante e condicionada sobre a qual pretende incidir, a constituição se põe como elemento fundamental a conferir forma e modificação à realidade. Visceralmente relacionado a esse mister, surge o constitucionalismo como processo destinado a converter constituição em força ativa, tendo ainda por papel, na lição de HESSE (1991:19), o trazer presente à "... *consciência geral — particularmente, na consciência dos principais responsáveis pela ordem constitucional — não só a vontade de poder (Wille zur Macht), mas também a vontade de constituição (Wille zur Verfassung)*."

Não é menos certo, todavia, que o próprio jurista alemão já assinalava a imprescindibilidade de encontrar a constituição "...*no tempo, nas circunstâncias, no caráter nacional...*" o "...*germe material de sua força vital...* " HESSE (1991:17)[2]. Dessa forma, não há como se cogitar de constituição e constitucionalismo, sem que se tenha em consideração os efeitos do decurso do tempo e das mudanças de circunstâncias sobre o caráter nacional.

---

2 A respeito das próprias mudanças da concepção do constitucionalismo do século XVIII até hoje, vide COMANDUCCI (2002).

Essa percepção — inicialmente empírica — da imprescindibilidade de uma maior clareza dos efeitos das mudanças no entorno na ordem constitucional vem a deflagrar a necessidade de uma sistematização teórica de concretização desses processos de mudanças, em especial no terreno do constitucionalismo, em que na raiz de tal reconhecimento (da manifestação da mudança) está o tema da legitimidade. Associe-se a isso a consolidação da idéia do poder constituinte do povo como representação harmonizadora das contradições do texto constitucional (MÜLLER, 2004:24-25), idéia-base que mais ainda ratifica a grande indagação acerca de quais sejam os caminhos legítimos de incidência de uma mudança, e quiçá, de deflagração de uma nova ordem constitucional — num conceito que, como se demonstrará, nada tem a ver com a idéia clássica de exercício de poder constituinte, originário ou derivado.

Este capítulo apresenta como sua preocupação central proceder a um balanço teórico a respeito da noção de mudança na Teoria Constitucional americana. Importante notar que a idéia de mudança constitucional comparece no debate norte-americano desde 1787, com o advento de sua constituição; haja vista o artigo V da referida carta de princípios, ao tratar do poder constituinte derivado, materializar, em realidade, uma visão de rigidez da construção que ali se empreendia.

Esse apontado perfil de mudança constitucional originalmente traçado nos Estados Unidos contribui, de forma acentuada, para pensarmos hoje o tema da transformação constitucional. Destaque-se, todavia, que a presente análise não se restringirá ao universo norte-americano — até para que não se prejudique, por uma visão reducionista, sua adequada compreensão. Nesse compasso, teremos em mente também a forma pela qual o mesmo fenômeno tenha sido percebido no contexto doutrinário europeu.

Numa apertadíssima síntese, podemos destacar, como originárias do quadro teórico europeu clássico, duas formas bastante definidas de possível manifestação da mudança constitucional. A primeira delas, originária da teoria constitucional francesa, insere a mudança sempre no âmbito do processo constituinte. Nessa concepção, a mudança se revela de caráter estrutural, no sentido de que se põe como resposta diante de uma perspectiva de ruptura. Mais recentemente, juristas do porte de MÜLLER (2004) têm recepcionado essa linha de compreensão da mudança constitucional sempre via do poder constituinte, associada a uma idéia de garantia de legitimidade permanente.

A segunda forma por meio da qual a doutrina européia vê o fenômeno da mudança constitucional decorre do modelo teórico alemão, que adota como premissa a possibilidade de alteração da norma constitucional. Tal concepção teórica é explicitada por, dentre outros, JELLINEK (1991), DAU-LIN (1998) e HESSE (1991), todos sustentando a possibilidade de se ter uma alteração do sentido da norma sem ter havido modificação do próprio texto.

Apresentados os modelos de matriz européia, retomando os objetivos de nossa reflexão — uma análise da absorção, pela teoria norte-americana, dessa mesma idéia de mudança constitucional —, caberia indagar acerca de eventuais pontos de contato da compreensão estadunidense e a visão teórica européia acima referida. Neste capítulo, estamos voltados a examinar se esse compromisso de estabilidade permanece, dentro do referido contexto constitucional; e mais ainda, na hipótese de que a teoria constitucional norte-americana tenha dificuldades, atualmente, de manter a noção de permanência do documento constitucional; em que modelo poderíamos compreender esse novo padrão norte-americano quanto ao seu perfil de constituição?

Para responder a esta indagação, avaliando se estamos ainda diante da determinação formalmente disposta na constituição americana de 1787, no sentido de operar sob o signo da estabilidade, ou se já podemos afirmar um direcionamento para uma outra estratégia político-constitucional, é que privilegiaremos, a seguir, o estudo de autores norte-americanos que cogitam do tema, principalmente a partir dos anos 90 do século passado.

Entretanto, antes de proceder o mapeamento das reflexões recentes dos constitucionalistas estadunidenses comprometidos com a mudança constitucional, cabe lembrar a relevante observação de KRAMER (2004). Com base num rigoroso resgate histórico, institucional e político desde o início da denominada Revolução americana (1776), demonstra ser o constitucionalismo desse período de lastro democrático radicalmente popular. KRAMER reconhece, nessa direção, que a constituição americana de 1787 foi modelada, por conseqüência, sem esquecer essas raízes políticas, traço que, nessa perspectiva, tem a capacidade de gerar um sério risco de instabilidade institucional devido aos possíveis excessos dessa forma de legitimidade.[3] Por conseqüência, tendo como base o grupo dos Federalistas, a Convenção de Filadélfia foi marcada por uma preocupação de controle de maiorias radicalizadas ou de facções políticas.

Na verdade, ao comprovar ser o constitucionalismo de base democrático popular a essência do sistema norte-americano, KRAMER aponta a tensão criada pela imposição tanto da supremacia do Judiciário, como ainda, principal-

---

[3] Vejam a Revolta de Shay, tão bem retratada por GARGARELLA (1996). Tal revolta, logo após a independência americana de 1776, é um exemplo do perigo e do inconformismo das maiorias (facções) que devem ser controladas.

mente, o *judicial review* — elementos de configuração, em alguma medida, do alcance constitucional, que não se revestiriam, naturalmente, dessa mesma característica de fundamento de legitimidade, tão cara às origens e ao contexto institucional estadunidense. Adverte esse estudioso que, atualmente, os Estados Unidos vivem um momento crucial em razão da aceitação dessa supremacia do Judiciário, estando esta enfraquecida institucionalmente ao se impor limites ao poder do juiz, posição teórica defendida tanto por parte dos liberais quanto pelos conservadores no final do século XX.

Esse cenário de impasse, tanto da prevalência de uma postura da estabilidade constitucional advinda da Convenção da Filadélfia de 1787 — tendo como fulcro o referido artigo V da constituição norte-americana[4] — quanto da supremacia do Judiciário —, a ser examinada no próximo capítulo entre uma de suas funções a de sentido contramajoritário (BICKEL: 1986).

Ressalte-se, nesta parte desta obra, o aspecto comparativo entre a teoria constitucional norte-americana e a sua congênere européia. Por meio dessa comparação, com base em KRAMER (2004), torna-se fácil constatar como o processo constitucional construído na Europa do pós-1945 foi capaz de superar essas tensões vivenciadas pelo sistema institucional estadunidense. Leciona KRAMER (2004:250):

> As nações da Europa moderna têm encontrado meios mais sensíveis para flexibilizar esse problema do controle. Reconhecendo que a efetivação constitucional não é, e nunca poderia ser como uma interpretação ordinária jurídica, o mundo pós-segunda guerra das

---

4 Segundo ainda KRAMER, a estabilidade contida no referido artigo V veio para preservar o legado do constitucionalismo popular.

constituições européias estabeleceram cortes especiais, não como parte do sistema ordinário jurídico, cuja única função é a revisão das questões constitucionais...

Examinando a experiência européia, lembra também esse estudioso norte-americano que a aprovação dos nomes a integrarem suas cortes constitucionais requer uma *supermaioria* em uma ou ambas casas do parlamento, garantindo uma base de legitimidade a essas jurisdições constitucionais e aos seus integrantes. Associa-se a essa característica a circunstância de eles — os membros das cortes constitucionais — serem investidos, em realidade, de um mandato a cumprir, de modo a assegurar uma permanente renovação e, como resultado, uma sintonia com as demandas sociais.

Acresce ainda que o formato das Constituições européias pós-1945 torna mais fácil a modificação de seu texto do que no sistema adotado pelo documento constitucional norte-americano de 1787. Arremata KRAMER lembrando que essas inovações contidas nas experiências constitucionais da Europa após a Segunda Guerra Mundial acabaram por flexibilizar, positivamente e de forma bem-sucedida, nesse ambiente institucional. Tal flexibilização evitou maiores conflitos (como ocorre no sistema americano) entre as Cortes constitucionais dos países europeus e outros órgãos constitucionais.

Vale lembrar, ainda, que essas modalidades de jurisdição constitucional são mais ágeis e propensas para as correções político-institucionais quando ocorre a possibilidade de conflitos. KRAMER avalia, também, que, de fato, o modelo europeu seria, hoje, mais bem arquitetado em seu funcionamento do que o próprio sistema constitucional americano advindo de 1787, exemplificando com a circunstância de que diferentemente dos juízes norte-americanos e seu conhecido e intenso ativismo judicial, os juízes europeus estariam mais próximos de perceber os limites de sua autoridade.

Esse nosso questionamento ganha especial significado quando se cogita do constitucionalismo norte-americano, em que se pretende, de um texto datado de 1787, resposta às indagações e desafios de uma sociedade em pleno século XXI. O estudo sistematizado da (in)admissibilidade de uma teoria da mudança com a conseqüente inauguração de novas ordens constitucionais se põe como necessário até mesmo à superação, por intermédio do problema de fundo da legitimidade,[5] de discussões verdadeiramente históricas naquela sociedade, como a do interpretativismo *versus* não-interpretativismo, e outras que tais, que trazem em sua raiz a dificuldade de superação teórica do debate relacionado aos limites possíveis de reformulação conteudística de seu Texto-Base.

Concluem-se as presentes palavras de introdução com o destaque para o fato de que, em que pesem as profundas diferenciações entre o constitucionalismo norte-americano e o brasileiro, nem por isso a reflexão proposta deixa de se mostrar útil no cenário nacional. Afinal, enquanto no sistema norte-americano a teoria da mudança enfrenta o tema da pretensão à estabilidade da ordem constitucional inaugurada em 1787; o constitucionalismo brasileiro (flexível, além dos limites que o conceito acadêmico de constituição flexível pretendia chegar) pode se beneficiar dessa mesma reflexão em relação à necessidade de preservação, mesmo contra o exercício do poder constituinte reformador, do seu núcleo fundamental, ou, para usar a expressão de VIEIRA (1999:225), de suas cláusulas de *superconstitucionalidade*[6]. Mais ainda, uma percepção de que existe um mode-

---

5 Como já foi, aliás, citado anteriormente.

6 O tema dos limites ao poder constituinte reformador no direito brasileiro tem crescido no cenário com grande intensidade, na medida

lo teórico possível que sustente e legitime a nova ordem constitucional como fruto de mudança, seria possível ao direito constitucional brasileiro, por exemplo, afastar-se dessa perspectiva ainda que na forma de um positivismo mitigado, de que toda e qualquer modificação no cenário — seja no jogo político, seja no econômico, seja ainda em outras áreas — deva ser necessariamente traduzida em mudança formal no texto constitucional.[7]

1.2. O INÍCIO DO DEBATE DA MUDANÇA CONSTITUCIONAL NOS ESTADOS UNIDOS

A consciência de que a concepção de estabilidade constitucional não poderia mais permanecer de forma absoluta na discussão norte-americana ocorre a partir das decisões judiciais das Cortes Warren e Burger, ao longo das décadas de 1950 e 1960. Diante das rupturas provocadas por casos

---

em que a tendência crescente no país de judicialização da política tem levado ao contencioso de jurisdição constitucional praticamente todas as medidas resultantes do exercício do poder constituinte reformador, sendo freqüente a centralização do debate, não em torno do que lhe é fundamental — seus limites de exercício —, mas sim à volta das bandeiras sempre apaixonantes da proteção ao direito adquirido e à segurança jurídica individual. *Cf.* VIEIRA (1999:225).

7 No Brasil, pratica-se um paradoxo: à vista de seu texto constitucional excessivamente analítico, traz-se para o terreno das Emendas Constitucionais a inflação desmedida de produção legislativa, gerando, no plano constitucional — esse, que deveria ser o elemento máximo de estabilidade —, um estado de permanente ebulição, e por via de conseqüência, de insegurança e incerteza. O mau vezo chega ao absurdo de tradução por Emendas Constitucionais, de compreensão fixada em relação a determinados temas pelo Supremo Tribunal Federal, em evidente desperdício de atividade legislativa. É também nesse sentido que se diz que o estudo sobre teoria da mudança e nova ordem constitucional seria útil e oportuno.

como *Roe v. Wade* (1973),[8] consolida-se um movimento denominado de originalismo, isto é, a volta ao *original intent* que estaria na constituição de 1787.[9]

Lembra, no entanto, GRIFFIN (1996) que cabem a Bruce ACKERMAN os créditos por ter iluminado a importância e a presença dos três poderes nas articulações de três momentos constitucionais vivenciados pela sociedade norte-americana — a saber, *fundação, reconstrução* e *New Deal* —, que tal autor entende fundamentais para compreender a (re)modelagem da constituição de 1787 para além das restrições formais postas e seu poder derivado (o disposto do artigo V).

As considerações de ACKERMAN, todavia, são objeto de crítica por parte de GRIFFIN, que não reconhece, necessariamente, naqueles momentos históricos, mudança. Tomando por base o *New Deal*, GRIFFIN observa como então se abriu o caminho para a tese restauracionista. Isto significa sustentar que, nesse terceiro momento histórico-constitucional, não teria havido nada de profundamente criativo e, isto sim, que essa visão dos anos 1930 é obtida por imaginar uma idade de ouro de construção da autoridade *legislativa* do governo nacional (repetindo, aliás, a experiência das decisões emanadas por Marshall no início do século XIX).

De tudo isso, o que se verifica é que a própria tradução do conteúdos desses apontados momentos históricos não é clara: afinal, teria prevalecido uma visão de estabilidade ou de ruptura?

---

8   Esse emblemático julgamento da Suprema Corte norte-americana pode ser encontrado no portal de internet http://caselaw.lp.findlaw.com/scripts/getcase.pl?court=us&vol=410&invol=113.
9   Vide FALLON JR. (2001). Na verdade, essa idéia de *original intent* não é nova no debate norte-americano, pois o fundamento histórico esteve sempre presente nas decisões da Corte Suprema.

1.3. A CONTRIBUIÇÃO ORIGINAL DE BRUCE ACKERMAN

Destaca-se, no terreno das reflexões relacionadas a uma nova formatação da teoria constitucional norte-americana, o trabalho pioneiro de ACKERMAN[10] (1991) que, partindo de uma assertiva da inadequação ao entendimento do constitucionalismo americano de categorias e modelos teóricos europeus,[11] propõe uma visão sobre o passado americano como elemento fundamental à construção de sua própria teoria constitucional.[12]

---

10 Bruce ACKERMAN é *Sterling Professor* de direito e ciência política da Faculdade de Direito de Yale. Sua biografia está disponível em http://www.law.yale.edu/outside/html/facul ty/baa27/profile.htm. Acesso em 5 jan.2005.

11 Em que pese seja verdade que a experiência histórica européia — na qual se forjaram os modelos tão caros à ciência política e ao constitucionalismo, como os de Montesquieu, Locke, Hobbes e tantos outros — não tenha tanto em comum com a trajetória americana, parece uma manifestação típica de solicismo epistemológico sustentar, do ponto de vista de teoria constitucional, que "...para descobrir a constituição, nós devemos abordá-la sem o auxílio de guias importadas de outros tempo e lugar. Nem Aristóteles nem Cícero, Montesquieu ou Locke, Harrington ou Hume, Kant, tampouco Weber poderão prover a resposta." ACKERMAN (1991:3).

12 *Cf.* ACKERMAN (1991:3). Importante ainda consignar que a proposta — que causa forte impacto e no mais das vezes, de modo negativo — de que um modelo teórico de constitucionalismo americano se deva construir sem o concurso de filósofos tradicionais europeus, da ciência do direito, da política e mesmo da filosofia — em verdade não significa (ou ao menos, hoje não mais significa) que, para aquele autor, deva o constitucionalismo americano ser a única referência, ou ainda que ele possa subsistir sem qualquer processo de troca ou aprendizado com outros modelos. Afinal, criticando um movimento da doutrina e da prática americana em direção ao provincianismo enfático, ACKERMAN aponta que, por sua própria vivência histórica — e mesmo por um perfil de duração temporal já não desprezível —, as experiências de

Partindo da idéia de que a constituição Americana tem como premissa uma cidadania que compreenda — e exercite — os ideais inspiradores de sua prática política, extrai o autor da análise da história americana os elementos necessários à construção de sua *teoria dualista*, segundo a qual o processo democrático consagrado nos EUA possa materializar duas distintas espécies de decisão: as formuladas pelo povo norte-americano (*We the People*), e aquelas formuladas por seus representantes.

A identificação dessas duas espécies deliberativas resulta da associação, na investigação histórica da qual parte o autor, da teoria constitucional à prática de política constitucional: "*...a série de eventos políticos que, da fundação em diante, têm chamado os norte-americanos para engajar atos de cidadania que, quando logra êxito, culmina na proclamação, em nome de nós, o povo, de normas jurídicas superiores.*"[13] Nesses momentos, aquela cidadania — consciente e ativa — se manifestaria de forma especial, forjando e subordinando as decisões políticas que estabeleceriam os caminhos básicos do Estado norte-americano.

No desenvolvimento de sua teoria de dualismo decisório, aponta ainda o autor sua convicção de que o modelo americano assenta portanto a fonte de direitos no povo — ao contrário do desenho alemão, que o faz na constituição — sendo certo que jamais se poderia admitir uma inversão com a enunciação pelo Texto Base, de direitos que devessem ser estabelecidos a nós, o povo (ACKERMAN, 1991:15).

Alemanha, Espanha, França e outros países não podem, hoje em dia, ser desconsideradas quando se cuida de temas como os da jurisdição constitucional, por exemplo. Assim, já se deve hoje falar em uma investigação comparativa entre o modelo americano, e as experiências em curso nesses países (ACKERMAN, 1997:3).

13 ACKERMAN (1991:7).

Distingue-se assim, na democracia dual, uma via de modificações legislativas ordinárias, própria da gestão igualmente ordinária do dia-a-dia e dos conflitos a ele inerentes; e uma via especial, destinada ao *higher decision making* — esta sim, apta a traduzir mudanças na estrutura normativa proposta pela constituição. Disto resulta: primeiro, a admissão de que o conteúdo constitucional possa ser objeto de mudanças, sem que o texto o seja; segundo, que o móvel dessas mudanças é o *higher decision making*, no qual se reconhece a presença legitimadora do povo; e terceiro, que como o povo se constitui em fonte primária de deliberação, qualquer que seja o seu conteúdo no curso da mudança, tem-se por legítimo e realizável.

Registre-se, pelo curioso, que o autor, na exata seqüência do texto mencionado, apresenta seu dissenso pessoal em relação ao resultado de que ao povo seja de se reconhecer essa possibilidade decisória ilimitada, afirmando que preferiria constatar contemplasse o sistema americano uma fórmula de superproteção ao *Bill of Rights* contra uma equivocada decisão majoritária.

Tal proposta de compreensão do processo deliberativo democrático — e mesmo, da formatação do modelo constitucional americano, à vista do poder ilimitado reconhecido a *We the People* — guarda, todavia, é importante destacar, linha de harmonia com o que já sustentava HAMILTON (1993:200)[14]:

---

14 HAMILTON (XXII) *in* MADISON (1993:200). Observe-se ainda que tal ponto de vista — da supremacia do povo como fonte de autoridade legítima para a enunciação dos pilares do Estado que se cuida de construir — não diverge do sustentado na Revolução Francesa, como se verifica do seguinte trecho de discurso proferido por ROBESPIERRE, em 10 de maio de 1793, a propósito dos trabalhos que se lhes apresentavam à frente, de elaboração da constituição: "...Portanto vós, a quem a liberdade é cara, a quem a pátria é cara, tomai unicamente a vós o

...O edifício do império americano deve repousar na base sólida do consentimento do povo. Os caudais do poder nacional devem emanar diretamente dessa fonte pura, original, de toda autoridade legítima.

Não é difícil reconhecer que o marco teórico esboçado por ACKERMAN (1991) foi capaz de alertar para a ocorrência de fato de um processo contínuo de transformação constitucional nos Estados Unidos. A sua obra *We The people: Foundations* é expressiva ao apontar como o fundamento histórico está, intrinsecamente, vinculado à teoria constitucional norte-americana. ACKERMAN reforça, ao comparar outras experiências político-constitucionais européias, como é o caso da francesa, a excepcionalidade e originalidade dessa construção institucional ocorrida no contexto estadunidense pós-constituição de 1787. Com esse intuito, ele apresenta as seguintes variáveis para demarcar essa dinâmica normativa constitucional, a saber:

• A importância da agenda geral da mudança constitucional ao reinterpretar, com base na obra O *Federalista* (1993), o artigo V da citada constituição, consagrador de uma permanência do texto constitucional;
• O constitucionalismo americano se constituiu, na verdade, de uma série de regimes;

---

cuidado de salvá-la; e já que o momento em que o interesse premente de sua defesa, que parecia exigir toda a vossa atenção, é aquele em que se quer erigir precipitadamente o edifício da constituição de um grande povo, fundai-a ao menos na base eterna da verdade. Estabeleci de início essa máxima incontestável: que o povo é bom, e que seus delegados são corruptíveis; que é na virtude e na soberania do povo que é preciso buscar um preservativo contra os vícios e o despotismo do governo." (ROBESPIERRE, 1999:99-100).

- O modelo teórico americano adota uma abordagem historicista para os diferentes momentos constitucionais.

Esse constitucionalista alerta-nos para o esgotamento dessas saídas institucionais de mudança, apelando principalmente para o papel da Corte Suprema. Assim, ACKERMAN conclama para o fortalecimento de um discurso de busca de uma nova forma de legitimidade, para romper o impasse da necessidade de canais de manifestação da propalada mudança, para resgatar a natureza democrática contida no preâmbulo constitucional americano da categoria *We the people*.

Segundo GRIFFIN, teria havido, contudo, um erro em ACKERMAN ao ignorar a existência de uma política constitucional, concebida como um processo estrutural de valores. Não encontraríamos em ACKERMAN, na verdade, uma articulação entre a política e o direito. Vale mencionar que é curioso como essa dificuldade de se reconhecer o vezo da política no direito — mesmo o constitucional — ainda hoje acontece. Nos Estados Unidos talvez isso ganhe ainda uma ênfase maior, na medida em que a própria jurisdição constitucional encontra limites nas *political questions*, como sustenta, inclusive, a Suprema Corte.

Por fim — de vez que o foco das presentes considerações não é uma explicitação absoluta das conclusões de ACKERMAN (1991), cujo texto convida o leitor a conhecer — vale registrar, por amor à dialética, a interessante observação de LEVINSON (2002:7) no sentido de que a análise do momento constitucional — aquele em que o *higher decision making* se dá —, embora seja por certo relevante à compreensão do desenho desse mesmo Texto-Base, não é suficiente se não se têm em conta também alguns pressupostos culturais influentes nesse caldo de cultura que facilita a mudança, e que dificilmente se apresentam como o tema sob disputa — mas que estão subjacentes ao tema em debate[15].

1.4. A CONCEPÇÃO DE GRIFFIN DA TEORIA DE MUDANÇA CONSTITUCIONAL SOB A PERSPECTIVA DO INSTITUCIONALISMO HISTÓRICO

A proposta de investigação de GRIFFIN[16] (1999) está assentada no institucionalismo histórico; em uma perspectiva centrada no Estado, do desenvolvimento das instituições traçadas pela constituição.[17] Com o estudo da evolução dessas instituições fundamentais, de suas práticas e das regras que estruturam a política americana como uma teoria de médio alcance, seríamos capazes de captar esse processo de (re)construção constitucional.

---

15 O conceito apresentado por LEVINSON (2002:7) — em que pese o pragmatismo que é próprio do autores estadunidenses — é perfeitamente compatível com as idéias originárias de Heidegger e Gadamer relacionadas à pré-compreensão como um elemento determinante da hermenêutica como processo de alcance do conhecimento.

16 Stephen GRIFFIN é *Rutledge C. Clement Professor* de Direito Público e Direito Constitucional da Faculdade de Direito da Universidade de Tulane. Sua biografia está disponível em http://www.law.tulane.edu/tuexp/facadmin/biotemplate.cfm?username=sgriffin&status=faculty. Acesso em 05.jan.2005.

17 Feita a ressalva de que GRIFFIN não se compromete — como o fez ACKERMAN — com o afastamento dos teóricos não-americanos para fins de compreensão da realidade constitucional norte-americana; fato é que a proposta de análise do tema sob uma perspectiva histórica tem significativos elementos de aproximação com o ponto de vista da hermenêutica filosófica de Gadamer — alemão — por sua vez inspirada em vários filósofos que lhe são anteriores, acerca da importância para o conhecimento, em especial, nas chamadas ciências do espírito, do contexto histórico de intérprete e do objeto da interpretação.

Tal perspectiva, em certa medida, amplia o foco de pesquisa de ACKERMAN, eis que o objeto de estudo será não só os mecanismos de deliberação de *We the People* ou de *We the Politician;* mas também as formas de relação entre as estruturas de poder que a constituição desenha. Nesse contexto é que o autor afirma, de saída, que diferentemente de ACKERMAN — mais voltado para as implicações de mudanças para o direito constitucional, tendo em consideração o processo decisório que o constitui —, ele se volta para o tema da teoria constitucional e da *"relação entre a constituição, entendida como as instituições, regras e práticas fundamentais que estruturam a política, e os desafios contemporâneos que se oferecem aos Estados Unidos"* (GRIFFIN,1999).

A postulação desse mencionado constitucionalista sobre o papel do contexto histórico é cristalina ao demonstrar em sua tese que, por exemplo, se uma instituição estiver em jogo diante de uma cláusula constitucional ou de um precedente da Corte Suprema, é exatamente o contexto histórico que deve ser considerada antes mesmo de qualquer argumentação jurídica.[18] A função descritiva da teoria da mudança constitucional deve ser antecipada em relação a qualquer processo interpretativo.

Há, assim, a tarefa de descrição e de fim explanativo, que são, aliás, anteriores aos próprios procedimentos de interpretação. Nesta direção, a formulação de uma teoria da mudança constitucional e a identificação de seus refle-

---

18 "Quando uma cláusula da constituição, precedente da Suprema Corte, prática constitucional ou instituição estão em discussão, é preciso primeiro definir o contexto histórico antes que o argumento de significado normativo tome lugar. As tarefas de descrição e explicação são antecedentes à tarefa de valoração... Isto significa que a teoria da mudança constitucional é anterior à tarefa de interpretação constitucional."

xos na formulação do compreender da Carta Base é atividade anterior à função interpretativa. O enfrentamento desse tema, em um ordenamento que lida com o mesmo Texto Magno há mais de 200 anos, permitirá prosseguirmos na investigação — secundária — de quais sejam os limites postos à interpretação constitucional.

O percurso do autor no contexto histórico americano o conduz também na percepção de que a defesa da idéia de permanência de uma constituição apresentada pela geração fundadora pode conduzir a impasses insuperáveis, tendo em consideração as próprias modificações já operadas no perfil do Estado de que se cogitava por ocasião da fundação, e o que hoje se apresenta como desejável, aludindo especificamente ao Estado ativista surgido em oposição ao do modelo liberal.

Em situações desse jaez, é o institucionalismo histórico que permitiria identificar mudanças de práticas e instituições e modos de relação interpoderes, que operariam como o equivalente funcional às regras contidas no texto da constituição que autorizariam, em princípio, a mudança formal.

No particular, liberta-se o autor da tentativa de identificar, em momentos-chave de mudança, a manifestação do *We the People*, admitindo que os elementos catalisadores dessas mesmas mudanças possam ser as instituições cuja origem, em verdade, repousa também no exercício criativo e deliberativo de *We the People*.[19] O risco democrático remanesce, já advertia MÜLLER (2004:26-27), de que não haja poder constituinte do povo "*...onde o poder contempla*

---

19 Embora sob outra roupagem, a construção do autor caminha em trilha similar àquela dos clássicos, na medida em que admite uma legitimação em favor de outras estruturas — as constituídas — para empreender à mudança/atualização da ordem constitucional vigente.

o povo em alienação; onde o povo não encontra a si mesmo, mas apenas à violência de um Estado que mantém um povo para si."

Todavia, não se pode desconsiderar — adverte GRIFFIN (2004) — que o conceito histórico de soberania popular estava na raiz da instituição da ordem constitucional americana, antes mesmo que a proposta que ela, constituição, espelha, pudesse encontrar de parte dos seus destinatários a adesão que construiu o sentimento de constituição de que hoje se reveste, sem qualquer sombra de dúvida, o povo americano. Se assim é, às instituições criadas em um exercício de soberania popular é de se reconhecer esse mesmo traço de manifestação de soberania — o que lhes permitira a renovação do processo deliberativo-decisório antes havido.

GRIFFIN coloca-se, na verdade, numa posição de vanguarda ao demonstrar que na prática política constitucional americana não há mais margem de manobra de aceitarmos a supremacia — ou, mais apropriadamente, a soberania *exclusiva* do Judiciário como condutor desse processo de mudança. O período dos Direitos civis a partir dos anos 1950 concretizou, por exemplo, a compreensão de que todos os órgãos constitucionais são responsáveis não só pela sua efetivação, como também, ao que GRIFFIN denomina de democracia de direitos (*"democracy of rights"*).

Esse autor publicou, mais recentemente, uma trilogia[20] na qual apresenta seus questionamentos quanto à supremacia da Corte Suprema (Judiciário). Cabe destacar que, num deles, ao examinar o legado de *justice* Marshall no caso *Marbury v. Madison* (1803), chega a ponto de indagar se estaríamos realmente diante da consagração da supre-

---

20 GRIFFIN, 2002; 2002b e 2003.

macia judicial de parte de um dos maiores presidentes de Corte Suprema da história constitucional americana (GRIFFIN, 2003).

1.5. A PROPOSTA DE MARK TUSHNET SOBRE A MUDANÇA CONSTITUCIONAL E AS RELAÇÕES INSTITUCIONAIS

As conclusões de TUSHNET[21] lastreiam-se — é o autor quem o afirma — nas idéias de ACKERMAN, mas delas, mais uma vez, diferem seja a partir do conceito que ele mesmo confira à constituição, seja a partir dos elementos que, segundo sua compreensão, podem determinar a mudança, e por via de conseqüência, a nova ordem constitucional. Assim, TUSHNET (2003:1) conceitua ordem constitucional (ou regime constitucional) como um razoável conjunto de instituições por intermédio das quais as decisões fundamentais da nação são construídas e sustentadas por um determinado período, bem como os princípios que guiaram a essas decisões. Dessa forma, a mudança na ordem constitucional há de decorrer, justamente, de um novo desenho das relações interinstitucionais que procedem, justamente, às decisões fundamentais à nação.

Disso já se extrai que, diferentemente de ACKERMAN, que busca ainda dentro de uma influência forte da idéia de soberania popular, o traço da especial atenção de *We the People* nos momentos paradigmáticos (e por isso o recurso a momentos determinados no tempo que possam

---

21 Mark TUSHNET é *Carmack Waterhouse Professor* de Direito Constitucional na Faculdade de Direito da Universidade Georgetown. (Estados Unidos) Sua biografia está disponível em http://www.law.georgetown.edu/curriculum/tab_faculty.cfm?Status=Faculty&Detail=334. Acesso em 5.jan.2005.

implicar no marco de mudança se faz necessário em seu modelo teórico, porque esse exato momento é que geraria a especial atenção popular legitimante); TUSHNET (2003:2) vê na própria dinâmica das relações entre os vários poderes — todos eles instituições constitucionalmente dotadas de atribuições no processo decisório nacional — esse condão de geração da mudança. E se o fator de geração de mudança é um novo *modus* de relação interinstitucional, não há que se falar em momentos capitais de mudança, mas sim em um processo de mudança, que se inicia em uma zona de limbo — com traços do modelo inicial convivendo com sugestões de uma nova forma de convívio, até que essa nova perspectiva se tenha espraiado e consolidado como a maneira de interação entre as instituições decidentes.

Também aqui, de vez que o foco principal da cogitação não é a tese desenvolvida por TUSHNET (2003), mas sim o conjunto de temáticas desenvolvidas em torno da teoria da mudança, vale a recomendação da busca do autor e o destaque de que sua compreensão acrescenta — em relação ao apontado no item 1.3 acima — de elementos importantes, entre outros, para compreender a transformação constitucional: a percepção de que o *higher decision making* mencionado por ACKERMAN não se dá exclusivamente em uma ou outra esfera de poder, sendo de se reconhecer, ao contrário, o relevante papel de cada qual, nas respectivas esferas de competência, como elementos promotores da mudança. Assim, aponta o autor, o governo dividido — e não centralizado nas mãos de um ou outro partido em todos os poderes[22] — se constitui hoje um dos

---

22 É significativo o estudo — com apoio na ciência política — desenvolvido por TUSHNET para apontar as razões pelas quais a sociedade americana tenha optado por não concentrar em um só partido todos os

principais elementos determinantes de uma mudança de ordem constitucional que hoje já se faz sentir, tanto no plano legislativo quanto no de programas de governo, e mais ainda, nas decisões da Corte Suprema.

TUSHNET enfatiza como fatores de mudança constitucional a responsabilidade individual e o processo de mercado, não identificados na legislação, e procurando promover justiça, transformam-se em meios concretos para que as aspirações sociais e políticas possam ser alcançadas.

Esse constitucionalista trabalha, também, com a categoria de ordem constitucional, que corresponderia, analiticamente, à mesma concepção de "momento constitucional" desenhada por ACKERMAN (1991). Entretanto, a noção de ordem constitucional idealizada por TUSHNET apresenta uma diferença negativa, pois esses dados contextos de aplicação do documento constitucional não desaparecem por ruptura mas, isto sim, conforme considerado por ACKERMAN, gradualmente.

Este autor corrobora, nessa linha de pensamento, as opiniões de outros estudiosos como Balkin e Levinson, que igualmente defendem a compreensão de que as mudanças constitucionais são progressivas.

TUSHNET (2003:3), fundamentado em tais autores, aponta para a importância de se compreender a força dos partidos políticos na determinação da mudança constitucional, destacando a título de exemplo o processo de mobilização do Partido Republicano para uma proposta político conservadora durante o Governo Ronald Reagan (1981-1989).[23]

---

poderes, gerando com isso um delicado equilíbrio de forças que torna o processo decisório sempre muito mais negociado (e em alguma medida, mais rico como processo deliberativo).

23 A proposta conservadora mencionada, havida nos dois mandatos

Em TUSHNET (2003), não há espaço para detectarmos uma proposta de um marco teórico de mudança constitucional. Em realidade, esse constitucionalista estabelece uma organicidade para tornar nítido o universo de transformação político-constitucional, com o estudo, por exemplo, do papel do Presidente da República, dos partidos políticos, dos meios de comunicação e da própria Corte Suprema.

1.6. CASS SUNSTEIN E A MUDANÇA CONSTITUCIONAL

SUNSTEIN[24] compreende a mudança constitucional num raciocínio mais de flexibilidade do papel da constituição e do papel dos juízes. Este autor não está distante, dessa concepção de excepcionalidade da história constitucional norte-americana no que toca às suas particulares vivências, mas dentro de uma continuidade de um desenvolvimento dessa mesma trajetória. É o que, segundo ele, teria

---

presidenciais de Ronald Reagan, materializou-se num comprometimento de ordem ideológica neoliberal, próxima, aliás, ao Governo de Margaret Thatcher na Grã-Bretanha dos anos 1980. Completava as condições institucionais necessárias à implementação do mencionado projeto a tentativa de obter uma maioria na Corte Suprema, que resultaria em conferir sustentação, na hipótese de eventual debate jurisdicional, à política então defendida. No Capítulo 2, ao detalharmos mais sobre esse processo histórico, mencionaremos a tentativa do Presidente Reagan de nomear Robert Bork para atuar na Corte Suprema. E, mais ainda, quando tratarmos da posição de ACKERMAN sobre a supremacia do Judiciário no Capítulo 2, comentaremos que Reagan tentou criar um novo "momento constitucional".

24 Cass SUNSTEIN é *Karl N. Llewellyn* professor de jurisprudência e ciência política da Universidade de Chicago. Sua biografia está disponível em http://www.law.uchicago.edu/ faculty/sunstein. Acesso em 5.jan.2005.

ocorrido durante o *New Deal* proposto pelo Governo Franklin Roosevelt (1933-1945), quando esse presidente americano defendia em realidade não um princípio de igualdade material, mais sim o que havia e ainda há de mais caro no legado constitucional norte-americano: a liberdade.

A esse respeito, tendo por base a proclamação, pelo presidente Roosevelt, da Segunda Carta de Direitos (*Second Bill of Rights*) em 1944,[25] SUNSTEIN (2004:5) ques-

---

25 A *Segunda Carta de Direitos*, de 11 de janeiro de 1944, pode ser encontrada ao final do livro de SUNSTEIN (2004:235), e também no portal de internet http://www.udhr.org/history/1-11-44.htm. O presente excerto é pequeno, no entanto um pouco maior que o apresentado por SUNSTEIN no início de seu livro:

"Nossa nação tem se desenvolvido em tamanho e estatura, porém, na medida que nossa economia industrial expandiu, os direitos políticos [as liberdades negativas] se mostraram inadequadas para nos assegurar igualdade na busca da felicidade.

Nós chegamos à clara percepção do fato que a liberdade individual não pode existir sem segurança econômica e independência. 'Homens necessitados não são homens livres.' Pessoas famintas e sem emprego são a matéria de que os ditadores são feitos.

Em nossos dias, essas verdades econômicas se tornaram aceitas como auto-evidentes. Temos aceito, assim, uma Segunda Carta de Direitos, pela qual uma nova base de segurança e prosperidade pode ser estabelecida para todos, sem discriminação de posição, raça ou credo.

Entre eles estão:

O direito a um trabalho útil e remunerativo nas indústrias, lojas, fazendas ou minas de nossa nação;

O direito a perceber remuneração bastante para prover alimentação, vestuário e lazer adequados;

O direito a todo fazendeiro de criar e vender seus produtos com o retorno que dará vida decente a ele e a sua família;

O direito a todo homem de grande ou pequenas empresas de negociar em ambiente livre de concorrência desleal e de dominação por monopólios em casa ou no exterior;

O direito de toda família a um lar decente;

O direito a assistência médica adequada e a oportunidade de atingir — e gozar de — boa saúde;

tiona se ela estaria hoje incorporada à constituição americana de 1787, e observa:

> Nos anos 60, a nação foi rapidamente movida em direção a aceitar a Segunda Carta, não por meio de emenda constitucional, e, sim, com base nas interpretações da Suprema Corte.

SUNSTEIN está comprometido com a democracia deliberativa. A constituição criou uma espécie de "repúblicas das razões" — um sistema de freios e contrapesos (*checks and balances*) que aumentaria julgamentos reflexivos (2004:34). Ele arremata:

> Eu não nego que Roosevelt e o New Deal tenham um efeito massivo na compreensão da nação do que o Presidente e o Congresso poderia legitimamente fazer. Ackerman reclama que o New Deal foi o "momento Constitucional" por uma razão: em 1937 o governo americano era dramaticamente diferente do que era em 1932. Uma grande parte do meu objetivo aqui foi a de capturar a natureza dessas diferenças. Mas a transformação não envolveu nenhuma violação dos princípios constitucionais. A constituição americana é um instrumento flexível que permite a grande mudança a qualquer tem-

---

O direito a proteção adequada contra os riscos econômicos relativos a idade avançada, doenças, acidentes e desemprego;
O direito a uma boa educação.
Todos esses direitos significam segurança. E após esta guerra estiver ganha nós devemos estar preparados para ir em frente na implementação desses direitos, para novas metas da felicidade humana e do bem-estar.
O devido lugar dos Estados Unidos no mundo depende em grande parte de como, e em qual medida, esses direitos — e outros de igual natureza — serão postos em prática por nossos cidadãos."

po. Isto não proíbe experimento e ajustamento. Numa extensão, isto permite nova compreensão dos direitos. Permite mudanças nos arranjos institucionais. Esta é a parte do gênio (...)[26]

Uma pista para compreendermos a dimensão dessa obra publicada refere-se ao fato de que SUNSTEIN está preocupado em delimitar a crise da estrutura constitucional modelada a partir dos anos no Governo Franklin Delano Roosevelt sob a denominação de *New Deal*. Tal crise atinge o seu apogeu nos anos 90 do século passado.

SUNSTEIN (2004) traduz, na verdade, um espírito de síntese de seu pensamento constitucional. Cabe registrar que, em obra anterior (1999), encontramos a preocupação desse constitucionalista quanto à impossibilidade de termos hoje um consenso em determinadas matérias. Por conseqüência, esse processo acarretará um tipo de decisão judicial de caráter minimalista. No tocante a outro estudo seu (2001), SUNSTEIN mapeia os modelos de Constituições e sublinha o caráter de excepcionalidade e originalidade da constituição norte-americana de 1787. Em artigo de 2003, ao examinar a inconstitucionalidade de uma lei texana contra sodomia, SUNSTEIN ressalta dois pontos, a saber: a relevância da cláusula de igualdade e uma dada concepção de maioria para fundamentar a eficácia legal.

Em 2004, SUNSTEIN demonstra uma transposição natural para examinar a denominada Segunda Carta de Direitos (*The Second Bill of Rights*), uma proposta manifestada pelo Presidente Roosevelt, no seu discurso da União, no início de 1944, pela qual pugnava pelo reconhecimento, pela nação norte-americana, de direitos que hoje convencionamos chamá-los de sociais, econômicos e culturais.

---

[26] SUNSTEIN (2004:58-59).

SUNSTEIN atribui à Segunda Carta de Direitos de Roosevelt a discussão sobre direitos sociais no mundo todo. Roosevelt teria sido, assim, o precursor do Pacto Internacional dos Direitos Econômicos, Sociais e Culturais das Nações Unidas, de 16 de dezembro de 1966. O autor deixa claro que, não fosse a idéia de *"freedom from want"* incluída no *2nd Bill of Rights*, até hoje tais direitos provavelmente não passariam de meras indicações programáticas ou, pior, sequer seriam reconhecidos.

SUNSTEIN busca caracterizar qual é a concepção de direito de Roosevelt. Ela é possível de ser detectada na medida em que se aproxima do movimento do "Legal Realism" como transpareceu com base na linha téorica do *Justice* da Corte Suprema Stephen Holmes no início do século passado. As visões do direito de Roosevelt e do "Legal Realism" se aproximam pela sua natureza pragmática. Por conseqüência, por exemplo, a distribuição de riqueza não seria uma intrusão na vida dos mais ricos. Pois resultava, sim, de uma mera contingência de interpretação legal de uma dada ordem social.

Segundo tais pontos de vista, o *laissez-faire* seria apenas um mito, os direitos (inclusive os de liberdade) seriam "criaturas do Estado" criados com base num sistema desenvolvido pelos homens e não pela *natureza*, de modo que quaisquer atividades havidas no corpo social seriam decorrentes menos da autonomia privada e mais por força da determinação de certas circunstâncias criadas pela autoridade estatal. As verdadeiras questões — as que contam — não tratam de procurar saber se a intervenção estatal é "boa" ou "ruim" (pois sempre haverá intervenção do Estado na vida social) mas, isto sim, que tipo de intervenção é interessante ao grupo social.

Por conseqüência, por exemplo, a intensa atividade estatal do *New Deal* visando à distribuição de riqueza não seria uma intrusão na vida dos mais ricos. Pois resultava, sim, de uma mera contingência de interpretação legal uma dada ordem social em substituição à forma anterior de intervenção.

Nessa obra dedicada ao estudo da Segunda Carta de Direitos destaca-se, também, como o contexto institucional norte-americano está fundamentado numa democracia deliberativa em que predomina "uma república de razões".

Num outro ponto, ao contrário das conclusões de ACKERMAN no direcionamento de um sucessivo processo de momentos constitucionais pós-constituição americana de 1787, SUNSTEIN (2004) enquadra esse documento constitucional como relativamente estável dentro de uma lógica própria do *common law*. Lógica esta, por meios analógicos, sucede-se com mudanças decorrentes de decisões judiciais interpretativas. Reconhece-se, dessa forma, que a constituição americana é um instrumento flexível, possibilitando um processo de transformação ao longo do tempo.

Acresce a esse contexto constitucional que SUNSTEIN não desconhece, comparativamente, uma análise entre as sociedades americana e européia. Procura demonstrar que, mesmo sem uma tradição socialista, sob a dominação de uma cultura individualista, a estrutura social norte americana foi capaz de forjar e reconhecer direitos sociais sem a necessidade de constitucionalizá-los. Ele acredita que nenhum norte-americano deixaria de reconhecer, por exemplo, um direito fundamental ao seguro social, muito embora não haja nenhum documento jurídico que expressamente o reconheça como tal.

SUNSTEIN retoma a linha pautada em HOLMES & SUNSTEIN (1999) para afirmar que todo direito demanda custo, e que portanto não há diferença básica, do ponto de vista da proteção estatal, entre um direito de defesa ("liberdade negativa") e um direito a prestação ("liberdade positiva"). Ele reitera que os custos estatais para proteção da organização social tal como a conhecemos são enormes, mesmo que tal organização seja do tipo *laissez-faire*, em que as únicas instituições a serem protegidas seriam a propriedade e o contrato. Ou seja, segundo SUNSTEIN, quem diz que o Estado deve ser pequeno não tem a menor noção do que está falando.

Esse autor lembra que há um ponto pragmático para evitar a inclusão dos direitos sociais nas Constituições:[27] como as cortes poderiam sindicar direitos tão vagos? Mas ele responde que os direitos civis e políticos tradicionais também são vagos: será que direito de livre expressão permite discurso a favor da pornografia, por exemplo? (o exemplo, entre outros, é dele mesmo). Assim, não haveria diferenças essenciais entre um tipo de direito e outro.

Algumas matizes são necessárias. Uma, que os direitos sociais que fariam parte do *2nd Bill of Rights* não teriam correspondência com o valor Igualdade mas, isto sim, com o valor Liberdade ("*freedom from want*"). Ou seja, segundo SUNSTEIN, não havia para Roosevelt, como também não há na consciência jurídica norte-americana tanto daquela época quanto nos tempos atuais, qualquer idéia de igualitarismo. Haveria, apenas, uma idéia de que não há teto para as pessoas crescerem na sociedade, mas que deve, por outro lado, haver um chão (ou talvez um colchão) que impeça as pessoas de se degradarem.

Outra consideração importante de SUNSTEIN (2004) é que Poder Judiciário tem condição de proteger tais direitos, mas não há condição de declarar que todos tenham

---

27 Ou no direito positivo; ele reconhece que o *2nd Bill of Rights* não seria parte da constituição, estaria ao nível de uma declaração de direitos, como a Primeira Carta, informando os valores fundamentais da nação.

direito aos direitos sociais de modo direto. Segundo esse autor, o Estado possui um dever de, incessantemente, dispor recursos públicos para o fim de conferir garantias mínimas aos cidadãos.[28]

Além de filiar-se a uma perspectiva de certa continuidade constitucional nos Estados Unidos, SUNSTEIN procura, também, relativizar essa noção de que a Corte Suprema exerce uma função contramajoritária. Este autor constata que grande parte das decisões da Corte Suprema acompanha as demandas da sociedade (à exceção do caso do aborto *Roe versus Wade* em 1973).

Dando continuidade à sua obra de 1999, SUNSTEIN (2004) ressalta o caráter ao mesmo tempo transformativo e preservacionista da constituição americana de 1787. Traça, ainda, um quadro comparativo com a atual constituição sul-africana, de sentido transformativo, apresentando ainda suas considerações sobre duas decisões da Corte Constitucional daquele país no que respeita à obrigação, imposta pelo Judiciário à Administração, para a provisão de certos direitos sociais a pessoas que, em juízo, demonstraram a necessidade urgente de tal proteção. Em ambas decisões, SUNSTEIN apontou para o reconhecimento judicial de certos direitos sociais que, nos termos da tutela a *freedom from want*, obrigam o Estado ao dever de conferir-lhes efetividade.

Mas não importa qual será o perfil de uma constituição, de constitucionalizar ou não os direitos sociais ou de exaustivamente disciplinál-los: o que permanece como duradouro é a decisão judicial que os reconhece no caso concreto.

---

28 Por força de tais considerações, não podemos deixar de fazer remissão à tese do mínimo existencial, que no Brasil é muito bem descrita por TORRES (2003).

Em apêndice à obra de SUNSTEIN (2004), somos brindados com o discurso da União de 11 de janeiro de 1944 contendo a Segunda Carta de Direitos e com excertos da Declaração Universal dos Direitos Humanos, do Pacto Internacional dos Direitos Sociais, Econômicos e Culturais e de várias Constituições, entre elas a sul-africana. Esses documentos reforçam, obviamente, a tese de SUNSTEIN de que o que conta é a vontade política e, principalmente, repetimos, a decisão judicial de reconhecer e declarar tais direitos.

Sem dificuldades, percebe-se que a obra sobre a Segunda Carta de Direitos traz duas contribuições para a aplicação da nossa Constituição Federal de 1988. Uma é na linha de que podemos contar com uma teoria constitucional sensibilizada para categorias como flexibilidade constitucional, cultura, compromissos constitucionais e democracia deliberativa. E, numa outra direção, que não importa se o texto constitucional é transformativo ou preservacionista mas, isto sim, que a constituição e os direitos reconhecidos em seu texto (ou no texto de uma declaração de direitos) façam-se presentes na sociedade, sobretudo por meio dos atores constitucionais e, dentre estes, em especial pelos juízes.

1.7. A ANÁLISE DE MICHEL ROSENFELD A RESPEITO DE MUDANÇA CONSTITUCIONAL E A BUSCA DE ADEQUAÇÃO DA IDENTIDADE DO SUJEITO CONSTITUCIONAL

Completa-se a amostragem de autores que, investigando o sentido de constituição, cuidam da sua eventual mudança, com dois relevantes aportes trazidos por ROSEN-

FELD,[29] em construção teórica própria, e na crítica e uma proposta de novos paradigmas valorativos oferecida por DENNINGER, que é objeto de estudo, especialmente, no Capítulo 5 desta obra.

Em sua obra de investigação acerca da identidade do sujeito constitucional, ROSENFELD (2003b:22-23) foca suas cogitações na percepção de que a identidade constitucional — e, portanto, a ordem que ela estabelece — "...*é problemática porque além de permanecer distinta e oposta a outras identidades relevantes, é inevitavelmente forçada a incorporá-las parcialmente para que possa adquirir sentido suficientemente determinado ou determinável.*".

De forte traçado hegeliano, a teoria proposta por ROSENFELD (2003b:31)[30] enfrenta a circunstância de que, em tempos de pós-modernidade, o pluralismo determina o necessário enfrentamento da questão do necessário reconhecimento não só do eu (mais próprio do liberalismo) como também do outro. Desse necessário reconhecimento da diversidade — conceito igualmente explorado por DENNINGER (2003?) — decorre uma permanente interação entre o *"eu"* e o *"outro"*, todos sujeitos constitucio-

---

29 Michel ROSENFELD é *Justice Sydney L. Robins* Professor de direitos humanos e professor de direito constitucional da Faculdade de Direito Cardozo da Universidade Yeshiva (Nova York). Sua biografia está disponível em http://www.cardozo.yu.edu/faculty_staff/fulltime_QZ. asp. Acesso em 5.jan.2005.

30 "Em suma, a questão do sujeito aparece somente após o sujeito em questão haver experimentado a dor da carência, da ausência e a irrealização da completude. Ao compreender que a via para a realização não passa pelos objetos do desejo, o eu da Fenomenologia de Hegel volta-se para o outro em busca de reconhecimento. A identidade do sujeito torna-se assim predicável com o reconhecimento dos outros." (ROSENFELD, 2003:31.)

nais, que por intermédio de práticas de alienação de poder vão buscando a "... *construção de uma auto-identidade dependente da vontade e da auto-imagem do outro.*"

É intrigante a contribuição de ROSENFELD, vez que embora a idéia do sujeito constitucional se inicie com o percurso do "eu" — portanto, com uma visão inteiramente subjetiva individual —, ela ganha em amplitude quando se reconhece a indispensabilidade, para a felicidade e plena realização do eu, da presença do outro.

Nessa linha, a idéia da relação entre esses múltiplos e diversificados "*eu*" e "*outro*" conduz a uma reflexão sobre esse processo de ajuste (que se coletiviza, ganhando relevância enquanto fenômeno jurídico); processo esse que, como sugeria TUSHNET, dar-se-á não por intermédio de rupturas, mas sim de um permanente mecanismo de negação da identidade anterior (que em determinado momento se mostre insuficiente à interação com o outro e ao alcance do ideal), buscando de uma nova identidade que promova a necessária conciliação e superação do real, para finalmente empreender ao contraste entre a nova identidade constitucional e aquela anteriormente detida.

Observe-se que, na concepção do autor, sobressai a idéia da aspiração do homem à realização e felicidade como o móvel essencial à construção e reconstrução da identidade constitucional, enriquecendo-se a teoria em relação ao foco tão-somente nas circunstâncias extraídas do entorno político das relações interinstitucionais. De outro lado, não menos preciosa é a advertência formulada por ROSENFELD (2003b:43) "... *como o ideal não apenas suplementa o real, mas também o contradiz, construção e reconstrução, embora necessárias, são ferramentas perigosas que devem ser adequada e legitimamente usadas.*"

Em outro estudo, ROSENFELD (2003), ao responder à tese do constitucionalista alemão Ernst DENNINGER (2003), que defende ter havido, na Europa, a substituição do paradigma (ou tríade constitucional conforme também o próprio entendimento de HÄBERLE (1998) — "liberdade, igualdade e fraternidade" — por um novo parâmetro fundamentado em "segurança material, diversidade e solidariedade", concluiu que tal alteração é controversa mesmo se aplicada na Alemanha, e que tal tese seria certamente rejeitada nos Estados Unidos (2003:7). ROSENFELD sustenta, desse modo, a sua tese de inalterabilidade na tradição lockeana da constituição norte-americana e também no forte sentimento de individualismo de seus cidadãos.

Questiona, por exemplo, se a tríade da Revolução francesa foi tão arraigada em solo americano. Sublinha a complexidade e o dinamismo da teoria constitucional americana. Lembra, por exemplo, que o Estado de bem-estar social do *New Deal* apresenta uma natureza infraconstitucional ou, ainda, que as mudanças *socializantes* ocorridas durante a Corte Warren foram, na verdade, limitadas pela Corte Rehnquist. Seguindo, aliás, uma linha próxima à de SUNSTEIN.

ROSENFELD ressalta que os direitos fundamentais nos Estados Unidos estão alicerçados numa visão lockeana de serem inalienáveis e originados no indivíduo (nesse sentido, direitos fundamentais seriam apenas aqueles relacionados à proteção do indivíduo *contra* o Estado). A leitura de sua obra *A identidade do sujeito constitucional* (ROSENFELD, 2003b) nos induz a uma reflexão de que seu autor defende, na verdade, com base no conceito de identidade constitucional uma perspectiva mais próxima a uma concepção de estabilidade pela via das tradições constitucionais.

1.8 UMA RELAÇÃO DE CÍRCULOS CONCÊNTRICOS ENTRE AS TEORIAS PROPOSTAS

Uma observação que se pode apontar, uma vez percorridas, em apertadíssima síntese, as obras desses constitucionalistas norte-americanos, diz respeito à circunstância de que suas compreensões sobre os centros originários da mudança constitucional a rigor podem ser vistas como guardando uma relação de círculos concêntricos, que se iniciam próximos aos fatos históricos, concretos, ocorridos no caminho de um Estado em formação e transformação; e vão espraiando sua zona de percepção e influência, para compreender não só os fatos mas também as instituições; não só às instituições mas também à forma pelas quais as relações de poder entre elas se desenvolvem; não só as relações de poder que entre as instituições se desenvolvem mas também o sujeito constitucional, que por intermédio dessas mesmas instituições nada mais deseja que não a afirmação de sua identidade constitucional.

Embora, por certo, essa observação decorra tão-somente da leitura em conjunto das várias alternativas de teorização dos mecanismos de mudança no constitucionalismo americano, ela se harmoniza com o próprio movimento de expansão da constituição na esfera das relações humanas.

Um texto constitucional que pretende muito mais do que a simples organização do poder necessariamente não pode ter, por fonte de sua modificação, tão-somente os momentos paradigmáticos de mudança nessa mesma configuração do poder. Assim, o ponto de vista mais localizado de ACKERMAN, com todos os méritos de seu ineditismo, e de ponto de partida para o deflagrar de uma reflexão acerca do caráter mesmo mutante de uma constituição, não mais comporta o potencial de interferência que esse Texto Fundamental tem — e se espera que tenha — hoje na sociedade.

Amplia-se assim, juntamente com o alcance da própria constituição, a percepção de quais possam ser as fontes de sua modificação e atualização. Nessa linha de progresso, TUSHNET, GRIFFIN e SUNSTEIN. Finalmente, a contribuição de ROSENFELD, incorporando em especial a necessária visão acerca da identidade do sujeito constitucional, se harmoniza com uma idéia de que à constituição hoje se ponha igualmente uma necessária tarefa de integração, entre uma diversidade de "coletivos" — identificados por etnia, ou por religião, ou por cultura, ou por interesses comuns — que, na linha de consideração apontada por DENNINGER (e nesse particular, embora expressando divergência em relação à possibilidade de recepção no sistema americano dos paradigmas propostos pelo doutrinador alemão, ROSENFELD dele se aproxima ao menos na esfera de cogitações), hão de ter sua diversidade tematizada, cabendo à constituição mudar, para também a essa nova realidade oferecer solução.

1.9. A TÍTULO DE SÍNTESE

Este capítulo seguiu no sentido de demonstrar a importância da teoria constitucional norte-americana não só para o debate da teoria da mudança constitucional, como também para esse atual momento político internacional do período *pós-11 de setembro* com conseqüências jurídicas para a ordem interna, na qual não podemos fugir da indagação se há ou não, num plano mais geral e comparativo, uma ruptura com a teoria constitucional pós-1945. Vale lembrar que esse legado teórico se consolidou no seu núcleo mais importante, na tradução empreendida pela construção constitucional alemã, alicerçada numa visão metajurídica de sentido de constituição aberta para o processo histórico-social, mas com uma vocação de eternidade valorativa. É o caso flagrante do princípio da dignidade humana estampada logo no início do discurso normativo da *Grundgesetz* (Lei Fundamental da República Federal Alemã) de 1949.

Procuramos mostrar que a teoria constitucional norte-americana está presentemente voltada, tanto para compreender se a visão predominante do *New Deal* até o Governo Clinton (1993-2000) traduz uma ruptura constitucional em relação aos outros momentos constitucionais (ACKERMAN), quanto para perscrutar se ela também já revelaria sinais de um possível esgotamento.

Cabe, ainda, ponderar para o fato de que esses novos patamares históricos desenfreados a partir dos anos 1990 e, sublinhando mais uma vez, pelo contexto social no *pós-11 de setembro*, se nos impõe a necessidade de incorporar, na presente agenda, constitucional a categoria de *mudança constitucional*.

Este capítulo pretendeu contribuir, de alguma forma, para que esse instrumental teórico da mudança constitucional seja mais bem operacionalizado diante de institutos de tradição de força liberal, como são o Estado de Direito e a segurança jurídica. Esta é uma questão que não ousa calar: se é possível conciliar — e em que medida — a *mudança* com essas duas categorias citadas de ordem liberal (isto é, *Estado de Direito* e *segurança*). A teoria constitucional norte-americana demonstra que é, sim, possível; mas não esqueçamos que lá há um substrato talvez insuperável, qual seja, o individualismo liberal anglo-saxão (ROSENFELD).

Isto é, a categoria do individualismo jurídico liberal de procedência norte-americana torna-se, de fato, um instrumento protetor contra, por exemplo, alterações de normas constitucionais que possam atingir os direitos civis (os direitos liberais de defesa).[31]

Na verdade, a reflexão no tocante ao tema da mudança e estabilidade constitucionais está vinculada a uma perspectiva mais ampla e estrutural. Há um esgotamento de um determinado tipo de constitucionalismo, oriundo do final do século XVIII, tendo como centro o Estado-nação e um fundamento de etnonacionalidade. Leciona nesse sentido SHABINI (2004:212):

> O mundo contemporâneo confronta-nos com um grau sem precedente de diversidade, hibridez, e alta velocidade de movimentos em transporte, imigração, comunicação, etc. Essas mudanças requerem que nós repensemos a nossa abordagem para o problema da associação política. A questão de filiação como, pertencimento e o reconhecimento da diversidade não pode ser mais respondida de uma visão étnico-nacional mas tem de ser direcionada fundamentada numa prática comum de caráter de processo democrático de elaboração legislativa cristalizada numa constituição. O caráter procedimental desta prática, tendo como base os princípios abstratos de direitos humanos, democracia, e justiça, é além disso preenchido por um específico conteúdo de uma cultura política de um país. Em sociedades com diversidade, políticas de questionamentos e políticas de linguagem são as melhores abordagens a partir deste modelo flexível de patriotismo constitucional, em que

---

31 A percepção da importância do individualismo liberal jurídico norte-americano pode ser compreendido, por exemplo, com base nos julgamentos dos prisioneiros de Guantánamo nos quais prevaleceu, entre outros parâmetros, o instituto do devido processo legal. *Cf.* GOLOVE (2005).

alianças são formadas em torno de uma prática democrática de construção normativa.

Vale ressaltar, considerando essa citação, que é em nome dessa prática procedimental estruturada num modelo de patriotismo constitucional que devemos, hoje, perceber uma concepção de constituição apta incluir a categoria de mudança.

É certo que o longo perfil temporal de duração do Texto-Base norte-americano traz dificuldades no plano teórico que outras Cartas Fundamentais não enfrentam. Assim, elaborado sob inspiração teórica e histórica francamente liberal — o período pós-independência era ainda tremendamente influenciado pela sombra dos riscos do absolutismo de um poder central recém-afastado —, o texto constitucional americano vem à luz sob uma ambiência que pouco ou nada tem em comum com a sociedade americana a que hoje ele se volta.

Se o *background* histórico contribui para a compreensão de quais tenham sido os caminhos que conduziram a Carta de 1787 à enunciação que ela tem, é a percepção de que ela ainda deva oferecer respostas ao futuro que determina a necessidade de se enfrentar, antes da análise — por exemplo — das técnicas de interpretação mais adequadas à espécie, a discussão acerca de que espécie de ordem constitucional se está falando; e aí, não no sentido particular de um ou outro preceito, mas no sentido global de qual seja o Estado de que se cogita e o papel que essa constituição possa ter junto a esse Estado.

Nesse sentido, a teoria da mudança constitucional proposta pelos autores americanos citados — e desenvolvida em particular por GRIFFIN (1996) — tem um alcance muito mais amplo que o conceito emprestado pelos autores brasileiros à mutação constitucional. Sim, porque enquanto FERRAZ (1986:9) conceitua o fenômeno como *"...alteração, não da letra ou do texto expresso, mas do significado, do sentido e do alcance das **disposições** constitucionais..."*[32], conferindo-lhe um caráter mais dogmático; GRIFFIN (1996) vê na teoria da mudança um fenômeno de abrangência muito maior, que reveste o texto constitucional como um todo, de uma nova inspiração, saindo (no atual estágio da sociedade americana) do normativismo dos fundadores para uma democracia de direitos.

Observe-se que, se de um lado a visão dos teóricos estadunidenses citados se afasta de prestigiados autores brasileiros no tema da mutação constitucional; de outro lado, ela está próxima (em que pese o repúdio de ACKERMAN (1991) ao concurso dos teóricos estrangeiros) da visão de JELLINEK (1991),[33] que já em 1906 apontava a necessidade política como um elemento transformador da constituição. Em que momento os teóricos brasileiros — preocupados com um caráter mais dogmático da mutação de sentido reconhecível ao texto constitucional — teriam se afastado dos precursores do tema da teoria da mudança?

Ao que parece, no direito constitucional brasileiro, a permanente modificação textual da Carta de Base leva a

---

32 O grifo não consta do original.
33 *Cf.* JELLINEK (1991:29-30): "Em nossas doutrinas sobre as fontes do Direito se fala pouco das *necessitas*, mencionadas por Modestino como poder criador do Direito. Sem embargo, desempenha um papel enorme na vida das Constituições. Todos os acontecimentos históricos que comovem fora do Direito, os fundamentos do Estado, suscitam tal *necessitas*. As usurpações e as revoluções provocam em todas as partes situações nas quais o Direito e o fato, ainda que tenham que se distinguir estritamente, se transformam um no outro. O *fait accompli* — o fato consumado — é um fenômeno histórico com força constituinte, frente ao qual toda oposição das teorias legitimadoras é, em princípio, impotente."

um plano secundário a compreensão do que possa traduzir manifestações jurisdicionais ou mesmo dos demais poderes acerca do conteúdo e significado que se reconheça à constituição como um todo — e não em um particular preceito. Afinal, qualquer que seja o fundamento desse fenômeno de mudança constitucional, ele se traduzirá cedo ou tarde em mudança textual, pelo que esse estágio original de sua manifestação — fruto ainda das relações entre as instituições, ou de novas formas de expressão e exercício dos poderes constituídos — não assume a importância que no direito americano (que não dispõe do mecanismo fácil da mudança textual) há de ter.

Importante igualmente demonstrar que também em relação a CANOTILHO (2001) pode-se apontar alguma aproximação do pensamento da teoria da mudança como concebida pelos norte-americanos. Isso porque, seja com relação a qual o conteúdo que se deva, com efeito, propor a texto constitucional recém-aprovado (e em fase de consolidação enquanto ferramenta instituidora), seja com relação a qual o resultado a que nos possa conduzir uma releitura sob o foco da teoria da mudança da constituição norte-americana; fato é que em ambas as reflexões o significado do que seja — ou possa ser — uma constituição é o foco de preocupação. Assim, quando o constitucionalista português afirma que se vale de um conceito de teoria da constituição que se refira a uma "...*teoria da constituição jurídica do sistema político*...",[34] e mais ainda, quando aponta a teoria da constituição como elemento destinado a "...*racionalizar e controlar a pré-compreensão constitucional*..."[35] está adotando um referencial teórico próximo das cogitações de GRIFFIN.

---

34 *Cf.* CANOTILHO (2001:79).
35 *Cf.* CANOTILHO (2001:81).

CAPÍTULO 2

AINDA HÁ SUPREMACIA DO JUDICIÁRIO?

Fernanda Duarte
Francisco Moura
Josué Mastrodi
Rubens Takashi Tsubone

2.1. Considerações iniciais; 2.2 A supremacia da constituição: necessidade de controle judicial da constitucionalidade dos atos normativos dos poderes eleitos?; 2.3. A supremacia do Judiciário: um panorama do debate; 2.3.1 Uma sistematização das críticas à supremacia judicial; 2.3.2. Em favor da supremacia judicial: uma defesa a partir da teoria da separação dos poderes e dos direitos fundamentais; 2.4. Visões alternativas à supremacia judicial e animadas pela teoria da mudança; 2.4.1. Ackerman e os momentos constitucionais; 2.4.2. Griffin e sua democracia de direitos; 2.4.3. Tushnet e sua nova ordem constitucional; 2.5. Algumas conclusões.

"Mirror, mirror on the wall, who's the most powerful branch of all?"
Peter Robinson, em "The High (and Migthy) Court" — Uncommon knowledge

2.1. CONSIDERAÇÕES INICIAIS

Na maioria dos países ocidentais, talvez sendo França e Reino Unido as exceções[36], foi conferido aos juízes — por via legislada ou por via pretoriana — o dever de corrigir (ou rever) os atos emanados dos outros dois poderes, a fim de adequar seu sentido à norma constitucional, que é interpretada pelo próprio Judiciário[37]. Tal atribuição se faz mais evidente em certos momentos-chave da vida social de cada país. Nos Estados Unidos, por exemplo, objeto principal de reflexão deste capítulo[38], embora a data de início lembrada seja 1803, com o Justice Marshall[39] e a famosa decisão

---

[36] Na França, a desconfiança em relação aos juízes tem raízes históricas, haja vista estes integravam a nobreza serem vistos como aliados do Antigo Regime, o que determinou a vedação expressa aos juízes de declararem qualquer lei inaplicável (CAPPELLETTI, 1992: 96-97). Já no Reino Unido, a supremacia do Parlamento permanece, ao menos em relação aos juízes, inabalável. Por outro lado, há discussão se essa supremacia também ocorreria em relação ao Parlamento Europeu em assuntos relacionados à União Européia, como será analisado a partir do capítulo 4.

[37] Devido à opção metodológica pelo estudo da realidade norte-americana, poremos foco sobre um sistema constitucional que tem ápice em uma Suprema Corte, pertencente ao Poder Judiciário, e não sobre um sistema cuja constituição é tutelada por Tribunal Constitucional, externo aos três poderes. Não obstante, tanto a Suprema Corte quanto o Tribunal Constitucional desempenham funções similares no sistema jurídico, o que permitirá, em boa proporção, aplicar as considerações ora apresentadas tanto num sistema quanto noutro.

[38] Um outro exemplo marcante do surgimento do controle da constitucionalidade é o do Tribunal Constitucional Federal alemão, que passou a exercer a jurisdição constitucional mesmo sem expressa previsão normativa nesse sentido, seja na Lei Fundamental, seja na lei orgânica do Tribunal Constitucional.

[39] Para um perfil do *Chief Justice* John Marshall, cf. RODRIGUES (1992: 21).

Marbury v. Madison[40, 41], esta pode ser entendida, dentro de um longo processo de conflitos institucionais ao longo do século XIX, como um dos marcos em que foram fixadas as bases modernas para a construção do *judicial review* norte-americano[42]. E seus juízes, à época, não poderiam imagi-

---

40 Trata-se da decisão *Marbury v. Madison*, 5 U.S. 137 (1803), cuja íntegra pode ser encontrada na Supreme Court Collection, da Universidade de Cornell (Disponível em: http://supct.law.cornell.edu/supct/cases/historic.htm. Acesso em 26 out. 2004).

41 McCONNELL (2004) apresenta uma interessante análise da decisão, fornecendo detalhes de seu contexto histórico-político, cujo pano de fundo se consubstanciava no dilema enfrentado pela jovem nação entre federalistas — liderados por Alexander Hamilton — e antifederalistas (republicanos) — liderados por Thomas Jefferson. No caso em concreto, a lide deriva do fato de o presidente federalista (vencido nas eleições) John Adams tentar nomear uma série de pessoas "pró-federalistas", entre elas Marbury, como juízes de paz (conhecidos como *midnight judges*) no seu último dia de mandato, usando como base legal *The Judiciary Act of 1789*. O presidente interino Jefferson — que assume a presidência temporariamente no lugar do presidente eleito James Madison — não reconheceu como válidas tais nomeações, posto que, embora assinadas, não foram entregues, negando-se, portanto, a dar posse aos nomeados. Por fim, embora Marbury não tenha recebido sua comissão de juiz de paz, prevaleceu a tese federalista, com a consagração do controle judicial da constitucionalidade. A propósito, SCHWARTZ (1993:13) reconhece explicitamente a influência hamiltoniana para o desfecho da decisão. "*Hamiltons reasoning here, even his very language, formed the foundation for the Marbury v. Madison confirmation of judicial review as the core principle of the constitutional system. The Marbury opinion can, indeed, be read as more or less a gloss upon The Federalist, nº 78*".

42 Esse papel fundante desempenhado por *Marbury v. Madison*, nesse bicentenário, tem sido relativizado por certos autores, cujas obras se destacam como críticas ao sistema do *judicial review*. Em especial, LEVINSON (2003), que provocativamente declara que não mais ensinará este caso em suas aulas de Direito Constitucional. Também DOUGLAS (2003) aponta o uso retórico da decisão.

nar o vulto e a relevância que, entre outros⁴³, o caso *Marbury v. Madison* viria a ter no futuro, vez que a possibilidade de invalidação, pelo poder Judiciário, de ato normativo oriundo de um dos poderes eleitos do Estado, tornou-se elemento marcante do constitucionalismo ocidental⁴⁴. Tanto é que a Corte Suprema pronunciou-se pela aplicação reiterada da *judicial review of legislation* de modo efetivo em momentos históricos cruciais, como após a guerra civil (a Guerra de Secessão 1861-1865), nos anos de reconstrução⁴⁵, e após o *Crash* de 1929. Na ocasião, cabe destacar, essa Corte decidiu que a política intervencionista do *New Deal*⁴⁶, pro-

---

43   SCHWARTZ (1993:22) recupera a trajetória dos primórdios do *judicial review*, atribuindo-o como decorrência de uma tradição legal herdada da própria metrópole inglesa. *"Judicial review, as an essential element of the law, was part of the legal tradition of the time, derived from both the colonial and revolutionary experience. With the appearance during the Revolution of the written constitutions, the review power began to be stated in modern terms. Between the Revolution and Marbury v. Madison, state courts asserted or exercised the power in at least twenty cases. Soon after the Constitution went into effect, assertions of review authority were made by a number of federal judges".*

44   FARBER (2003: 415) relata esta expansão do *judicial review* para muitas democracias em todo o mundo. Com efeito, embora de matriz ocidental, tal expansão geográfica chegou até o Oriente, como registra GINSBURG (2004 e 2004a).

45   A respeito da era de reconstrução, vide o verbete elaborado por J. Nicholas ENTRIKIN (2003:653) "reconstruction". Trata-se de uma tentativa de reconstruir e reformar, nos níveis político, econômico e social, o sul do país após a Guerra Civil e reestruturar as relações raciais em toda a nação. Os historiadores têm procurado responder quatro questões, a saber: Quais os graus de mudança que ocorreram antes e depois da deflagração da Guerra de 1861-1865?; o período da denominada reconstrução apresenta uma natureza radical ou conservadora?; Quando ela começou e terminou?; e, por fim, Quanto e por que ela fracassou?

46   A propósito da orientação jurisprudencial final adotada pela Su-

posta pelo Executivo, não afrontava os princípios de autonomia da vontade ou da liberdade dos mercados (SUNSTEIN: 2004).

---

prema Corte, em relação à política do *New Deal*, vale registrar um episódio, já considerado clássico, ocorrido durante governo de Roosevelt. "Nos anos 1920, os políticos liberais norte-americanos atacavam abertamente a Suprema Corte, em virtude de suas decisões jurídicas contra eventuais interesses político-comerciais. Esse quadro agravou-se nos anos 1930, quando, por maioria de votos, o Tribunal colocou-se em conflito direto com o Presidente Franklin Roosevelt e o [...] *New Deal*, programa presidencial para combater a Grande Depressão, incluindo amplas e drásticas medidas de controle da economia. A Lei de Ajuste Agrícola, por exemplo, foi um esforço para limitar a produção agrícola, a fim de estabilizar os preços dos produtos primários. A Lei de Recuperação Industrial Nacional foi, igualmente, estabelecida para causar acordos sobre práticas de trabalho e comércio dentro de indústrias inteiras. Ocorre que em uma série de decisões tomadas por maioria de votos (6 a 3 e 5 a 4), nos anos de 1935 e 1936, a Suprema Corte entendeu inconstitucionais essas duas leis e outros diplomas editados pelo Congresso Nacional com a finalidade de recuperação, enfraquecendo o programa de governo. Inevitavelmente, o Presidente Roosevelt liderou severas críticas contra o Poder Judiciário e, após sua reeleição consagradora em 1936, sugeriu contornar a situação por meio de uma legislação de acordo com a qual um juiz adicional poderia ser acrescentado à Suprema Corte, para cada juiz que tivesse mais de 70 anos de idade. Com a eventual implementação dessa nova regra, o resultado teria sido aumentar o tamanho da Corte, temporariamente, para 15 juízes, permitindo que o Poder Executivo nomeasse novos juízes favoráveis a seus programas. Enquanto essa hipótese era debatida no Congresso, a Corte eliminou a maior parte do impulso existente por trás dele em uma seqüência de novas decisões tomadas em 1937, e foi mantida a legislação do *New Deal* e legislação estadual por estreitas margens, tomando posição contrária a suas opiniões coletivas nos casos anteriores e evitando-se a deformação da autonomia da cúpula do Poder Judiciário. Anote-se que essa alteração de posicionamento da Suprema Corte norte-americana ficou conhecida *como the switch in time that saved nine* (a mudança em tempo de salvar nove)" (MORAES, 2000:88-9).

Integrando as reflexões acadêmicas sobre a temática do constitucionalismo democrático, a jurisdição constitucional[47], instrumentalizada nos diversos sistemas de controle da constitucionalidade das leis e atos normativos[48], revela a tensão entre Direito e Democracia[49] que, dentro de um parâmetro de leitura liberal, expressa o conflito da limitação da vontade da maioria, materializada na lei (e, depois, na constituição) — e denominado pela doutrina de caráter contramajoritário[50]. Nesse diapasão, a discussão desloca-se, em realidade, para a problemática da legitimidade democrática da própria jurisdição constitucional, isto é, como ela merece uma justificativa racional dentro dos padrões do Estado Democrático de Direito.

---

47   Segundo Kelsen (2003) a jurisdição constitucional seria a garantia jurisdicional da constituição. Entre nós, VIEIRA e CAMARGO (2004), após análise da categoria na teoria constitucional brasileira, concluem que: "(...) tais fatores demonstram o acerto da visão de Rubio Llorente de que não podemos mais trabalhar com modelos estanques como o da judicial review' e noutra ponta a Jurisdição Constitucional concentrada (de base européia). As leituras desenvolvidas por nós estão, dessa forma, em consonância com a linha de Rubio Llorente, no sentido de que devemos traçar um perfil de Jurisdição Constitucional dentro de um marco teleológico. Isto é, temos de compreender se a Jurisdição Constitucional brasileira aproxima-se ou não de um modelo afirmativo de direitos. Assim, o conceito de Jurisdição Constitucional estará medido nessas duas possibilidades, a saber: ou 'pretende assegurar a constitucionalidade do texto legal', ou 'aqueles outros que aspiram garantir também, a constitucionalidade da aplicação da lei' (Llorente, p.157)". Para um panorama mais amplo sobre o desenvolvimento da Jurisdição Constitucional, cf. VIEIRA (2004), e sobre sua legitimidade, cf. CRUZ (2004), MORO (2004), SOUZA NETO (2002) e TAVARES (1998).

48   Para uma visão panorâmica dos sistemas de controle de constitucionalidade das leis, Cf. BARROSO (2004:39).

49   Sobre esta tensão entre política e democracia, cf. VIEIRA (1999) e BINENBOJM (2004). Sobre a tensão entre o Estado de Direito, constituição e democracia, cf. ROSENFELD (2001).

50   Mais adiante essa temática será retomada.

A assertiva é corroborada pela posição do Conselheiro José Manuel M. Cardoso da Costa — então na qualidade de Presidente do Tribunal Constitucional português —, ao apresentar os trabalhos levados a cabo no colóquio, por ocasião do X Aniversário daquela Corte, em Lisboa, 1993:

> Se há um problema que a justiça constitucional renovada e recorrente suscite — pese o surto de alargado desenvolvimento que tal uma área da jurisdição conheceu no constitucionalismo democrático do último meio século — esse, no fundo, é ainda, e ainda que nem sempre explícita ou frontalmente posto, o da sua mesma legitimidade e legitimação. (*apud* BRITO, 1995:33.)

Tal debate, por si só, já se revela bastante rico, com uma expressiva produção bibliográfica estrangeira[51] e aos poucos vem gerado um maior interesse em nossas terras[52].

Especificamente, duas grandes vertentes mobilizam-nos, a saber: o debate alemão[53] e a discussão travada pelos juristas norte-americanos, ambos igualmente relevantes para nossa realidade constitucional, já que a Carta Brasileira de 1988 recepcionou os modelos norte-americano e alemão de controle judicial da constitucionalidade[54].

Entretanto, por ora, o escopo de reflexão ficará limitado ao modelo selecionado, qual seja, o norte-americano.

---

51 Como se pode apurar da bibliografia consultada para a elaboração da pesquisa.
52 Cf. STRECK (2004), SAMPAIO (2002), VIEIRA (1999), MENDES (2004), CRUZ (2004) entre outros.
53 Sobre o tema, ver MAUS (2000) e HABERMAS (1996).
54 A propósito, ver art. 102, I e III, que estabelece os modelos de controle de constitucionalidade difuso e concentrado pelo Poder Judiciário, erigindo como guardião da constituição o Supremo Tribunal Federal.

Tendo em vista a proposta desta obra, pretende-se investigar a relação existente entre a supremacia da constituição (nos sistemas jurídico e político) e a necessidade de um controle judicial da constitucionalidade dos atos normativos. Em seguida, passa-se a enfrentar a problemática da supremacia judicial, apresentando-se algumas visões alternativas a essa supremacia inspiradas pela teoria da mudança, conforme definida no capítulo anterior, e focadas em três autores, em especial Bruce ACKERMAN, Stephen GRIFFIN e Mark TUSHNET.

Classicamente considerada, a supremacia do Poder Judiciário pode ser entendida como um elemento de estabilidade que se traduz numa atividade de construção normativa voltada para a segurança jurídica (i.e., para a funcionalidade do sistema jurídico). Contudo, essa estabilidade pode ceder para visão de dinâmica, se a atividade jurisdicional for considerada num quadro de mudanças, em que outros atores participam da construção da constituição (influência dos valores do sistema político sobre o sistema jurídico), o que coloca a força normativa da constituição para além das barras dos tribunais, configurando-se uma nova sistematicidade de relação entre os três poderes do Estado e a própria sociedade civil.

2.2. A SUPREMACIA DA CONSTITUIÇÃO: NECESSIDADE DE CONTROLE JUDICIAL DA CONSTITUCIONALIDADE DOS ATOS NORMATIVOS DOS PODERES ELEITOS?

A positivação das normas constitucionais em um documento escrito é uma herança liberal da formação dos Estados nacionais modernos, em especial dos Estados Unidos da América do Norte[55], que se vincula a uma construção racional de oposição ao exercício de poder ilimitado, configurando-se num fator de limitação do poder[56]. Num estudo comparativo entre a gênese do constitucionalismo norte-americano e do francês, atesta CANOTILHO (1998:53) que, no primeiro caso,

> Não se pretendia tanto reinventar um soberano omnipotente (a Nação), mas permitir ao corpo constituinte do povo fixar num texto escrito as regras disciplinadoras e domesticadoras do poder, oponíveis, se necessário aos governantes que actuassem em violação da constituição, concebida como lei superior. Se a constituição nos esquemas revolucionários franceses terminou na legitimação do estado legicêntrico, ou, por outras palavras, dos "representantes legislativos", na cultura revolucionária americana ela serviu para constituir uma ordem política informada pelo princípio do "governo li-

---

[55] Essa dimensão constitucional de contenção do poder já era sustentada por HAMILTON (2004), em 1788, ao tratar do *Judiciary Department*, no *The Federalist* n.º 78. "*By a limited Constitution, I understand one which contains certain specified exceptions to the legislative authority; such, for instance, as that it shall pass no bills of attainder, no ex post facto laws, and the like. Limitations of this kind can be preserved in practice no other way than through the medium of courts of justice, whose duty it must be to declare all acts contrary to the manifest tenor of the Constitution void. Without this, all the reservations of particular rights or privileges would amount to nothing.*" E é dela que o próprio autor retira a justificativa do controle da constitucionalidade, que seria uma decorrência da natureza da própria constituição enquanto fator de limitação dos poderes do Estado, como mais adiante se abordará.

[56] Embora de origem clássico-liberal, essa função protetiva ainda hoje é pertinente. Por exemplo, CANOTILHO nos fala que uma das mais importantes funções dos textos constitucionais nos Estados Democráticos de Direito tem sido o "controlo do poder" (1998:1290).

mitado" (*limited government*). Por outras palavras: o modelo americano de constituição assenta na idéia da limitação normativa do domínio político através de uma lei escrita. Esta "limitação normativa" postulava, pois, a edição de uma "bíblia política do estado" condensadora dos princípios fundamentais da comunidade política e dos direitos dos particulares.

Nesse sentido, a idéia de constituição acompanha os princípios estruturantes do Estado de Direito que submetem, como requisito de validade, o exercício do poder político a partir de um sistema limitador de normas. Como demarca LAVILLA (1987:53),

> os princípios do Estado de Direito respondem à idéia matriz de que a atividade política, à parte de seu componente de luta pelo poder, de competição entre os grupos sociais para alterar em seu favor as esferas desse poder — como já destacara Max Weber —, tem a coalhar um sistema de normas que representam um ponto de vista sobre a justiça. O característico do Estado de Direito é precisamente a transmutação dos fenômenos de poder em Direito e, sobretudo, que a atividade política, uma vez cristalizada na forma jurídica, resta submetida ela mesma ao Direito[57].

---

57 No texto original:"*Los princípios del Estado de Derecho responden a la idea matriz de que la actividad política, aparte de su componente de lucha por el poder, de competencia entre los grupos sociales para alterar en su favor las esferas de ese poder — como ya destacara Max Weber —, tiene a cuajar un sistema de normas que representan un punto de vista sobre la justicia. Lo caracteristico del Estado de Derecho es precisamente la transmutación de los fenómenos de poder en Derecho y, sobre todo, que la actividad política, una vez cristalizada en forma jurídica, quede sometida ella misma al Derecho.*"

Cabe ressaltar, para além da noção de contenção de poder, à constituição podem ser agregados outros sentidos[58] — em especial, para nós, toca de perto a idéia do dirigismo constitucional, como modelo de inspiração do nosso texto de 1988[59].

Entretanto, independentemente da concepção adotada, há em todas um denominador lógico comum que pressupõe o valor *normativo* da constituição, o que lhe confere o *status* de fonte de produção normativa, bem como a possibilidade de que a norma constitucional seja ela própria aplicável. Ao cabo, essa normatividade traduz-se em supremacia[60] sobre todas as normas do sistema jurídico.

No particular, enfatiza CLÈVE (2000:33) que

> a compreensão da constituição como norma, aliás norma dotada de superior hierarquia, a aceitação de que tudo que nela reside constitui norma jurídica, não ha-

---

58 A propósito, SAMPAIO (2004) faz uma excelente revisão bibliográfica sobre os diversos conceitos de constituição, sistematizando-os em quatro grandes grupos: teorias da constituição formal; teorias da constituição material (realismo constitucional sociológico e concepção normativo-material); teoria material da constituição como esforço de aproximação entre o real e o formal; e constituição pluridimensional.

59 Não é por obra do acaso a grande repercussão que tem entre nós a tese de CANOTILHO (1994), intitulada "constituição dirigente e vinculação do legislador — contributo para a compreensão das normas constitucionais programáticas". No prefácio à 2ª edição da obra, publicada em 2001, o autor apresenta um melhor esclarecimento deste conceito de constituição dirigente. Sobre o assunto, cf. o livro organizado por COUTINHO (2003), para uma visão da teoria da constituição dirigente em países que, como o Brasil, se caracterizam pela modernidade tardia, STRECK (2004: 95).

60 Para uma breve explanação sobre a supremacia constitucional e sua relação com o controle de constitucionalidade, Cf. BERNARDES (2004: 6).

vendo lugar para lembretes, avisos, conselhos ou regras morais e, por fim, a percepção de que o cidadão tem acesso à constituição, razão pela qual o Legislativo não é o seu único intérprete, são indispensáveis para a satisfação da superior autoridade constitucional.

Ressalte-se que, para o estudo desenvolvido, a supremacia constitucional é considerada, especialmente, a partir de um critério lógico-formal que leva como fator determinante o veículo de explicitude da norma jurídica associado a sua fonte de origem[61], tratando-se de estabelecer a autoridade do parâmetro a partir de seu *status*. Nesse raciocínio, merece destaque a supremacia da constituição formal[62] como fator de estabilidade.

A idéia de supremacia remete diretamente a uma noção de verticalidade e, portanto, de hierarquia ou superioridade, definindo-se o referencial a partir do qual podemos elaborar juízos de conformidade entre níveis normativos superior e inferior.

O fortalecimento da supremacia constitucional remete a constituição ao patamar de *higher law* que tem como

---

61 Entretanto, registre-se também que esse não é o único critério possível para a verificação da hegemonia constitucional. BITTAR, por exemplo, preocupado com a eficácia político-social da norma constitucional, já na década de 1950 discutia a superioridade da constituição a partir de uma "base realista e material, provada pelas sanções efetivas e reais" (BITTAR, 1996:449) derivadas dessa posição superior.

62 A doutrina tem caracterizado como constituição formal um instrumento jurídico escrito e formalizado oriundo de órgão detentor de poder constituinte. A propósito, verifique-se BONAVIDES (2000), CANOTILHO (1998), CLÈVE (2000) e SILVA (2002). Sobre a *legalized Constitution* (ou a constituição normativa ou jurídica), norma constitucional compreendida dentro do sistema jurídico por juízes e advogados, em oposição à *living Constitution*, cf. GRIFFIN (1996: 26 e 27).

conseqüência lógica "a elevação da lei constitucional a *paramount law*, isto é, uma lei superior que torna nula (*void*) qualquer lei de nível inferior, incluindo as leis ordinárias do legislador, se estas infringirem preceitos constitucionais" (CANOTILHO, 1998:53-54). Fixa-se, pois, a pauta de controle de todos os atos oriundos do poder público e mesmo dos cidadãos[63], que estabelecerá os parâmetros de adequação destes atos no Estado Democrático de Direito.

Essa pauta de controle, a seu turno, opera em dois níveis — num plano de conformidade formal e num plano de conformidade material — que conjugados implicam o princípio da constitucionalidade dos atos normativos.

O plano da conformidade formal, também denominado de superlegalidade formal (que identifica a constituição como norma primária da produção jurídica), "justifica a tendencial rigidez das leis fundamentais traduzida na consagração, para as leis de revisão, de exigências processuais, formais e materiais, 'agravadas' ou 'reforçadas' relativamente às leis ordinárias" (CANOTILHO, 1998:784).

Já o plano da conformidade material (ou superlegalidade material) determina uma exigência de conformidade substancial de todos os atos normativos com as normas constitucionais, quer sejam regras ou princípios[64]. Há que haver uma harmonia de conteúdo entre a norma constitucional e os demais atos inferiores.

No reconhecimento da supremacia da constituição imediatamente se reconhecem derivações que lhe são ine-

---

63 A vinculatividade da norma constitucional para os particulares é discutida quando se trata da eficácia horizontal dos direitos fundamentais. Sobre o tema, entre nós, ver SARLET (2004), SARMENTO (2003), PEREIRA (2004) e STEINMETZ (2004).

64 Sobre os princípios, na recente produção brasileira, ver VIEIRA (2001); PEREIRA e SILVA (2001) e ÁVILA (2003).

rentes, a fim de que reste assegurada essa supremacia. Sublinhamos a existência de um órgão/instituição que se preste a preservar a inteireza de seus princípios e regras quando a constituição vier a ser violada; e, ainda, a atribuição de sanções às normas que padecem de inconstitucionalidade, o que pressupõe a previsão de mecanismos de aplicação dessas sanções. Portanto, a supremacia constitucional e seus consectários viabilizam a própria obrigatoriedade da norma constitucional, assegurando sua aplicação.

Na verdade, tendo como parâmetro o objeto de estudo deste capítulo, trata-se efetivamente de estabelecer quem decide o que é a constituição, dando a última palavra em caso de conflito[65, 66]. Tal escolha, ao final, modula a tensão existente entre os três poderes do Estado e resulta na hegemonia daquele que é o garante final da constituição — o que acaba, na prática, por estabelecer o desenho preciso e real da independência de cada um dos poderes do Estado[67].

---

[65] Sobre a escolha, COELHO (2001:1307) reflete: "Visto os ordenamentos sob essa perspectiva — que não impede, antes recomenda, conceberem-se as constituições como sistemas abertos de regras e princípios que se movimentam e se atualizam a cada aplicação —, então a escolha fundamental reside em saber a quem atribuir a *última palavra* nesse universo normativo, uma opção politicamente dramática porque, ao fim e ao cabo, quer se queira, quer não, o poder de interpretar envolve o de legislar".

[66] Na verdade, essa interrogação se faz acompanhar de uma outra que remete ao que a constituição diz, isto é, à problemática da interpretação constitucional. Entretanto, considerando o escopo do presente trabalho, não se desenvolverá essa temática, porém um estudo bastante competente pode ser visto em PEREIRA (2004).

[67] Observe-se que esta tradição vem recebendo questionamentos por parte de constitucionalistas americanos como GRIFFIN (1996:42 a 45; 2003: 53 a 54) que descreve essa propalada supremacia do Judiciário como sendo imposta e construída ao longo do século XIX, com base em valores próprios daquela época, que não possuem mais correspondência com a atual realidade constitucional norte-americana.

Tradicionalmente, numa perspectiva orgânica, dois são os modelos de proteção da constituição: o parlamentarista e o judicialista.

O modelo parlamentarista[68, 69, 70] retrata a trajetória institucional na qual o parlamento exerce essa função de adequação da ordem jurídica à constituição.

Cabe, no entanto, atentar, acompanhando ACOSTA SÁNCHEZ (1998), para o fato de que o modelo parlamentarista inglês se caracteriza por ser deflagrado no caso em concreto e pelo fato de o legislador cumular duas funções. De forma dinâmica, interativa e concomitante, o legislador atua quer como responsável pela elaboração da lei, quer como seu julgador. A originalidade nesse sistema de controle se revela na articulação do legislador com o caso concreto — o que na Inglaterra, permitiu a concretização de um Estado de Direito (*rule of law*) de caráter genuíno.

---

68 A estruturação desse modelo, de forma mais detalhada, pode ser vista em ACOSTA SÁNCHEZ (1998) e, no Brasil, na obra clássica de Orlando BITTAR (1996). Também no capítulo 1 da obra *A constituição européia: o projeto de uma nova teoria constitucional* (VIEIRA, 2004) o tema é objeto de reflexão.

69 TUSHNET (2003: 813) denomina tal modelo de supremacia do Parlamento de Modelo de Westminster, "(...) no qual as legislaturas eleitas democraticamente têm poder constrito apenas pelas pressuposições culturais do desejo da maioria". No original, "(...) in which democratically elected legislatures had power unconstrained by anything other than the cultural presuppositions embedded in a majority's will".

70 É interessante notar, na esteira do pensamento de FARBER (2003: 439) que nos Estados Unidos tal modelo não foi adotado, especialmente em virtude da desconfiança existente na cultura política americana em relação aos políticos (legisladores). O mesmo autor anota que uma possível adoção deste sistema nos EUA é pouquíssimo provável e, se isto ocorresse, representaria uma grande revolução no pensamento e na atitude da sociedade norte-americana.

No entanto, tal não ocorreu com o modelo parlamentarista francês em que a presença do legislador ficou adstrita a uma posição formalista de legalidade sem que o sentido construtivo apareça no referido processo de controle de constitucionalidade inglês.

O modelo judicialista nos remete a um paradigma de prevalência da constituição materializada na efetivação de um processo judicial, previamente concebido e conduzido por juízes e que se traduz nas diferentes formas de provocação da atividade jurisdicional, isto é, nas distintas vias de controle ou fiscalização da constitucionalidade. Para nós, dentro desse modelo, enquadramos tanto a experiência norte-americana do *"judicial review"* já relatada anteriormente, quanto ao que se convencionou denominar de sistema austríaco (kelseniano) em razão de seu desenvolvimento histórico-institucional de adequação da ordem jurídica à constitucionalidade.

É precisamente nesse segundo modelo que se materializam, de forma nítida, os questionamentos de supremacia da constituição e do Judiciário.

2.3. A SUPREMACIA DO JUDICIÁRIO: UM PANORAMA DO DEBATE

Considerados os dois modelos acima expostos, e destacando-se, por opção metodológica, o judicialista, para uma melhor compreensão da problemática, impõe-nos como objetivo uma certa sistematização das visões apresentadas, com fins meramente didáticos, já que as questões a serem abordadas se implicam mutuamente.

Entretanto, devemos, primeiro, dizer sobre o que falamos: o que é a supremacia do Judiciário? E, se ela de fato existe, do que decorre?

Entender que ela efetivamente existe sugere uma posição de prevalência do Judiciário em relação aos demais poderes do Estado. E tal prevalência resta evidente quando, por exemplo, se entende a supremacia judicial num desses sentidos isolados ou mesmo combinados entre si: a) que os demais agentes políticos devem conduzir suas funções (legislar ou administrar) pautados nos entendimentos da Suprema Corte sobre a matéria, evitando assim a produção de leis e a edição de atos administrativos que, já de antemão, se sabem inconstitucionais, em razão de manifestações anteriores da Corte; b) que os demais agentes políticos devem respeitar as decisões da Corte, mesmo quando se tratar de questões que não são de sua competência; c) que a última palavra sobre a constitucionalidade ou não de um ato ou lei está nas mãos da Suprema Corte (MICHELMAN, 2003: 592)[71].

Também a supremacia do Judiciário, independentemente do sentido que possamos atribuir ao termo, melhor

---

71 MICHELMAN (2003:592) sustenta ser possível a defesa do *judicial review* sem que com isso se acate a supremacia judicial. Interessante aqui observar que essa distinção lhe é fundamental, sob pena de incoerência interna em sua formulação. Assim, para o referido autor, diferentemente da supremacia, o controle da constitucionalidade pode ser entendido como: "[...](*1) that the Supreme Court rules on the constitutional legality of statues and other political acts, when such questions come before the Court in the exercise of what it finds — we assume not outrageously — to be its jurisdiction; (2) that the Courts specific orders based on such rulings are considered obligatory by every other court and public official; (3) that the ruling them selves, informed by the reasoning given in support of them, stand as precedents for lower courts adjudicating future similar or related cases, and for the Supreme Court, too, subject to possible overruling by it; and (4) that all other public officials consider themselves under obligation to conduct their affairs with commonsensical regard to all the foregoing (so they do not, for example, go around arresting people on charges of breaking laws that already have been held unconstitutional by a final judgement of the Supreme Court)*".

se compreende (ou melhor dizendo, mais claro é fixado o seu contorno), a partir das críticas formuladas ao *judicial review* — já que seria ele o edificador dessa supremacia.

2.3.1. UMA SISTEMATIZAÇÃO DAS CRÍTICAS À SUPREMACIA JUDICIAL

No particular, duas grandes vertentes nos interessam. Por um lado, há a crítica que se assenta no questionamento da derivação ontológica entre supremacia da constituição e controle da constitucionalidade e que, portanto, o *judicial review* seria uma contingência de uma escolha política. Por outro lado, há o problema da legitimidade democrática.

Na primeira perspectiva, cabe indagar se a supremacia da constituição implicaria, em princípio, supremacia do Poder Judiciário, vez que caberia ao juiz dizer, em último lugar, o que é a constituição, assumindo o papel de seu guardião[72].

Embora incorporada ao discurso jurídico nacional sem muitos reparos[73], essa conexão implícita entre supremacia da constituição e controle judicial da constitucionalidade não é pacífica, como se pode primeiramente pensar. Mui-

---

72 Tal visão de guardião é explicitamente declinada em nosso texto constitucional, que no art. 102 estabelece "Compete ao Supremo Tribunal Federal, precipuamente, a guarda da constituição [...]". Não é demais lembrar, no entanto, que o termo *precipuamente* utilizado pelo poder constituinte não é sinônimo de *exclusivamente*, de modo que a guarda dos valores e das normas constitucionais cabe, também, aos demais poderes do Estado.

73 Uma leitura da bibliografia nacional ora consultada sinaliza para uma postura de aceitação pacífica e acrítica dessa derivação lógica — o que se traduz em uma naturalidade do vínculo entre supremacia da constituição e controle judicial de constitucionalidade.

tos autores que se posicionam criticamente contra o *judicial review* se esforçam por romper essa derivação lógica.

TROPER (2003), por exemplo, a considera um dos argumentos manejados[74], insuficientemente, para oferecer uma justificação do *judicial review*. Para o autor, essa "decorrência" pode ser compreendida em sentido forte e em sentido fraco. Em sentido forte, o controle da constitucionalidade deriva diretamente da supremacia da constituição. Tal argumento já foi invocado e formulado por vários autores clássicos:

> Foi empregado pelos parlamentos do Antigo Regime para justificar sua recusa em registrar atos contrários às leis fundamentais do reino. O abade Sieyès também o invocou, declarando em 1795 que ou a constituição é vinculante ou ela é nula. A mesma idéia foi proposta mais tarde por Carré de Malberg, estabelecendo uma relação entre a possibilidade de revisão de um lado e a separação de poderes constituinte e constituído de outro[75].

---

74 Para TROPER (2003), os argumentos que se prestam a justificar o controle de constitucionalidade podem ser sistematizados em dois grandes grupos. Aqueles que derivam da supremacia da constituição e aqueles que decorrem da questão democrática. Embora a democracia não possa fornecer um argumento forte, já que dela não se infere diretamente a possibilidade de controle judicial da constitucionalidade, ela produz duas justificativas débeis. A primeira sustenta que o controle é uma ferramenta a serviço da democracia. A segunda diz que o controle não é necessário para a democracia, mas é necessário para a obtenção de outros fins compatíveis com a democracia.

75 (TROPER, 2003:103). No original: "*It was employed by the parliaments of the Ancien Régime to justify their refusal to record acts contrary to the basic laws of the kingdom. Abbé Sieyès also invoked it, declaring in 1795 that either the constitution is binding or it is a nullity. The same idea was later proposed by Carré Malberg, establishing a link*

Este é, aliás, o núcleo central da tese de Marshall, em *Marbury*.

Em sentido fraco, a ilação se explica em ser o controle de constitucionalidade o único meio capaz de realizar/assegurar a supremacia da constituição. Aqui nos referimos a um argumento de matriz kelseniana. Segundo TROPER (2003), diferentemente de Marshall, Kelsen não afirma que a supremacia constitucional implica seu controle. Limitando a si próprio, o autor austríaco sustenta que sem o *judicial review* a constituição não seria suprema. Afirma TROPER:

> Em vez de considerar a constituição após entrar em vigor e interpretá-la como contendo uma autorização implícita para a revisão constitucional, ele (Kelsen) se coloca no momento da elaboração da constituição. Se o poder de revisão judicial não se faz presente — e isto pode ocorrer apenas através de uma decisão expressa — a constituição não poderá ser verdadeiramente suprema. Em outras palavras, a revisão judicial é apresentada como um meio para um fim específico, qual seja, a supremacia da constituição[76].

Na verdade, de forma bastante original, entende TROPER que as dificuldades a serem resolvidas em prol da jus-

---

between the possibility of review on the one hand and the separation of constituent and constitued powers on the other."

76 TROPER (2003:105). No original, *"Rather than considering the constitution after it has come into effect and interpreting it as implicity authorizing constitutional review, he situates himself at the moment of its elaboration: if the power of judicial review is not included — and this can occur only by an express decision — then the constitution cannot be truly supreme. In other words, judicial review is presented as a means to a particular end: namely the supremacy of the constitution."*

tificação do controle de constitucionalidade não são um problema de derivação lógica do instituto em si, mas residem no plano da dogmática jurídica e de suas relações com o direito positivo. Se cabe à doutrina a tarefa de justificar, para o direito positivo isso é desnecessário. Assim, não se sustentam justificativas dogmáticas que se alicerçam em argumentos extraídos do direito positivo. Desta forma, o problema da justificação do controle de constitucionalidade se vê aprisionado em uma aporia[77].

Já no segundo grupo, encontram-se as objeções de natureza democrática que, variando de intensidade e grau, atingem a própria legitimidade do sistema de controle.

Há, por exemplo, desde uma vertente mais conservadora, que acidamente descreve o controle judicial como

---

77 Para TROPER (2003:120-121: *"As ingenious as they may be, these justifications are not convincing insofar as they claim to take into account all possible arguments, affirming that the institution of judicial review is legitimate in respect to the hierarchy of norms, the text of the constitution, the discretionary power of the judge, or theories of representation and democracy. But this failure is a failure of doctrine, not of the institution itself. If one accepts the distinction between doctrine, which provides justifications, and the theory of law, which refuses to justify, the latter must take on the task of analysing positive law and explaining the justifications that the doctrine is obliged to present. In the end, the analysis of positive law leads to a simple conclusion: constitutional courts wield important discretionary power and participate, in conjunction with elected authorities, in the exercise of legislative power. A government in which legislative power is shared by elected or democratic authorities and nonelected or aristocratic officials is a mixed government. This observation stands on its own, without the need to seek out justifications for the choice of a mixed government, just as in asserting that judicial review is a democratic institution, one need not seek justifications for democracy itself. Nonetheless, doctrine refrains from making this observation, for constitutional courts are supposed to apply constitutions, and constitutions proclaim themselves to be democratic. Doctrine is thus obliged to attempt to reconcile the institution with democratic principles and is unable to escape from the ensuing labyrinth."*

sendo um "imperialismo judicial" (BORK, 2003)[78, 79] até o

---

78 No particular, um dos críticos mais vorazes da supremacia judicial, e em especial do ativismo judicial que dela, eventualmente decorre, é Robert H. BORK. Em obra recente (2003), o polêmico autor denuncia que o Estado de Direito (*rule of law*) teria sido substituído pelo Estado de juízes (*rule of judges*) e, assim, o ativismo judicial estaria minando as bases das democracias ocidentais. Para o autor (2003:135): "É portanto uma notícia ameaçadora que o Estado de Direito tenha sido confundido com o — na verdade subvertido pelo — Estado de juízes. Essa subversão é precisamente o que o ativismo judicial *realiza*. Ativismo em decisões sobre matéria constitucional não pode ser empregado a serviço de nenhum resultado desejado, uma leitura honesta da constituição não pode ser empregada. Ativismo eleva os objetivos da minoria dominante acima do processo democrático. Na situação em que a minoria é a Nova Classe, ao menos dentro do futuro próximo, um grupo tão autoritário em seu *perfil* quanto qualquer outro". No texto original: "*It is, therefore, ominous news that the rule of law has become confused with — indeed subverted by — the rule of judges. That subversion is precisely what judicial activism accomplishes. Activism in constitutional rulings cannot be employed in the service of any desired result; an honest reading of a constitution cannot be so employed. Activism elevates the objectives of a dominant minority above the democratic process. In this case that minority is the New Class, at least for the foreseeable future, a group as authoritarian in its outlook as any other.*"

79 Nessa linha, MICHELMAN (2003) traz a notícia de que nos idos dos anos noventa (1996-1997), uma série de pequenos ensaios elaborados por conservadores norte-americanos de renome, chamada *First Things*, criticava as mais recentes decisões judiciais envolvendo aborto, suicídio assistido, direito de recusa a tratamento médico, questões *gays* e de gênero, distribuição de material versando sobre sexualidade explícita. As críticas não eram apenas de natureza moral, mas também política — anunciando uma *crise de legitimidade:* "Não apenas os autores condenam a imoralidade do que tem sido decidido e feito em nome da constituição, como direito constitucional, como eles também formulam especificamente uma advertência: se as coisas forem mais além nesta direção — ou realmente mais adiante sem recuo —, os habitantes moralmente comprometidos dessa nação (norte-americana) dificilmente poderão conservar obediência ao ainda existente acordo político (ou decisão política) americano". No original, "*(...) Not only did the*

chamado "*popular constitutionalism*"[80] que sustenta, em linhas gerais, a inclusão de visões do povo (sociedade civil) sobre a constituição, no processo de elaboração das decisões constitucionais, isto é, uma participação popular mais ativa na processo de interpretação da constituição.

Tal crítica democrática, também conhecida por dificuldade ou caráter contramajoritário do *judicial review*, na atualidade, foi forjada por dois grandes nomes da teoria constitucional norte-americana: Alexander BICKEL e John Hart ELY.

Na verdade, o tema ressurge com força, na década de 1960 do século passado, com o lançamento da primeira edição da clássica obra de BICKEL (1986)[81]. Para o referido autor, o *judicial review* apresenta um déficit democrático que se revela em três grandes objeções.

Em primeiro lugar, como o argumento mais conhecido, figura o caráter contramajoritário, que se revela no fato de um órgão não-eleito pela vontade popular (representando um déficit de representação política) dizer o que é a constituição, mesmo contra a vontade da maioria, expressa pelos órgãos de representação democrática. Veja-se: "O *judicial review*, contudo, é o poder de aplicar e construir a constituição, em assuntos de grande relevância, contra os

---

authors condemn the immorality of what they saw being decide and done in the name of the Constitution, as constitutional law, they pointedly raised the question whether, if things went on in this way much further — or indeed no further but without a rollback — morally earnest inhabitants of this land could may longer retain an undiluted allegiance to the extant American political deal or political settlement" (MICHELMAN, 2003: 581-582).

80 *Cf.* ADLER (2004).

81 O livro ora referenciado diz respeito a uma das edições posteriores da obra germinal de BICKEL (1986).

desejos da maioria legislativa que, por seu turno, não tem poderes para afetar a decisão judicial"[82].

Em segundo, o *judicial review*, com o passar do tempo, se torna uma fonte potencial de enfraquecimento do processo democrático, já que pode gerar no Poder Legislativo um certo "acomodamento" em produzir normas constitucionais, posto que a Corte Suprema sempre está à disposição para "corrigir" os erros legislativos — o que ao cabo não leva a um aprimoramento do regime representativo, mas sim ao seu inverso.

E terceiro, o *judicial review*, por ser contraditório com o sistema democrático, por fim, acaba por ser ineficiente: "O fato é que o *judicial review* segue em sentido fundamentalmente tão contrário ao da teoria democrática que, em uma sociedade em que todas as outras considerações repousam sobre esta teoria, *judicial review* não pode ser, em última análise, eficaz" (BICKEL,1986:23)[83].

Já nos anos 80, o debate tomou outro fôlego com ELY (1980), que apresentou uma nova leitura do problema. A

---

[82] BICKEL (1986:20). No original: *"Judicial review, however, is the power to apply and construe the Constitution, in matters of the greatest moment, against the wishes of a legislative majority, which is, in turn, powerless to affect the judicial decision"*. Curiosa é a referência de FARBER (2003: 419), no sentido de que, na primeira metade do século XX, os autores mais liberais (progressistas) criticavam o instituto do *judicial review*, classificando-o de antidemocrático. Já na segunda metade do século XX, os autores mais conservadores é que passaram a fazer tal crítica. Na atual fase da Corte Suprema norte-americana, nitidamente conservadora, os autores e políticos ideologicamente situados mais à esquerda é que têm formulado críticas ao *judicial review* e proposto alternativas ao tradicional instituto.

[83] No original: *"It is that judicial review runs so fundamentally counter to democratic theory that in a society which in all other respects rests on that theory, judicial review cannot ultimately be effective."*

questão passa a ser considerada a partir do que deve ou não ser objeto do controle da constitucionalidade, já que, para o autor, ao final, o juiz acaba por aplicar "seus próprios" valores[84] — o que macula o sistema democrático[85].

ELY sustenta, portanto, um papel mais encolhido da corte, que não deve interferir, sob o aspecto substantivo, nas deliberações das decisões da maioria, mas deve tão-só resguardar as regras de participação, assegurando o *"due process of lawmaking"*. Consagra-se aqui uma visão procedimental do controle de constitucionalidade, baseada em especial no famoso *Footnote 4* da decisão, proferida pela Suprema Corte, no caso *Carolene Products*[86]

> ...a teoria geral é aquela que vincula o *judicial review* às normas constitucionais abertas, insistindo que ele deve se ocupar, de modo apropriado, apenas com as ques-

---

84 Ao longo de sua obra, em diversas oportunidades, ELY evidencia essa compreensão subjetivista dos valores. Confira: *"There is simply no way for courts to review legislation in terms of the Constitution without repeatedly making difficult substantive choices among competing values, and indeed among inevitably controversed political, social, and moral conceptions.[...] although the judge or commentator in question may be talking in terms of some 'objective', nonpersonal method of identification, what he is really likely to be 'discovering', whether or not he is fully aware of it, are his own values."* (1980:43-44)

85 *"For neither of the proffered theories — neither that which would grant our appointed judiciary ultimate sovereignty over societys substantive value choices nor that which would refer such choices to the beliefs of people who have been dead over a century — is ultimately reconcilable with the underlying democratic assumptions of our system"* (ELY, 1980: vii).

86 *Trata-se da decisão United States v. Carolene Products Co., 304 U.S. 144 (1938). Disponível em http://caselaw.lp.findlaw.com/scripts/getcase.pl?court=us&vol=304&invol=144. Acesso em 05.jan.2005.. Para Ely:*

tões de participação, e não com o mérito substantivo da escolha política em disputa[87].

Assim, o instituto do *judicial review* deve ser desenhado para assegurar a regularidade do processo político.

Vários outros autores também têm oferecido contribuições para esse "impasse democrático" da jurisdição constitucional. Em especial, mais recentemente, na década de 1990, cita-se GARGARELLA (1996)[88].

Analisando o processo histórico norte-americano de construção do *judicial review*, o professor argentino apresenta uma série de argumentos destinados a limitar e reorientar a tarefa judicial. Reavaliando e redimensionando o papel do juiz, GARGARELLA defende uma tradição (genuinamente) radical, na qual o sistema político deve responder de forma adequada à vontade das maiorias, e por outro lado, assegurar uma devida proteção às minorias. Isto é, "uma tradição que entende que 'todos os possíveis afetados' por uma determinada decisão devem tomar parte de dito processo de tomada de decisões; mas, por outro lado, reconhece a falibilidade que é própria dos processos de tomada de decisões majoritárias" (GARGARELLA, 1996:13).[89]

---

87 ELY (1980:181). No original: *"The general theory is one that bounds judicial review under the Constitutions open-ended provisions by insisting that it can appropriately concern itself only with questions of participation, and not with the substantive merits of the political choice under attack"*.

88 Para uma interpretação de sua obra, entre nós, ver SILVA (1999).

89 Também é recomendada a leitura do mais recente texto de Roberto GARGARELLA (2005). O constitucionalista argentino tece uma importantíssima comparação entre o sistema constitucional americano e as constituições da América hispânica do século XIX. A comparação é operacionalizada a partir de três modelos de análise, a saber: o radical

Na verdade, recuperando-se o debate travado entre federalistas e republicanos, na gênese do surgimento da constituição norte-americana, constata-se que o papel a ser desempenhado pelo Poder Judiciário tornou-se o centro nervoso do constitucionalismo norte-americano e, embora com uma "vitória" da tese federalista (em razão da efetiva aplicação do *judicial review*), ainda não se chegou a um denominador comum.

Enfim, as indagações formuladas nos idos de 1800 ainda permanecem, como registrado por McCONNELL (2004:19):

> Seria a constituição, como os republicanos acreditavam, especialmente um instrumento de Governo popular no qual a vontade do povo deve controlar até mesmo o significado da constituição? Ou seria a constituição, como os federalistas acreditavam, principalmente um instrumento do Estado de Direito, a ser realizada por juízes independentes mesmo diante de oposição popular?[90]

(de base democrática, inclusive populista), o conservador e o denominado estrutura liberal. É neste último modelo que GARGARELLA localiza o processo comparativo do caráter contramajoritário tanto nos Estados Unidos como na América Latina. Conclui no sentido que o princípio contramajoritário acabou por não prosperar entre nós, no século passado, especialmente em razão da forte prevalência institucional do Poder Executivo.

90 No original, *"Was the Constitution, as the Republicans believed, principally an instrument of popular government, in which the will of the people should control even the question of constitutional meaning? Or was the Constitution, as the Federalist believed, principally an instrument of the rule of law, to be enforced by independent judges even in the face of popular opposition?"*

2.3.2. EM FAVOR DA SUPREMACIA JUDICIAL: UMA DEFESA A PARTIR DA TEORIA DA SEPARAÇÃO DOS PODERES E DOS DIREITOS FUNDAMENTAIS

Expostas as principais objeções à supremacia judicial, há toda uma produção teórica, em contrapartida, que busca, com uma variedade de argumentos, justificar o controle judicial da constitucionalidade[91]. Entre elas, selecionamos aquela que confere aos juízes a tarefa de proteção de direitos.

Assumindo-se como verdadeira a tese federalista, os juízes acabaram por se tornar o terceiro poder, mais forte que os dois primeiros eleitos (Legislativo e Executivo). Talvez menos pelo embate teórico já delineado acima, e mais por um aspecto pragmático, decorrente do próprio processo histórico, marcado por seus conflitos e tensões, especialmente nos Estados Unidos, a partir do século XIX, e também na Alemanha e outros Estados europeus no pós-1945[92], o Judi-

---

91 No particular, é digno de registro o esforço de sistematização de SAMPAIO (2002:61 a 101). Para o autor, as teses que justificam a jurisdição constitucional podem ser agrupadas em muitas vertentes, dentre as quais lista onze argumentos sob o título: "Discursos de Legitimidade da Jurisdição Constitucional". São elas: (1) a necessidade de reequilibrar os poderes constitucionais no *welfare State* e (2) de compensar o déficit de legitimidade da prática política, (3) por meio inclusive do reexame das razões do legislador; (4) o entrelaçamento entre maioria parlamentar e a competência dos tribunais, para além do seu controle pelo Legislativo; (5) o respeito das regras do jogo democrático; (6) a promoção dos direitos fundamentais; (7) a posição privilegiada do juiz constitucional; (8) a argumentação como legitimidade; (9) a legitimidade extraída do *status quo* e dos efeitos produzidos pelas decisões; as justificativas (10) deontológicas; e (11) dogmáticas.

92 Cf., em especial, ACOSTA SÁNCHEZ (1998:20) para quem a jurisdição constitucional não decorreu inicialmente de nenhuma teoria prévia, mas sim da prática reiterada.

ciário acabou por consolidar sua hegemonia, especialmente nos momentos de crise[93].

A equação parece ser simples. Com o desenvolvimento da teoria dos Direitos Fundamentais[94] atribui-se à constituição a característica teleológica de base de proteção aos direitos fundamentais, em especial a certos direitos civis e políticos[95], e o Poder Judiciário[96], em razão da própria natureza de sua atividade, acaba por resultar na instituição estatal garantidora dos direitos constitucionais do cidadão,

---

93 A propósito, PRAKASH e YOO (2003) sustentam que é exatamente nos momentos de aguda crise política e institucional que também surgem as maiores críticas contra o *judicial review*. Porém, surpreendentemente, para os autores, a nova onda de críticas não parece coincidir com nenhum tipo de "grande frustração política ou popular para com a corte" (2003:89).

94 Sobre a teoria dos Direitos Fundamentais, não podemos deixar de fazer referência à obra de Robert ALEXY (2002).

95 A despeito do debate sobre a fundamentalidade dos direitos sociais, essa proteção também se estenderia a certos direitos sociais, conforme autores como SUNSTEIN (2004) e TORRES (2003), decorrentes de um mínimo existencial necessário para permitir aos cidadãos que, com esse mínimo, possam progredir sozinhos e andar pelas próprias pernas, no sentido de que tais direitos sociais teriam a ver, na verdade, com liberdades básicas (*"freedom from want"*). Por outro lado, autores como ABRAMOVICH e COURTIS (2001) ou KERVÉGAN (2003) atribuem aos direitos sociais o valor da igualdade material (seriam direitos a prestações de serviços pelo Estado visando à distribuição da riqueza social) e teriam a mesma importância dos direitos civis ou políticos. Ou seja, o direito a prestações não seria direito a prestações mínimas. Acreditamos que este seja um dos grandes debates sobre direitos fundamentais neste século.

96 Sobre a jurisdição constitucional dos Tribunais Constitucionais, reafirme-se que estes, embora não façam parte do Poder Judiciário, desempenham, em seus sistemas sociais, função similar à das Supremas Cortes (ao menos no sentido ora desenvolvido nesta obra), qual seja, de adequação do sistema jurídico às normas constitucionais.

sejam estes direitos opostos contra o Estado, seja contra outros cidadãos — o que dá outro colorido à sua posição de guardião da constituição e justifica-se assim a jurisdição constitucional.

Mas para aqueles que aceitam essa supremacia, independentemente das concepções adotadas, é imperativo que ela seja compreendida no contexto da teoria da separação de poderes, pois trata-se de falar na proeminência de um poder sobre os demais. É o que se explica em breves linhas abaixo, a partir do referencial clássico montesquiano (MONTESQUIEU, 1997).

Tendo como base uma interpretação formal e particular de constitucionalistas do século XIX, em relação ao pensamento de Montesquieu, defende-se a necessidade da separação dos poderes do Estado para que, num sistema de freios e contrapesos, o bem comum seja protegido.

Inicialmente, os poderes a que o barão se referia eram apenas dois: o Legislativo e o Executivo (administrativo)[97]. O Judiciário, com o tempo, destacou-se do Administrativo e assume o perfil de terceiro poder, com a competência originária[98] tanto para interpretar as leis quanto para realizar a contenção dos atos do administrador.

Com essa engenharia, discorre-se, assim, sobre a trajetória de um Estado de Direito, caracterizado não só pela instituição da separação do poder político, mas também

---

97 Recordamos que se trata de uma época em que o Estado era considerado o *Leviatã* dos membros da burguesia, que se consolidava politicamente. O Estado autoritário, com a centralização do poder político em mão de um único homem, era o inimigo das liberdades do cidadão. Aliás, não havia liberdades; estas foram conquistadas — COMPARATO (1999) prefere, acertadamente, a expressão "afirmadas" — junto ao monarca, revolucionariamente submetido ao império da lei.

98 KELSEN (1987: 369) chamava tal competência de autêntica.

pelo respeito aos direitos civis[99]. Observamos que tais características, ora denominadas de garantias institucionais do Estado de Direito, não são de ordem democrática, mas republicana. Por serem pressupostos do Estado de Direito, isto é, condições sem as quais este é inconcebível, tanto o instituto da separação dos poderes quanto o do respeito aos direitos fundamentais estão fora do âmbito de qualquer discussão democrática: mesmo que a maioria qualificada dos eleitores referendasse norma votada por maioria qualificada de seus representantes eleitos contra a manutenção de tais pressupostos, essa decisão democrática não poderia ser considerada. Isto porque não é possível considerar que o povo tenha interesse ou intenção de revolucionar contra si mesmo[100].

---

[99] Nas palavras de ACKERMAN (2000: 640). "Mais concretamente, retorno repetidamente a três ideais de legitimidade para responder a questão 'Separação de poderes em nome de quem?' O primeiro ideal é democracia. De um modo ou de outro, separação pode servir (ou obstruir) o projeto de autogoverno popular. O segundo ideal é competência profissional. Normas democráticas restam puramente simbólicas, a menos que os Tribunais e as burocracias as implementem de um modo relativamente imparcial. O terceiro ideal é proteção e desenvolvimento dos direitos fundamentais. Sem estes, a regra da democracia e administração profissional podem se tornar prontamente engenhos de tirania". Ao menos segundo nosso entendimento, o ideal de profissionalismo dos administradores não seria de escopo constitucional, mas de direito administrativo, muito embora a Carta de 1988, no art. 37, com a redação dada pela EC 19/1999, fale textualmente em princípio da eficiência — o que dá respaldo constitucional à visão de um corpo administrativo profissional.

[100] Desconsiderando-se as limitações materiais que a constituição impõe, duas ilustrações hipotéticas podem auxiliar na compreensão da afirmação feita. Pensemos em uma lei ou emenda constitucional introduzindo a pena de morte no Brasil, ainda que tal pena somente pudesse ser aplicada em condenados por crimes hediondos; e em uma emenda constitucional ou lei concentrando os poderes políticos na pessoa de

É por meio do Poder Judiciário, em última instância e em tese, que tanto os direitos fundamentais quanto a estrutura do Estado (em especial aqui, o princípio da separação dos poderes) serão resguardados, não são de admirar as críticas constantes às decisões judiciais que, embora cumpram com sua função protetiva, apresentem nítido caráter contramajoritário.

Logo, por certo, como já consignado, a supremacia do Judiciário não é aceita pacificamente, encontrando-se objeções das mais variadas. Inclusive de autores que apresentam visões do Judiciário, inspiradas na idéia de mudança e que apontam para um ajuste do papel do juiz constitucional à realidade social e política[101], como em seguida será abordado.

2.4. SUPREMACIA JUDICIAL E TEORIA DA MUDANÇA

Chegamos ao fio condutor da nossa reflexão: de que forma a teoria da mudança, definida no capítulo anterior, pode colaborar para uma melhor compreensão da proble-

---

um único homem ou colegiado por conta de alguma crise civil, ainda que provisoriamente. Em ambos os casos, as mudanças propostas também foram aprovadas por referendo popular. Muito embora tenha havido adesão quase absoluta dos eleitores, essa legitimidade democrática não pode prevalecer em detrimento dos direitos fundamentais desses mesmos cidadãos. Estes dois exemplos se acertam à noção de contrato social hobbesiano que, inclusive, pode até definir um Estado, este contrato porém é insuficiente como base teórica para a construção de um Estado Democrático de Direito. Aliás, sobre a problemática dos limites da Democracia, da própria vontade da maioria e o Estado de Direito, *cf.* MARAVALL e PRZEWORSKI (2003).

101 Muitos desses autores estão alinhados com o constitucionalismo popular, como adiante será visto.

mática da supremacia judicial. Nosso debate assume outro contorno, e acaba por privilegiar uma nova variável para análise do problema, que considera a dimensão de eficácia protetiva, ou, melhor dizendo, de maior capacidade de proteção dos cidadãos.

No dizer de EISGRUBER (2003:117) "O caso a favor ou contra o judicial review deve depender de uma avaliação mais pragmática sobre o quanto as cortes, em comparação com outras instituições disponíveis, podem servir a metas democráticas[102]."

No particular, três constitucionalistas chamam atenção: Bruce ACKERMAN, que trabalha com "momentos constitucionais" e suas repercussões para a jurisdição constitucional; Stephen GRIFFIN, que propõe uma democracia de direitos; e Mark TUSHNET, com sua concepção de um Judiciário modesto, constrito pelas conjunturas atuais.

E se é certo que esses autores não desconsideram o déficit democrático[103], suas preocupações centram-se não na abolição radical da jurisdição constitucional, mas pretendem lhe dar uma nova roupagem, em um novo arranjo dos papéis e das relações entre as instituições do Estado e a própria sociedade civil — o que ao final fragiliza a noção de supremacia judicial.

---

[102] No original: *"The case for or against judicial review must depend upon a more pragmatic assessment of how well courts, by comparison to other available institution can serve democratic goals"*. A posição defendida por EISGRUBER (2003), na verdade, parte de um conceito de autogoverno constitucional — *"constitutional self-government"* —, que discute outras premissas e o próprio conceito de democracia. Entretanto, em razão do corte metodológico adotado, não adentraremos nas questões relativas a seu posicionamento.

[103] Ver acima as observações feitas com relação ao *popular constitutionalism*.

2.4.1. ACKERMAN E OS MOMENTOS CONSTITUCIONAIS

A teoria dos "momentos constitucionais", defendida por ACKERMAN, procura demonstrar uma forte ligação com a história constitucional estadunidense. Quando da publicação de sua obra *We the People: Foundations* (1991), o citado autor considerava que a fundamentação da consolidada teoria constitucional de seu país apresentava uma matriz "peculiarmente a-histórica", tendo produzido, por conseqüência, "uma separação marcante entre a teoria constitucional e a prática constitucional" (1991:3-5). Essa ordem constitucional, aduziu, "pode ser redescoberta de forma mais adequada, pela reflexão sobre o curso de seu desenvolvimento histórico durante os dois séculos passados" (1991: 5).

Essa necessidade de resgatar a história — como é tão bem considerada na teoria da mudança constitucional de GRIFFIN — leva ACKERMAN a concluir que a constituição real não é verdadeiramente, nem unicamente, o texto que denominamos de "constituição", nem é o que quer que seja que cinco dos nove (isto é, maioria simples) *Justices* da Suprema Corte pensam que é. A constituição real é um conjunto de princípios adotados pelo *"We the People"* em "momentos extraordinários" de intensa participação e deliberação constitucional, com ou sem mudanças no texto constitucional. Esses "momentos" resultam em transformações constitucionais que são e devem ser honradas pelos tribunais e outros atores políticos não menos do que emendas adotadas conformes ao Artigo V da constituição norte-americana de 1787.

Os três momentos extraordinários do processo constitucional americano (A Fundação, a Resconstrução após a Guerra Civil ou de Secessão e o *New Deal*) apontados pelo autor da obra *We the People: Foundations* são decorrentes naturais do que ele denomina de *modelo dualista*. Tal modelo abrigaria dois tipos de criação de norma (*lawmaking*), uma mais elevada (*higher*) e outra ordinária (*normal*).

A idéia central é a de que uma "constituição dualista busca distinguir entre duas espécies de decisão possíveis em uma democracia" (ACKERMAN,1991:6). As decisões do primeiro tipo são as de mais alto nível, de ocorrência rara e atribuíveis ao *"We the People"*; as do segundo tipo seriam as decisões normais que o governo estaria legitimado a tomar rotineiramente em nome do povo, mas sem sua participação mais efetiva.

Em contrapartida, teríamos a democracia monista, em que pesem suas varias tendências, é de simples compreensão. Não custa lembrar — e Ackerman o ressalta (1991:8) — que a descrição a seguir se aproxima da prática parlamentar britânica. Senão, vejamos, uma democracia monista requer, para elaboração das leis, uma "autoridade de plenário" conduzida pelos vencedores das últimas eleições gerais. Em decorrência desse "requisito", durante o período entre eleições, quaisquer revisões por meio das instituições constitucionais ou não, faz surgir a "dificuldade contramajoritária", já anteriormente abordada[104].

Com essas distinções definidas em torno da concepção de democracia é que podemos perceber, mais detalhadamente, o fato de essas decisões de mais alto nível (*higher*)

---

104 Dentre os monistas de peso, Ackerman divide-os em fundacionistas, burkeanos e partidários de Hartz e Pocock, citando Woodrow Wilson, James Thayer, Charles Beard, Oliver Wendel Holmes, Robert Jackson, Alexander Bickel, John Ely, Richard Parker, Ronald Dworkin, Owen Fiss, John Rawls, Robert Nozick, Frank Michelman, Suzanna Sherry, Cass Sunstein, Mark Tushnet, Louis Hartz e John Pocock. Entre nós, veja-se FERNANDES (2003), com extensa revisão bibliográfica.

terem ocorrido três vezes na história constitucional norte-americana, a saber: (1) em 1787, quando os federalistas obtiveram aprovação popular da constituição em violação aos procedimentos especificados nos artigos da Confederação; (2) durante a Reconstrução, quando as décima terceira e décima quarta Emendas foram declaradas para ser ratificadas sem a aprovação de três quartos dos Estados-membros; (3) durante o início do processo do *New Deal* (especialmente entre 1933 e 1937), quando o Presidente Franklin Roosevelt e um Congresso dócil puseram de lado os impedimentos liberais de um Estado limitado em decorrência, entre outros fatores, da opinião pública e negociações resultantes da tentativa de aprovar o "pacote" para o Judiciário[105].

A teoria dos momentos constitucionais delineada por nós se apresenta, dessa forma, com uma natureza essencialmente democrática, positivista (em relação ao artigo V da Constituição americana de 1787) e, também, histórica, em vez de vertentes como a fundacionista (em relação ao mito da Constituição norte-americana de 1787), ou realista ou crítica. Ela rejeita a idéia de que o Direito Constitucional é mera elaboração de decisão política pelo Judiciário. E sus-

---

[105] Quanto ao "pacote" do Judiciário, vale esclarecer que, nesse período do *New Deal*, diante das dificuldades impostas pela Suprema Corte em relação à constitucionalidade de certas medidas adotadas pelo governo Roosevelt, esse presidente submeteu ao Congresso nacional um conjunto normativo autorizando o aumento de vagas a serem preenchidas no Poder Judiciário. Essa autorização por parte do Congresso daria a Roosevelt a maioria tão desejada na Corte Suprema. O citado presidente norte-americano, devido à forte oposição inclusive de seu próprio partido democrata ao "pacote" do Poder Judiciário, foi obrigado a recuar de sua ousada proposta legislativa. Entretanto, esse recuo criou, certamente, um ambiente de negociações que propiciou a aposentadoria de alguns *justices*, o que abriu, em 1937, uma composição na Corte Suprema norte-americana mais favorável à política do *New Deal*.

tenta que os juízes têm obrigação de dar força normativa aos princípios constitucionais que podem ser verificados objetivamente como resultados da vontade *by the People* (ACKERMAN, 1991: 60-61). Nesse sentido, a teoria dos momentos constitucionais nega que o Direito se afirma em princípios inerentes aos direitos humanos ou à justiça natural, mas sim como resultado da vontade dos governados. Naquela perspectiva, o trabalho do juiz se destina a preservar princípios adotados (por outros) no passado e não a chamar a atenção do sistema para uma direção que o juiz pensa ser desejável para o futuro.

Michael W. McCONNELL, Professor de Direito na Universidade de Chicago, em trabalho em que credita sugestões dos maiores especialistas do constitucionalismo americano, tais como Steven Calabresi, Christopher Eisgruber, Lawrence Lessig, Sanford Levinson e Cass Sunstein, observa que a teoria, assim posta, tem uma forte semelhança com o originalismo, mas com duas diferenças significativas.

Primeiro, em vez de interpretar a constituição de acordo com seu propósito e compreensão originais, os teóricos do momento constitucional entendem que a interpretação requer uma "síntese entre gerações" (1994:115).

Tal fato significa que emendas posteriores escritas ou não-escritas subitamente modificam as provisões iniciais mesmo se aquelas provisões anteriores não tenham sido explicitamente emendadas. Este processo de síntese, conduzido em um nível de extrema generalidade, permite aos juízes um grande número de opções interpretativas legítimas.

Nessa direção, salienta McCONNELL (1994:117), por exemplo, que a decisão judicial em *Griswold v. Connecticut*[106] é explicada como uma síntese da preocupação dos

---

106 381 U.S. 479 (1965). Veja descrição da decisão e comentários em

pais fundadores com a liberdade individual (privacidade), articulada com o espírito e a modificação empreendida pelo processo político-social intervencionista do *New Deal*, resultando um contexto mais propenso para uma forte presença criativa do Judiciário[107].

Segundo o citado estudioso, podemos encontrar as seguintes formas interpretativas por parte dos juízes, Uma requer do intérprete que atue de modo a generalizar tendo como referência o universo normativo do *Bill of Rights* até um libertarianismo geral. A outra, então, é particularizar do "ativismo" do governo do *New Deal* inspirado numa intervenção na esfera econômica — produzindo, assim, um regime de libertarianismo em questões não-econômicas (o mencionado caso *Griswold*). Nesses níveis de abstração, segundo McCONNELL (1994:117), tudo depende de quais elementos o juiz decidirá expandir ou enfatizar[108].

Segundo, a teoria do momento constitucional gera importante controvérsia ao se distanciar da interpretação originalista, negando a prioridade do texto e afirmando que a constituição pode ser emendada (e foi emendada, durante

---

BARRET Jr., COHEN, e VARAT (1989:621 ss.). O caso citado referese à decisão arrojada da Corte Suprema em 1965 no tocante à inconstitucionalidade de uma legislação do estado de Connecticut do final do século XIX vedando aos casais a adoção de métodos contraconceptivos. Na referida decisão, firma-se não só o princípio da privacidade a favor dos casais decidirem os seus métodos anticonceptivos como também tal fato foi possível em conseqüência do ativismo judicial próprio do período do *New Deal* consubstanciado nas Cortes Warren e Burger.
107 Essa explicação, referenciada por McCONNELL, está em ACKERMAN (1991:150-158).
108 McCONNELL (1994) afirma que, em sua opinião, não existe nada inerentemente inconsistente entre o originalismo e a idéia da síntese entre gerações, mas o alto nível de generalidade e a tendência para supor mudanças não intencionadas em partes não emendadas do texto são não-originalistas em sua orientação.

o *New Deal*) sem quaisquer mudanças reais no texto. McCONNELL (1994:117) afirma que isso torna difícil conhecer precisamente que mudanças foram feitas no regime constitucional.

Os pontos acima são especialmente importantes para a compreensão do terceiro momento constitucional do *New Deal*, já que os dois primeiros (fundação e restauração) resultaram, na verdade, de mudanças reais no texto constitucional e o problema de síntese é minimizado pelo fato de a constituição original tratar primariamente da temática do governo nacional, enquanto a décima quarta Emenda está principalmente endereçada aos Estados-membros[109]. O momento constitucional do *New Deal* apresenta uma peculiaridade: a sua força de transformação institucional pode ser traduzida como uma emenda não escrita à constituição.

A teoria dos momentos constitucionais propugna que a Corte Suprema americana de então se posicionou corretamente ao acatar as medidas adotadas pelo Estado do bem-estar regulatório e centralizado do *New Deal* em implantação, inconsistente com os princípios constitucionais até então interpretados e aplicados. Nesse processo, na luta resultante entre a corte e os demais poderes constitucionais, o *We the People* foi, obviamente, mobilizado, e a constituição foi "emendada" (embora não o texto constitucional) para rejeitar o *laissez-faire* e abraçar uma visão de governo

---

109 McCONNELL (1994), entende que, provavelmente, os problemas mais interessantes de síntese intergerações postos pela décima quarta Emenda têm a ver com a incorporação do *Bill of Rights*. Alguns dos princípios do *Bill of Rights* alcançam um significado diferente quando aplicados ao governo estadual e local. CF. GLENDON & YANES (1991:491-492) argumentando que a Suprema Corte errou ao reconhecer as dificuldades envolvidas na aplicação das Cláusulas de Religião da primeira Emenda para os Estados.

nova, mais intervencionista. Dessa forma, conclui McCONNELL (1994:118), o que antes era inconstitucional se tornou parte da própria estrutura constitucional.

Essa reflexão dentro do quadro da teoria dos momentos constitucionais desafia, logicamente, a visão convencional do constitucionalismo do *New Deal*, que repousa não em uma emenda escrita da Constituição, mas sobre um retorno, ao que o *Justice* Hugo Black, entendeu como "a proposição constitucional original de que os tribunais não substituem suas crenças sociais e econômicas para o julgamento de corpos legislativos, que foram eleitos para aprovar leis"[110].

Longe de constituir uma "revolução" — ou mesmo uma "emenda" constitucional —, Robert Jackson, advogado geral no governo Roosevelt de 1933 a 1939, descreveu o constitucionalismo do *New Deal* "como uma correção de erros do passado e um retorno "ao alcance original e vigor daquelas cláusulas as quais conferem poder sobre o governo federal", bem como às "aproximações toleráveis" do "significado original" das cláusulas que limitam o poder governamental (JACKSON,1941:XV). Foi "uma luta contra o excesso judicial" e por um retorno à "restrição judicial" (JACKSON, 1941:VIII-IX). A Corte Suprema não poderia mais "negar os importantes poderes aos Estados e à nação com base em princípios não encontrados na constituição em si".[111]

---

110 *Ferguson v. Skrupa*, 372 U.S. 726, 730 (1963), relatado pelo *Justice* Hugo Black. Veja descrição e comentários em BARRET Jr., COHEN e VARAT (1989:571 ss.).

111 Veja novamente *Griswold v. Connecticut*, 381 U.S. 479 (1965). BARRET Jr., COHEN e VARAT (1989:565; 564; 623;), ao sumariar os casos mais importantes sobre o *New Deal* citando o Relator Justice William O. Douglas apontam sua defesa do Lochnerismo "(...) alguns argumentos sugerem que Lochner v. Estado de Nova York, 198 US 45

ACKERMAN e os defensores de sua teoria, em contraste, advertem-nos que, em realidade, a essência da constituição tinha sido transformada pelas políticas sociais e econômicas do governo Roosevelt — não simplesmente se tratava apenas de que aquelas interpretações anteriores a esse citado momento constitucional revelaram-se equivocadas e, por conseqüência, foram corrigidas ou o equilíbrio de poder entre os poderes Legislativo e Judiciário foi ajustado. Houve, sublinhamos, lembrando ACKERMAN e seus seguidores, uma mudança constitucional profunda no pós-anos 30 do século passado.

Além desse aspecto, eles negam a centralidade da restrição judicial ao constitucionalismo do *New Deal*[112]. A

---

deve ser nosso guia." E, ainda, "nós não nos posicionamos como um super-legislativo para determinar a sapiência, a necessidade e a propriedade de leis que afetem problemas econômicos, questões comerciais ou as condições sociais"; *West Coast Hotel Co. v. Parrish*, 300 U.S. 379 (1937), relatado pelo *Justice* Owen J. Roberts estabelece que "Mesmo que a correção da política seja vista como discutível e seus efeitos incertos, ainda assim, o Legislativo é o autorizado para o seu julgamento"; Nebbia v. New York, 291 U.S. 502 (1934), também relatado pelo Justice Owen J. Roberts, assenta que "[a]té onde o requisito do 'due process' esteja interessado e na falta de outra restrição constitucional, um Estado que é livre para adotar qualquer política econômica pode razoavelmente supor que também possa promover o bem-estar público e fortalecer aquela política adaptada ao seu propósito pelo legislativo. Os tribunais não têm autoridade para declarar por si uma política desse jaez ou, quando declarada pelo Legislativo, de desconsiderá-la".

112 Segundo McCONNELL (1994), este ponto de vista do *New Deal* não é peculiar aos teóricos dos momentos constitucionais. Veja, e.g., SUNSTEIN (1993:40-67). Embora não subscreva a teoria das "emendas" não escritas à constituição, SUNSTEIN apóia o entendimento geral de ACKERMAN sobre o constitucionalismo do *New Deal*: "A revolução de 1937 não deve ser vista principalmente como um endosso da 'restrição judicial', ... mas em vez disso como uma mudança dramática nas noções prevalecentes de neutralidade e ação." (1993:42). Sig-

partir dessa negação, a teoria permite o uso do "Lochnerismo" (referente ao caso *Lochner v. New York*, de 1905)[113] como precedente a ser inspirado para aplicar o ativismo judicial de passado recente a serviço de um novo conjunto de princípios constitucionais (*New Deal*).

Esse debate do constitucionalismo do *New Deal* sobre a base histórica não se trata de um mero saudosismo mas carrega consigo reflexões no tocante à teoria constitucional em nossos dias[114]. A interpretação com "restrição judicial" do constitucionalismo do *New Deal* não contribui, em nada, por exemplo, para legitimar o recrudescimento do ativismo judicial ocorrido nos períodos Warren e Burger. Ela enfatiza a similaridade essencial entre *Lochner* e *Griswold*; sugere que os "*Robert Borks*"[115] e "*William Rehn-*

---

nificativamente, SUNSTEIN reconhece que o entendimento "convencional" do repúdio ao *New Deal* por Lochner "se assenta na presteza dos tribunais para interferir na democracia." (1993:66).

113 O citado *caso Lochner* foi objeto de decisão da Suprema Corte que julgou inconstitucional legislação social do Estado de Nova York, que previa limites aos excesso de jornada de trabalho, reconhecendo como prevalecente o princípio da livre iniciativa econômica e da autonomia da vontade das partes contratantes. Essa decisão traduz, na experiência constitucional norte-americana, a prevalência do interesse econômico liberal em detrimento de qualquer intervenção estatal visando a proteção de interesses sociais (seja promovida pela Administração, seja pelo Congresso). Não obstante, mesmo diante da natureza conservadora dessa decisão da Corte Suprema, estamos diante de uma expressiva e criativa demonstração de ativismo judicial.

114 McCONNELL (1994) afirma que essa posição está melhor desenvolvida, não no "*We the People*", que tem como orientação principal, a histórica, mas em SUNSTEIN (1993:10), que relaciona o entendimento revisionista do constitucionalismo do *New Deal* a um amplo arranjo de controvérsias doutrinárias.

115 Professor da Faculdade de Direito da Universidade de Yale e Juiz da Corte Federal de Apelação do Distrito de Columbia (Washington),

quists"[116] *de hoje são os herdeiros jurisprudenciais de Robert Jackson e Hugo Black.*

McCONNELL *(1994:119) observa que a teoria dos momentos constitucionais, em contraste, por enfatizar a substância política em vez da competência institucional, traça uma linhagem de Jackson e Black a William Brennan e Thurgood Marshall. Declara os princípios políticos do "New Deal"* constitucionalmente entrincheirados, mesmo não explícitos no texto constitucional, enquanto proclama fidelidade a uma ordem constitucional na qual os únicos princípios constitucionais legitimamente dotados de efetividade nos tribunais são aqueles adotados pelo *We the People.* A teoria, assim conclui McCONNELL (1994:119), deslegitima aqueles (como Ronald Reagan ou Robert Bork) que não estão conformes ao momento constitucional do *New Deal* e que propõem se afastar dele sem antes obter, também, um momento constitucional para sua própria posição.

A partir dessas ponderações, podemos reconhecer que a crítica mais séria, dentre as consideradas pelos estudiosos[117], parece ser a inexistência de critérios geralmente aceitos para descrever um momento constitucional. Quando momentos constitucionais ocorrem sem qualquer alteração no texto constitucional, para os quais deve ser dada força de lei, mesmo por juízes que discordem deles, são necessárias regras objetiva e geralmente aceitas para o reconhecimento desses momentos constitucionais.

---

tendo sido indicado pelo Presidente Reagan em 1987 para a Corte Suprema; acabou tendo seu nome rejeitado pelo Senado.

116 William Rehnquist é o atual Chief Justice da Suprema Corte norte-americana.

117 *Cf.* FISHER III (1992); KLARMAN (1992); SANDALOW (1992); SCHAUER (1992); SHERRY (1992).

ACKERMAN está bem ciente dessa necessidade. Sua teoria, conforme McCONNELL (1994:120), foi produzida à sombra de uma reivindicação potencial dos republicanos de Reagan àquele momento constitucional[118]. Nesse raciocínio, este constitucionalista norte-americano propõe quatro estágios que devem ocorrer para que uma mudança política seja entendida como um momento constitucional. Primeiro, os proponentes da mudança devem "sinalizar" que eles têm o apoio amplo, profundo e decisivo do povo norte-americano para a transformação constitucional. Segundo, os líderes políticos do movimento devem elaborar sua agenda para a transformação em "propostas" relativamente concretas que o povo possa aceitar ou rejeitar. Terceiro, deve existir um "período substancial para deliberação mobilizada" pelo povo, tipicamente instigado pelo conflito entre dois ou mais dos poderes do Estado, durante o qual os proponentes da mudança ganham o apoio profundo e continuado da maioria do povo. Quarto, depois que uma ou outra posição triunfa na arena política, os tribunais devem "traduzir" ou "codificar" este sucesso político em "princípios doutrinários cogentes" que governarão o direito constitucional no futuro (ACKERMAN,1991:48-49; 266-268; 272-290)[119].

Estes critérios são ditos a incluir o *New Deal* e excluir

---

[118] O momento constitucional *falho* (ou melhor, que não atende aos critérios propostos por ACKERMAN) de Reagan é discutido repetidamente em *We the People*, dando a impressão de que o espectro de Reagan tem muito a ver com o projeto da teoria e, por isso, o autor estaria justificando, pelo menos em seis ocasiões, sua não aceitação de um quarto momento constitucional (ACKERMAN,1991:50-51; 52; 56; 112-113; 162; 268-269, 278).

[119] Os quatro critérios aqui apresentados foram desenvolvidos nas páginas referenciadas e sumariados em 1991: 290.

a era Reagan como momentos constitucionais. Se eles conseguem esse propósito, isto é discutível[120].

Esse denso marco teórico da proposta dos momentos constitucionais de ACKERMAN acaba, ao nosso ver, obviamente, por relativizar a noção de supremacia do Judiciário. Para tanto, destacamos mais uma vez, o que é válido para o autor da obra *We the people: Foundations*, para compreender a presença do Judiciário deve-se considerar a sua concepção da democracia dualista com suas formas peculiares de produção normativa. Acresce, ainda, para o fato de ACKERMAN estar mais voltado não para o aspecto institucional do conceito de supremacia do Judiciário e sim, considerando cada um dos momentos constitucionais, notadamente o *New Deal*, na questão sobre como se materializa a atuação do juiz. Nessa nossa análise, ficaram patente, por exemplo, essas variáveis de natureza explicativa como a do ativismo judicial ou da critica a uma visão conservadora reforçando a presença do Judiciário de forma mais pontual de "mera correção". É o caso da vertente apontada por nós da "restrição judicial".

2.4.2. GRIFFIN E SUA DEMOCRACIA DE DIREITOS

GRIFFIN (2003) firma a concepção de Democracia de Direitos (*Democracy of Rights*) para designar um sistema estatal de proteção aos direitos fundamentais em que Legislativo e Administrativo desempenham papel tão impor-

---

[120] FISHER III (1992:975-976), por exemplo, defende que, sob os critérios de ACKERMAN, as reformas constitucionais tentadas pelos Presidentes Reagan e Bush parecem qualificar um momento constitucional, enquanto KLARMAN (1992:770-771) questiona se os momentos constitucionais de 1866 e 1936 atendem aos requisitos.

tante quanto o Judiciário[121]. Vê-se que a proposta do autor é apresentar uma teoria sobre o *judicial review* que atenda aos valores democráticos e seja sensível às circunstâncias políticas, contornando a dificuldade contramajoritária concebida por BICKEL (1986). Na verdade, mais que considerar a realidade constitucional norte-americana como uma democracia de direitos, GRIFFIN claramente pontua que o *judicial review*, embora tendo desempenhado importante função na história, hoje não está — tampouco deve estar — no centro do debate constitucional. Para tanto, esse autor traçou sua teoria a partir das seguintes considerações, todas devidamente encadeadas.

Segundo esse autor, o constitucionalismo é mais amplo que o direito constitucional, de modo que os valores do sistema político devem ser levados em conta no desenvolvimento (criação, interpretação e aplicação) das normas do sistema jurídico. Por meio de uma teoria sobre o constitucionalismo, a realidade constitucional pode ser apreendida de modo mais abrangente, justificando de modo adequado não só o *status de supremacia* conferido à constituição, mas também os limites entre direito, política e a própria constituição (1996: 12-16). Assim, antes de discutir sobre constituição ou Direito Constitucional, GRIFFIN questiona *qual significado* se pretende dar à constituição e, além disso, quem é que decide tal significado (2003:2; 1996:27).

---

[121] Aliás, desde trabalhos anteriores (1996, 1999 e 2000), GRIFFIN vem expressamente afirmando que, atualmente, nos Estados Unidos, os dois poderes de representação democrática têm feito um trabalho muito melhor que o Judiciário, como, por exemplo, no combate à discriminação: "Leis significativas como a relativa a portadores de deficiências têm sido votadas e estendido valores constitucionais como o de não-discriminação para além do escopo das decisões da Suprema Corte" (cf. 2003:63-63).

GRIFFIN (1996: 12 a 19) entende que a questão contra-majoritária (no sentido proposto por BICKEL e ELY) não é importante, haja vista a constituição, baseada em uma teoria de constitucionalismo, acabar por ampliar seus limites para além do sistema jurídico, de modo que os valores fundamentais da sociedade norte-americana, próprios do sistema político, sempre servirão como pano de fundo para o desenvolvimento das normas constitucionais e para a proteção dos direitos civis.

Desse modo, a questão contramajoritária, fundada na crítica democrática do *judicial review*, é posta da seguinte forma: qual dentre os três poderes é mais eficiente em criar e dar efetividade a direitos? Se a decisão sobre quais direitos e sua extensão é tomada dentro do jogo democrático, não pode haver garantia de que a posição jurídico-normativa irá prevalecer.[122] Decorrente dessa posição, a constituição não pode ser vista apenas como lei escrita (constituição formal), mas como base institucional para o desenvolvimento da sociedade (1996:28).

A supremacia do Judiciário sobre os poderes eleitos tem suas razões históricas. Como não havia diferença significativa entre norma constitucional e leis ordinárias, fazia todo sentido à época que fosse conferida ao Poder Judiciário, que possuía o maior *expertise* em questões jurídicas, a responsabilidade de interpretar a constituição (1996:17).

Não obstante, a evolução do direito já chegou a um ponto em que a diferenciação funcional entre leis ordiná-

---

[122] GRIFFIN (2000: 15): *"The new democratic critique creates a different arena of debate: which branch or level of government does best in creating and enforcing rights? Of course, even (and especially) in a democracy or rights, what rights we should have is a controversial question. The fact that rights are debated about in a democratic way is no guarantee that justice will prevail."*

rias e constituição ficou patente. As normas constitucionais são eficazes e são aplicadas de modo totalmente diferenciado em relação às normas ordinárias. Tal diferenciação impede que o Judiciário, intérprete autêntico das normas do sistema jurídico, seja o principal guardião da interpretação das normas constitucionais.

Em termos jurídicos, a constituição somente poderia ser modificada por duas maneiras: emenda constitucional (por meio das provisões definidas, na constituição norte-americana, em seu artigo V) ou decisão judicial da Suprema Corte. No entanto, a constituição norte-americana tem sofrido inúmeras mudanças de sentido, à revelia de tais procedimentos e em que pese seu texto permanecer sintaticamente inalterado. GRIFFIN recorda que

> ...a mais significativa fonte de mudança constitucional ao longo do século XX não foi por meio de emendas constitucionais conforme o artigo V ou por decisões judiciais, mas de mudanças iniciadas e levadas a cabo pelo presidente e pelo congresso (1996:26).
>
> ...a falta de qualquer emenda para validar o *New Deal* não quer dizer que a mudança constitucional não ocorreu. Isso implica, na verdade, que a mudança constitucional assumiu outras formas. O curso da mudança constitucional durante o *New Deal* e outros períodos importantes de mudança no século XX fluíram por meio do presidente e do congresso, e não pela Suprema Corte e pela constituição normativa (1996:46).

A mudança constitucional, assim, não depende do sistema jurídico para ocorrer. Em outra passagem, GRIFFIN afirma nesse mesmo sentido:

> Considerando que há diferenças significativas entre a norma constitucional e a norma legal, há razões para

pensar que a interpretação de provisões constitucionais ambíguas envolve políticas e julgamentos políticos muito mais que julgamentos jurídicos (1996:123).

Tais mudanças não chegam a ser avaliadas no âmbito de uma teoria estática da constituição ou do Direito Constitucional, mas sim, por meio de uma teoria dinâmica sobre o constitucionalismo. Desse modo, pode-se perceber a influência que os fatos políticos, sociais, econômicos e culturais, apreendidos no sistema político pelos poderes eleitos, afetam decisivamente as bases de compreensão da norma constitucional dentro do sistema jurídico:

> O constitucionalismo norte-americano move-se da teoria de que toda a constituição poderia permanecer separada da política para a situação em que o significado da constituição é determinado por meio do jogo político ordinário. Esta implicação sobre a constituição jurídica não era óbvia até o Estado ter se tornado verdadeiramente ativista e intervencionista no século XX. A experiência do *New Deal* deixou claro que o Judiciário pode tornar eficaz apenas uma pequena parcela da constituição. O significado de muitas das provisões constitucionais é assim determinado no curso de interação entre os poderes Executivo e Legislativo... estes poderes alteram a constituição no curso das lutas políticas usuais, sem muita atenção aos valores jurídicos e constitucionais que advogados e juízes pensam ser importantes (GRIFFIN, 1996:45).

Haja vista a compreensão normativa da constituição se formar a partir da aceitação de valores políticos, a supremacia da constituição não pode ser mais reduzida a uma supremacia do Judiciário ou da Suprema Corte. Essa redução, segundo GRIFFIN, era possível e necessária no século XIX e na primeira metade do século XX, haja vista, naquele tempo, a democracia (nos termos como hoje ela é considerada) ser inexistente[123] e cabia, desse modo, ao Judiciário proteger o direito de minorias que poderiam ser prejudicados na disputa democrática: a Suprema Corte cumpria a legítima função de defender a Declaração de Direitos contra incursões do poder da maioria (1996:105).

Já com o advento da democracia tal como hoje a conhecemos, aquele autor entende que a tarefa da Suprema Corte deixa de ser a de proteger direitos da minoria contra o poder da maioria, para passar a resolver conflitos de direitos (1996:111), claramente surgidos por força do embate democrático de interesses dos mais diversos grupos dentro da sociedade civil. Conforme GRIFFIN claramente afirma, "a Corte pode defender os direitos individuais e de minorias apenas na extensão que tal defesa seja consistente com os interesses e considerações dos outros atores políticos" (1996:115). Afinal de contas, é o *judicial review* que deve ser justificado dentro do panorama de uma democracia deliberativa (2000:1), e não o contrário.[124]

---

[123] GRIFFIN, com base nos estudos de Arend Lijphart, afirma que a democracia como a conhecemos existe nos Estados Unidos e em outras nações ocidentais há menos de cem anos (1996:103). Segundo GRIFFIN, não é possível considerar democrático um país sem as seguintes características: reconhecimento da importância de direitos civis e de sua garantia; a eficácia de tais direitos para todos os cidadãos, sem discriminação a qualquer um deles, por qualquer motivo; a existência de grupos organizados para o desenvolvimento de interesses legítimos; eleição de representantes para cargos eletivos nos poderes executivo e legislativo; implementação de políticas públicas conforme a demanda assim o exigir (1996: 103-104).

[124] Quase no encerramento de um capítulo em que discorre sobre o instituto do *judicial review* e a democracia nos Estados Unidos, GRIFFIN conclui de modo categórico: "Por conta das deficiências no debate

No âmbito de uma democracia de direitos, estes são criados e protegidos pelos três poderes e, segundo GRIFFIN, de modo muito mais apropriado pelos poderes eleitos que pelo Judiciário. Os três poderes, assim, são simultaneamente responsáveis pela observância a constituição e por conferir a esta validade e eficácia. Nesse sentido, a teoria da democracia de direitos sustenta a supremacia da constituição e nega veementemente a supremacia do Poder Judiciário.

2.4.3 TUSHNET E SUA NOVA ORDEM CONSTITUCIONAL

A partir da análise de que estaríamos vivendo uma nova ordem constitucional[125], TUSHNET (2003c) propõe um novo modelo de Poder Judiciário através da transferência da interpretação da constituição do Judiciário para outras esferas governamentais, ou seja, os Tribunais não mais seriam os responsáveis únicos *"to say what the Law is"*, mas sim atuariam como mais um dos entes responsáveis por este processo.

Como já foi ressaltado, o caso *Marbury v. Madison* se baseou em dois argumentos principais. O primeiro diz respeito à constituição como lei maior criada pelo povo, na qual foram estabelecidos os princípios fundamentais através dos quais os cidadãos seriam governados; enquanto o segundo alude à função dos Tribunais como únicas instân-

---

contemporâneo (sobre a importância do judicial review), a justificação essencial para essa tarefa da Suprema Corte na democracia norte-americana ainda não foi escrita" (1996:123).

125 A nova ordem constitucional proposta pelo autor já foi exposta no capítulo anterior desta obra.

cias nas quais devem ser resolvidas as disputas sobre o significado da constituição, e após a manifestação das Cortes definindo o significado da constituição, ninguém mais poderia dar outro entendimento.[126]

Em obra sobre o assunto, TUSHNET (1999: XI) toma como verdade a primeira destas idéias, mas rejeita de forma categórica o segundo dos fundamentos, passando, outrossim, a apresentar duas formas através das quais se possa retirar dos Tribunais a tarefa de dizer o significado da constituição. A primeira é permitir que os Tribunais se manifestem, mas não conceder a eles a palavra final sobre o significado da constituição. A segunda é não permitir que os Tribunais exerçam qualquer função na interpretação constitucional.

Dentro deste perfil mais modesto e menos poderoso de Poder Judiciário proposto por TUSHNET (2003), a característica precípua a ser ressaltada é a ausência de supremacia judicial[127] — o que, para nós representa uma grande mudança em relação às concepções mais tradicionais.

O autor realiza uma distinção entre *Thin Constitution* e *Thick Constitution* (TUSHNET, 1999: 9-14), sendo que a primeira seria o "núcleo duro" da constituição, trazendo o repositório dos princípios e garantias fundamentais do cidadão, tais como igualdade, liberdade e livre manifestação de pensamento[128]. De outro lado, a *Thick Constitution* con-

---

126 Sobre os argumentos desse famoso julgado da Corte Suprema norte-americana, cf. TROPER (2005:27-29).

127 O primeiro capítulo da obra *Taking the Constitution Away From the Courts* (1999) tem um título sugestivo sobre o assunto: *"Against Judicial Supremacy"*.

128 Importante notar que são estas garantias e não os dispositivos da constituição que tratam de cada uma destas ou a Carta de Direitos, para evitar o entendimento de que a *Thin Constitution* seria o que a Suprema Corte decide sobre estes textos legais. (TUSHNET, 1999:11.)

têm muitas disposições sobre a organização e detalhes sobre o funcionamento do Estado, as quais só possuem importância quando analisadas em conjunto.

TUSHNET afirma que os legisladores prestam juramento de cumprir a constituição e não de cumprir a Suprema Corte, pois o que foi decidido não é necessariamente o significado da constituição. Desta forma, se os legisladores entenderem que a Suprema Corte interpretou de forma errônea a constituição, têm o dever de desconsiderar o que foi decidido pela corte.

Defende, nesta linha de argumentação, um Direito Constitucional popular[129], em que a responsabilidade pela interpretação constitucional está dividida de forma ampla, não sendo atribuída força normativa superior às interpretações oriundas das cortes, em detrimento de um Direito Constitucional elitista, baseado exclusivamente nas decisões da Suprema Corte. Este Direito Constitucional popular teria por base *a Thin Constitution*. Afirma, inclusive, que as pessoas poderiam ignorar decisões das cortes sobre a constituição, se tais decisões estivessem distantes da *Thin Constitution*.

Ressalta TUSHNET (1999: XI), entretanto, que ele não defende este modelo de interpretação popular como o único ou o melhor modelo. Mas pretende o autor deflagrar o processo de debate público que estaria sendo "obscurecido pelo Direito Constitucional elitista que domina o pensamento contemporâneo".[130]

---

129 TUSHNET refere-se a *"Populist Constitutional Law"*, que poderia ser traduzido como Direito Constitucional populista, mas em virtude de uma das acepções da palavra populista em nossa língua, com sentido não do que é próprio ao povo, mas sim de utilização do povo como meio para que governantes possam atingir seus objetivos, preferimos utilizar a expressão Direito Constitucional popular.

130 Cf. TUSHNET (1999: XI): *"I emphasize that what follows is defi-*

Como conseqüência deste pensamento, realiza uma avaliação bastante crítica do *judicial review*.

TUSHNET busca demonstrar que já existe no sistema norte-americano abertura para limitação do *judicial review* e, utilizando-se de análise do cientista político Robert Dahl, afirma que, via de regra, a Suprema Corte, em função da natureza política de suas indicações, tende a seguir o desejo do Executivo, especialmente quando determinado grupo ou partido político se mantém no poder por um longo período.[131]

É o fenômeno que TUSHNET denomina de *election return*, que seria o efeito produzido na Suprema Corte, pela manifestação dos eleitores através do voto. Exemplos deste processo seriam, de um lado, o período do *New Deal* e, de outro, o período atual da cruzada conservadora nos EUA e na Suprema Corte.

Esta análise se presta a demonstrar que o *judicial review* tem o papel de reforçar e ajudar os grupos políticos a atingirem seus objetivos fora das cortes, ou seja, mesmo que não houvesse a supremacia do Judiciário, os grupos que dominam conseguiriam exercer sua hegemonia.

Dentro desta ponderação é interessante notar que, a exemplo do que ocorre em outros países[132], também nos

---

nitely *not an argument that the populist interpretation is the only, or even the best, interpretation of the Constitution. Rather, my argument opens up issues that thoughtful voters and elected officials should think about, and that are obscured by the elitist constitutional law that dominates contemporary legal thought"*.

131 "(...) *according to Dahl, the Supreme Court rarely holds out for an extended period against a sustained national political majority (...)*" (TUSHNET, 1999, 134).

132 CANOTILHO (1986: 364-368) faz uma análise da *political-question doctrine* e a distingue da liberdade de conformação do legislador, afirmando que "segundo a Political-Question Doctrine (...) o Tribunal

Estados Unidos vem sendo aceita a idéia de que algumas questões, mesmo tratando de questões constitucionais, estariam fora do alcance do Poder Judiciário, na conhecida doutrina das questões políticas (*political questions doctrine*[133]), devendo ser interpretadas e decididas pelos Poderes Legislativo e Executivo, sem que, com isto, seja questionada a supremacia judicial.[134]

Continuando nesta linha de argumentação, TUSHNET (2003b: 453) enumera três exemplos de revisão e controle da constituição por meio de instâncias não judiciais, afir-

---

autolimita-se, 'declinando a sua competência, por considerar certas matérias como políticas' (política externa, política de defesa), onde apenas é legítimo incidir a interpretação dos órgãos políticos com legitimidade e responsabilidade para desenvolver actividades políticas. A perspectiva da doutrina da liberdade de conformação do legislador é diferente. Não se trata de defender a existência de questões políticas imunes à fiscalização jurisdicional, mas sim considerar que, relativamente a certos assuntos (relações internacionais, política econômica etc.), as normas da constituição não oferecem medida para um controlo interno do Tribunal Constitucional, abrindo antes, pelo seu carácter fragmentário e directivo, ampla liberdade à intervenção concretizadora primária do legislador". E em estudo mais recente, CANOTILHO (2002: 1291) afirma que "a jurisdição constitucional tem, em larga medida, como objecto, apreciar a constitucionalidade do político. 'Não significa isto, como é óbvio, que ela se transforme em simples jurisdição política', pois tem sempre de decidir de acordo com os parâmetros materiais fixados nas normas e princípios da constituição. Conseqüentemente, só quando existem parâmetros jurídico-constitucionais para o comportamento político pode o Tribunal Constitucional apreciar a violação desses parâmetros".

133 Cf. TUSHNET (1999: 16 e 104-108 e 2003b: 453).

134 TUSHNET (2002: 20), em outro estudo, analisa a transformação que esta doutrina tem sofrido nos últimos anos, citando o caso *Bush v. Gore* para demonstrar que a Corte Suprema vem adotando entendimento que demonstra uma tendência de acabar com tal doutrina, o que seria compatível com uma ampla supremacia do Judiciário e sua conseqüente possibilidade de controle de todos os atos.

mando que estas modalidades são capazes de conseguir uma grande aceitação pública.

Avalia o jurista que deveríamos, portanto, realizar uma análise mais apurada destas instâncias não judiciais com o intuito de que a sociedade possa afirmar se precisamos de mais ou menos *judicial review*.

O primeiro dos exemplos diz respeito às *Comissões de Direitos Humanos*, com poderes para investigar violações constitucionais, muitas vezes com poderes para promover ações coercitivas (TUSHNET, 2003b: 479-489).

Outro exemplo são os *points of order* do Senado Federal. É uma reclamação de algum dos senadores de que alguma regra do Senado está sendo violada, não sendo muito utilizados, a ponto de TUSHNET (2003b:457) informar que menos de 10 foram suscitados de 1970 até hoje.

Por fim, há o controle de constitucionalidade sobre os projetos legislativos, exercido pelo Office of Legal Counsel (OLC), órgão do Departamento de Justiça dos Estados Unidos, atuando por delegação do Procurador Geral.

TUSHNET (1999: 54) aproveita-se da análise de Abner Mikva[135] para afirmar que, na hipótese de ser extinto o *judicial review*, o parlamento iria tratar de forma mais cuidadosa e prioritária as questões constitucionais, o que não ocorre hoje em razão da confiança dos legisladores na existência de cortes para controlarem eventuais inconstitucionalidades.

---

135 TUSHNET confere grande importância à opinião de Abner Mikva pelo fato de que este jurista é um dos poucos que atuou em cada um dos três poderes constituídos. Foi deputado com cinco mandatos no Congresso Nacional; depois, em 1979, foi indicado pelo presidente Jimmy Carter para o cargo de juiz da Corte de Apelação de Washington D.C. e, em 1994, passou a atuar no Poder Executivo, como conselheiro do Presidente.

Defende este autor que haveria um melhor trabalho do legislador, mas reconhece que é uma situação um tanto quanto contraditória, para quem busca defender uma interpretação constitucional para além das cortes, reconhecer a pouca importância conferida pelo parlamento à interpretação e aplicação da constituição.

Para TUSHNET (1999:129), o Judiciário não tem desempenhado um papel muito diferente do Poder Legislativo, mas a razão para que os liberais (progressistas) continuem defendendo esta supremacia do Judiciário é o receio de que não consigam no campo da disputa político-eleitoral as mesmas vitórias que no campo do Judiciário.

Esta idéia adotada pelos liberais norte-americanos é criticada veementemente por TUSHNET (1999: 129), por entender que não produz os resultados que aqueles buscam:

> (...) liberais com esta visão devem pensar que a Suprema Corte sob o comando de Earl Warren — que deixou a Corte em 1969 — é a Suprema Corte de hoje. Ou eles devem achar que a atuação recente da corte tem altos e baixos, mas continua a favorecer os liberais. Ou eles acham que o conservadorismo recente da corte é um desvio na atuação histórica da Suprema Corte. Nenhuma destas percepções é correta. (...)[136]

E demonstra isso com exemplos que dizem respeito à liberdade de expressão e às ações afirmativas, onde foram

---

136 No original, "(...) *Liberals with this view may think that the Supreme Court under Earl Warren — who left the Court in 1969 — is the Supreme Court today. Or they may think that the Court's recent performance is a mixed bag, but still beneficial to liberals on balance. Or they may think that the Court's recent conservatism is a deviation from the Court's historic role. None of those perceptions is accurate*".

reafirmados princípios conservadores nas recentes decisões da Suprema Corte.

Com esta argumentação TUSHNET quer demonstrar que retirar a interpretação do significado da constituição dos Tribunais não faria grande diferença na sociedade norte-americana. E se fizesse, seria para beneficiar as posições ideológicas mais progressistas.

De qualquer forma, para TUSHNET, a supressão da supremacia judicial colocaria mais às claras as posições políticas de cada um dos grupos e devolveria ao povo as decisões constitucionais mais importantes[137].

EISGRUBER (2002: 162), em sentido contrário, critica as posições defendidas por TUSHNET, uma vez que a Suprema Corte possui índices de aprovação sempre maiores do que os do Congresso. E se a maior parte dos americanos gosta do *judicial review*, a instituição é representativa dos interesses dos cidadãos, não é antidemocrática e se as posições que defendem a ausência desta revisão judicial são muito complexas e por demais especulativas, por não pensarmos em melhorar o *judicial review* em lugar de acabar com ele?

---

137 Neste sentido, "(...) *True, without judicial review, liberals would have to give up the prospect of further constitutional gains for gay rights and run the risk that they would be unable to defend abortion rights in the political arena. But without judicial review, conservatives would have to give up the prospect of further erosion of affirmative action programs and would have to fight campaign finance reform in the political arena. The effects of doing away with judicial review, considered from a standard liberal or conservative perspective, would probably be rather small, taking all issues into account.*

Doing away with judicial review would have one clear effect: It would return all constitutional decision-making to the people acting politically. It would make populist constitutional law the only constitutional law there is" (TUSHNET, 1999:154).

2.5. ALGUMAS CONCLUSÕES

Como fonte de inspiração voltada para uma melhor compreensão da realidade brasileira, com suas carências e dívidas sociais históricas, três são os desafios ora percebidos.

Em primeiro lugar, é necessário que repensemos o papel a ser desempenhado pelo Poder Judiciário, no cenário nacional, devendo-se levar em conta, necessariamente, as peculiaridades de nossa história. A sociedade brasileira precisa de juízes? Quais juízes nos são adequados?

Esse desafio nos direciona a um segundo: deve prevalecer a supremacia do Judiciário? Ou, no caso brasileiro, é possível afirmar a supremacia da constituição sem afirmar, necessariamente e em conjunto, a supremacia dos juízes e da jurisdição constitucional?

Na verdade, esses dois questionamentos deixam claro as tensões existentes nas relações entre os sistemas do Direito e da Política no plano da constituição.

Qualquer tentativa de enfretamento dessas questões tem como pressuposto a visão de um Judiciário diretamente relacionado à sociedade da qual faz parte, contingenciado pelo tipo e qualidade de relações travadas entre seus membros, nos diferentes planos da vida humana.

Há aqui um elemento sociológico e histórico a ser apreendido das matrizes teóricas manejadas em nossa pesquisa. Com base nas lições tiradas de ACKERMAN, GRIFFIN e TUSHNET, percebe-se que a problemática da supremacia do Judiciário não se aprisiona num debate meramente jurídico (normativista, positivista) e se abre a indagações de cunho histórico, antropológico, sociológico e político. Só a pluralidade de aportes teóricos, mediados pela intervenção de distintas instâncias institucionais, não exclusivamente jurídicas, é que poderá melhor atender aos desafios das sociedades contemporâneas, naturalmente complexas e fragmentadas.

Nessa avaliação plural, numa sociedade relativamente estável, como a norte-americana, em que as desigualdades (civis, políticas e sociais) não são consideradas exageradas, em que direitos são em geral respeitados, em que o acesso aos bens públicos (inclusive a cargos públicos por concurso ou por eleição) é igualitário e na qual existe um sistema de proteção social considerado eficiente, a relevância do juiz como o grande protetor dos direitos do cidadão não é de todo sentida.

Assim, o Poder Judiciário acaba aparecendo no sistema de freios e contrapesos apenas para resgatar aquele equilíbrio que fora perdido por conta de um conflito de direito fundamental. Além desse aspecto, é nos momentos de crise (institucional ou social) que os juízes acabam tendo um papel mais importante. Nesse cenário, os questionamentos sobre supremacia judicial parecem ecoar mais fortes, com firme acento na problemática do caráter contramajoritário da Jurisdição Constitucional.

Entretanto, este mesmo quadro não se observa com exatidão em sociedades periféricas marcadas por desigualdades profundas, como o Brasil. Não é demais dizer que os juízes têm muito trabalho nas sociedades em que a falta de equilíbrio for crônica. Muitas vezes, em face da anomia e da ineficácia de atuação das instâncias legislativas e executivas, a própria incapacidade dos órgãos políticos de resolverem seus conflitos internos e a fragilidade do grau de organização democrática da sociedade civil, resta ao Judiciário absorver uma série de "competências" originariamente destinadas ao poderes eleitos.

Desta forma, percebe-se a via judicial como o único canal disponível, cujo acesso é relativamente oferecido à sociedade civil, para a busca da satisfação de diferentes interesses, dos diferentes grupos sociais. Nesse sentido o Judiciário passa a ser entendido como a última instância de cumprimento das promessas da "modernidade tardia" e o juiz se coloca como uma última esperança de atendimento de pleitos e de possibilidade de justificação do Estado de Direito[138] — o que ao cabo coloca o Poder Judiciário em posição de tensão e de certa proeminência em relação aos demais poderes eleitos. O centro de atenção é mais um problema de eficácia da tutela jurisdicional constitucional e menos de sua legitimação democrática.

Porém o Judiciário brasileiro, como hoje é concebido, organizado e mantido, é uma via cujos canais não estão adequadamente conformados para tal missão — o que gera não só um *hiperinflacionamento* de demandas, bem como uma possível deturpação de suas funções e de difícil equação[139]. E se ao cabo as promessas não são atendidas o saldo final é de descrença e desencanto.

---

[138] Um exemplo disso, entre nós, são os Juizados Especiais (Lei 9.099/1995) voltados para a solução de questões de valor econômico reduzido. Com a criação desses Juizados, na Justiça do Estado do Rio de Janeiro (Lei 2.556/1996), pretendeu-se ampliar de forma sensível o acesso à justiça, tanto que o Tribunal de Justiça do Rio de Janeiro, numa tentativa de atender de modo mais célere a massa de jurisdicionados, passou, desde agosto de 2004, a designar audiências de tentativa de conciliação entre 18h e 22h. Tal solução é, contudo, paliativa, pois não enfrenta o problema da carga adicional gerada para uma estrutura judicial já sobrecarregada e não debela o perverso desequilíbrio social que destrói nossas relações em sociedade. Ademais a simples criação de um rito processual novo e com órgãos judicantes próprios não ampliou a compreensão democrática dos direitos, pois persistem as mesmas violações que deságuam no Judiciário. Um simples levantamento das ações ajuizadas e dos pedidos formulados em qualquer dos Juizados Especiais confirmam isso.

[139] No particular o fenômeno da chamada *judicialização da política* bem retrata essa questão. Cf. CASTRO (1997); VIANNA *et al.* (1999) e CARVALHO (2004).

Se no capítulo primeiro de nossa obra o tema central é uma teoria da mudança constitucional, a partir de uma perspectiva literária constitucional notadamente americana, neste segundo capítulo assumimos o compromisso de examinar as contribuições dos constitucionalistas americanos selecionados (ACKERMAN, GRIFFIN e TUSHNET), por meio da idéia de supremacia. Não mais sob a perspectiva de dinâmica (mudança constitucional), mas sim sob o viés da estabilidade/estática, que se opera quer pela força normativa da Constituição (artigo VI da Constituição americana de 1787 disciplinadora desta como "lei suprema da terra"), quer pela prevalência do *judicial review*, como moldura de uma prática constitucional de questionável prevalência do Judiciário sobre os outros poderes.

Dessa forma, todos os caminhos até o momento percorridos, tendo como base as reflexões do capítulo 1, nos levam, de modo permanente e forçosamente a enfrentar a tormentosa, muitas vezes temida, ignorada e reprimida, relação, no âmbito da constituição, entre o Direito e a Política.

Permanece, porém, a indagação que nomeia este percurso teórico: ainda há supremacia do Judiciário? Considerando as diferenças acima apontadas, talvez uma das respostas possíveis seja "apenas quando for preciso".

No próximo capítulo pretende-se demonstrar que "apenas quando for preciso" pode ser revelado a partir de uma adequada metodologia de interpretação constitucional. Frisamos que, tendo por pano de fundo uma perspectiva histórico-institucional, para o alargamento e aprofundamento da compreensão do significado da constituição, é necessária a incorporação de todos os níveis do poder político.

CAPÍTULO 3

CONSTITUCIONALISMO AMERICANO E A INCORPORAÇÃO TEÓRICA DOS *SEPARATION OF POWER GAMES*

Vanice Lírio do Valle

3.1. Introdução; 3.2. Um breve percurso sobre elementos de inspiração do processo de definição de um modelo institucional na Convenção de Filadélfia; 3.3. Um caminho de aproximação: institucionalismo como dado de interpretação da constituição; 3.4. Uma segunda via de aproximação: institucionalismo como elemento de formulação de uma teoria constitucional. 3.5. Sobre o institucionalismo e o constitucionalismo brasileiro

3.1. INTRODUÇÃO

O estudo do Direito Constitucional norte-americano convive — dentre outros problemas — com sua longeva constituição escrita, cuja bicentenariedade apresenta-se como Jano, com duas faces. Essa variável de uma especial estabilidade do texto constitucional tem sido destacada já na apresentação desta obra, como elemento relevante do sistema constitucional norte-americano, e fortemente influente em toda a sua construção teórica. Se de um lado esse longo perfil de vigência do instrumento constitucional dá mostras de estabilidade do Estado, e sobretudo do elevado juízo por parte da sociedade em relação a seu nível de resolutividade dos conflitos[140]; de outro lado, traz consigo as dificuldades previsíveis de se promover a aplicação de um texto constitutivo desse mesmo Estado que conta com mais de 200 anos, sem que por isso se perca o compromisso com a atualidade de sua projeção na sociedade.

Esse dualismo se expressa também, por via de conseqüência, nas reflexões teóricas acerca do *modus* de identificação e aplicação do que seja o real conteúdo do texto constitucional. Diversos caminhos se põem, sempre iluminados, de um lado pela relevância dessa estabilidade; e de outro lado, pelo imperativo de atualização, e portanto, da necessária dinâmica da mudança. E a partir disso, incontáveis escolas de interpretação se desenvolveram, indo do extremo do originalismo — em que a reverência aos méritos da estabilidade se revela numa busca dos propósitos dos *father founders* por ocasião da elaboração do documento — até as práticas voltadas para uma interpretação valorativa, expressão máxima do prestígio ao aspecto de atualidade do sistema normativo. Registre-se ainda, entre esses extremos, o pragmatismo, tão a gosto da sociedade americana, que, orientado pelo resultado, afirma um rompimento com o passado, passado esse que pouco teria a contribuir para a identificação de um significado constitucional atual.

Mais recentemente, reintroduz-se no cenário da discussão teórico-constitucional americana o tema do papel que se possa/deva reconhecer às instituições (as de natureza política, em especial) nesse processo de formação ou identificação do real conteúdo da Carta Magna, aduzindo-se

---

140 Afinal, um repúdio social, ainda que por insuficiência de respostas, conduziria necessariamente a um encurtamento na sua trajetória de vigência.

portanto um elemento a mais acerca do qual possam divergir os teóricos. Esse passo, no especial contexto do Direito Constitucional americano — fortemente orientado na sua elaboração teórica, pelo estudo auto-referente das decisões havidas no âmbito da Suprema Corte — implica uma abertura do sistema jurídico (e a expressão aqui se usa no seu sentido técnico, oriundo da teoria dos sistemas) para outras variáveis originárias de outras lógicas forjadas nos demais sistemas sociais, especialmente os da política e da economia.

Ocupa-se o presente capítulo exatamente dessa nova fase de discussão, em que as instituições, como elementos formadores do Direito, invadem o átrio do sacrossanto palácio das reflexões jurídicas teórico-constitucionais, acompanhadas da ciência política, da sociologia, e de outros ramos do conhecimento, que não respeitam a pretensão de isolamento, muitas vezes característica do estudioso da área.

O tema — que aparentemente é localizado, dadas as especialíssimas características do Direito Constitucional norte-americano — não deve induzir o leitor em erro. Instituições, todos os sistemas constitucionais as têm, em funcionamento adequado ou não, com atuação revestida de mais ou menos repercussão na vida nacional. Dessa forma, a reflexão acerca de sua interseção com o processo de revelamento constitucional é tema de interesse, que transborda em muito as fronteiras da *"land of the free and home of the brave"*. Da mesma forma, a abertura em relação às concepções clássicas da auto-referência do Direito também é tema que se põe como presente e relevante, ainda fora das fronteiras estadunidenses.

A continuação dessa obra sobre novos enfoques na teoria da constituição, que têm em consideração os elementos de estática e mudança constitucional — que se propõe a ser uma provocação ao aprofundamento do tema, aventura a que se convida o leitor — será desenvolvido neste capítulo em quatro partes fundamentais. No item 3.2, um breve percurso pelo contexto histórico determinante do inicial modelo institucional traçado na Carta Fundamental americana, de molde a que se possa compreender o papel que esse mesmo desenho tenha assumido no desenvolvimento daquele Estado. No item 3.3, um apanhado das aproximações que se tenha já apresentado na doutrina norte-americana em relação ao tema do institucionalismo, em particular aquelas que vêem o tema numa relação com o desenvolvimento da interpretação constitucional. O item 3.4, por sua vez, apresenta outras correntes doutrinárias, que localizam o interesse no institucionalismo em momento prévio à interpretação, integrando na verdade o próprio constitucionalismo, ou uma teoria adequada da constituição. Finalmente, a título de fechamento em um item 3.5, apresentam-se algumas considerações relacionadas à possível transposição, parcial quando menos, dessas cogitações para o terreno do constitucionalismo brasileiro.

3.2. UM BREVE PERCURSO SOBRE ELEMENTOS DE INSPIRAÇÃO DO PROCESSO DE DEFINIÇÃO DE UM MODELO INSTITUCIONAL NA CONVENÇÃO DE FILADÉLFIA

Evidentemente, a natureza do assunto remete a uma necessária formação de um embasamento histórico mínimo do próprio processo de constitucionalização das instituições políticas hoje existentes nos EUA; de compreensão do cenário segundo o qual elas são formadas. E tal exercício nos remete à Convenção de Filadélfia (1787), que se verifica em um momento em que o país, recém-independente, caminhava no terreno pantanoso de sua consolidação, tendo em seu percurso as sombras da experiência de ser objeto de excesso de poder — não por um monarca a quem aquele grupamento social reconhecesse como soberano próprio, mas pelo poder central de uma Inglaterra ao qual se subordinava a colônia — e os riscos de mantença do modelo confederado até então experimentado, que na prática se revelava desagregador e autofágico, sem qualquer visão do conjunto nacional de interesses.

Outros elementos de incerteza política se punham: o risco permanente do gosto pelo poder inerente às aristocracias; o futuro comportamento de um Legislativo de composição imprevisível e possivelmente sujeito a inadequadas paixões, contaminadoras do processo decisório[141]; qual o adequado ponto de equilíbrio a se alcançar para viabilizar um poder central forte o bastante para a tutela dos interesses nacionais, mas não o suficiente para gerar riscos de uma nova experiência traumática.

---

141 A leitura de *Os Artigos Federalistas* (MADISON, HAMILTON e JAY:1993) aponta as cogitações enfrentadas pela proposta de constituição com relação à necessária harmonia entre representantes do povo e seus representados (Número LII, p. 354); à limitação temporal de duração dos mandatos como mecanismo de prevenção contra a tirania (Número LIII, p. 357); aos eventuais riscos decorrentes do número de representantes nacionais apontados para o início de funcionamento do Congresso, a saber, 65 (sessenta e cinco) e da dissociação entre esse número e a real representação dos interesses das maiorias (Número LV, p. 369-370; Número LVII, p. 378). Interessante ainda a consulta, em http://odur.let.rug.nl/~usa/D/1776-1800/federalist/anti3.htm, às notas acerca dos debates empreendidos quanto a esse especial tema, da medida adequada da decisão legislativa pelo povo ou por seus representados, destacando-se a frase atribuída a Sherman: "*The people — he said — immediately should have as little to do as may be about the Government.*" (o povo — disse ele —, imediatamente, deve ter tão pouco quanto possível a ver com o Governo).

Observe-se que, inobstante o passado se apresentasse como um elemento de pano de fundo para a definição dos contornos institucionais do Estado ao longo dos trabalhos da Convenção, fato é que não se tinha consolidada qualquer *práxis* social ou política que pudesse propriamente condicionar aos trabalhos de estruturação que então se desenvolviam, como assinala ACOSTA SÁNCHEZ (1998:62). Dessa forma, havia uma maior liberdade para uma proposta de formulação de desenho institucional que pudesse enfrentar todas as circunstâncias já postas como presentes e relevantes. Mais ainda, a definição do conteúdo desse instrumento escrito, elaborado a partir de um debate teórico — e não de uma prática da própria sociedade — se poderia beneficiar no futuro de sua vivência de aplicação, por intermédio da interpretação, como já destacava POWELL (1985:902).

Essa liberdade não passou despercebida pelos artífices do Estado norte-americano reunidos na Convenção da Filadélfia, que se dedicaram a desenvolver o adequado exercício de engenharia política, que conciliasse todas as variáveis postas em mesa. É de LUHMANN (2002:541-542) a referência à particular importância histórica da própria idéia de constituição cunhada pela "...periferia norte-americana...", que com a contingência de superar o vazio de poder surgido com a independência da corte inglesa, vale-se dessa inovação conceitual — constituição escrita — para, associando os planos do jurídico e política, fixar a limitação desse último sistema pelo primeiro. Com isso, o direito, traduzido pela constituição, preveniria os riscos dos excessos do sistema da política, traçando-lhes fronteiras de operação, valendo-se, de outro lado, da própria política como o veículo de sua positivação, elemento de reforço desse caráter de estruturação do agir estatal realizado no plano do sistema político[142].

---

142 A percepção dessa importância capital da constituição como o elemento regente das relações entre o direito e a política é de LUH-

A solução então encontrada em verdade nada mais foi do que um desenvolvimento da proposta de Montesquieu de especialização de funções, com especial atenção à advertência que já formulara o teórico francês: "... mas é uma experiência eterna, que todo homem que detém o poder, é levado a abusar dele; ele vai até onde encontra os limites. Quem diria! A virtude mesma tem necessidade de limites. Para que não se possa abusar do poder, é preciso que, pela natureza das coisas, o poder limite ao poder.[143]" E diz-se que a solução apontada constitui, em verdade, desenvolvimento do modelo do autor francês porque aquele identificava como mecanismo hábil à contenção do poder pelo poder a faculdade de obstaculizar (*faculté d'empêcher*[144])[145].

MANN (2002:483) a assertiva de que "...*la positivización del derecho y la democratizacióbn de la política se apoyan mutuamente y han impregnado tan fuertemente lo que hoy se presenta como sistema politico y sistema jurídico, que resulta difícil percebir allí dos sistema diferentes...*" — permitirá uma melhor compreensão por sua vez, da oportunidade da reflexão acerca do institucionalismo na construção do conteúdo constitucional. Afinal, se o instrumento se destina, dentre outras finalidades, a disciplinar as relações entre direito e política — cujos domínios primordiais de atuação normalmente se materializam em distintas instituições — a análise das relações entre essas mesmas instituições e seu reflexo na construção do sentido constitucional importa em manter vivo o conceito da constituição como meio de intermediação por limitação recíproca, entre os dois sistemas, do Direito e da política.

143 "...*mais c'est une expérience éternelle que tout homme qui a du pouvoir esta porte à em abuser: il va jusq'à ce qu'il trouve dês limites. Qui li dirait! Ka vertu même a besoin de limites. Pour qu'on na puisse abuser du pouvoir, il faut que, par la dispostion des choses, le pouvoir arrête le pouvoir.*" MONTESQUIEU (1995:326).

144 MONTESQUIEU (1995:334 e 339).

145 Registre-se que a referência a um desenvolvimento do modelo proposto por Montesquieu não implica sustentar desconhecesse o autor francês a importância de mecanismos de freios e contrapesos — traço que, como leciona TAVARES (2005:169), já se podia identificar em sua

Já no contexto norte-americano, os mecanismos de controle do poder pelo poder, tidos por indispensáveis[146], *se manifestam também por* **capacidades positivas**, de atuação comissiva mesmo de um poder sobre a área inicialmente desenhada a outro.

Surge assim a premissa do *checks and balances* como fundamento de todo o desenho institucional norte-americano, em que "... cada um dos poderes do Estado impõe limites à função primária dos demais..."[147]. Em uma visão um pouco mais radical, GARGARELLA (2005:19-20)

---

construção teórica, especialmente por influência da experiência inglesa. O que se diz é que o mecanismo por intermédio do qual esse equilíbrio se promove é objeto de ampliação, compreendendo um traço mais ativo, de intervenção de um poder na atividade primordial dos outros, como mecanismo de exceção e de proteção da íntegra do sistema.

146 "*If a Constitutional discrimination of the departments on paper were a sufficient security to each against encroachments of the others, all further provisions would indeed be superfluous. But experience had taught us a distrust of that security, and that it is necessary to introduce such a balance of powers and interests, as will guarantee the provisions on paper. Instead therefore of contenting ourselves with laying down the Theory in the Constitution that each department ought to be separate and distinct, it was proposed to add a defensive power to each which should maintain the Theory in practice.*" (Se uma discriminação constitucional dos departamentos no papel fosse suficiente garantia a cada qual contra a invasão pelos demais, todas as previsões subseqüentes seriam, realmente, supérfluas. Mas a experiência ensinou-nos uma desconfiança nessa segurança, e que é necessário introduzir esse equilíbrio entre poderes e interesses, como garantido pelas provisões contidas no papel. Ao invés, portanto, de contermo-nos em lançar uma Teoria na constituição, segundo a qual cada departamento deva ser separado e distinto, foi proposto adicional um poder de defesa a cada qual, que deve manter a teoria na prática). Argumento creditado a MADISON, ao longo dos trabalhos da Convenção da Filadélfia, http://odur.let.rug.nl/~usa/D/1776-1800/federalist/anti19.htm, consultado em 21 de outubro de 2004.

147 EPSTEIN e WALKER (2004:57).

aponta mesmo como pano de fundo do uso da técnica das capacidades positivas de reação uma especial preocupação em controle das atividades do Poder Legislativo — que por seu próprio desenho, fundado no princípio da vontade da maioria, tenderia a eclipsar aos demais poderes. Os mecanismos contramajoritários se põem assim como instrumento de equilíbrio desses riscos do radicalismo da vontade popular, afastando em alguma medida a modelagem institucional da preocupação igualitária normalmente enunciada por ocasião dos processos revolucionários.

Observe-se que tal opção não se nota em enunciação expressa da constituição americana, mas é o que deflui do conjunto de seu texto, que consagra as diversas hipóteses de intervenção neutralizadora ou mesmo corretiva de um poder sobre o outro[148].

---

148 É também nos artigos federalistas que se encontra desenvolvido o argumento da forma pela qual a especialização de funções se harmoniza com os mecanismos de freios e contrapesos: "...Mostrou-se no último artigo que o apotegma político ali examinado não exige que os poderes Legislativo, Executivo e judiciário sejam inteiramente desvinculados entre si. A seguir, tentarei demonstrar que, a menos que esses poderes sejam vinculados e misturados o suficiente para que cada um tenha um controle constitucional sobre os outros, o grau de independência exigido pela máxima como essencial a um governo livre jamais poderá ser devidamente mantido na prática. Todos concordam que as funções propriamente pertencentes a um dos poderes não devem ser direta e completamente administradas por nenhum dos outros dois. É igualmente evidente que nenhum deles deve possuir, direta ou indiretamente, uma influência dominante sobre os outros na administração de suas respectivas autoridades. Ninguém negará que o poder é abusivo por natureza e que deve ser efetivamente impedido de transpor os limites a ele atribuídos. Portanto, após discriminar na teoria as várias classes de poder, segundo sejam por natureza legislativas, executivas ou judiciárias, a tarefa seguinte mais difícil é fornecer a cada uma delas alguma garantia prática contra a invasão das outras. Qual deve ser essa garantia é o grande problema a resolver." (MADISON, HAMILTON e JAY, 1993:338).

É de EPSTEIN e WALKER (2004:57) a observação segundo a qual esse sistema delicado se expressa até mesmo em pequenas diferenciações quanto aos critérios e procedimentos de acesso em cada qual dos poderes, assim como nas diversas — e alternadas — durações de mandato; tudo contribuindo para um partilhamento do nível de legitimidade usufruído por cada qual deles. É dos mesmos autores a observação segundo a qual, da extensa e intricada relação de vetores de equilíbrio entre os poderes, resulta possível a afirmação segundo a qual "...política nos Estados Unidos emana não de ações separadas de cada qual dos poderes do Estado, mas da interação entre eles..."[149, 150]

Surgem portanto, constitucionalismo e instituições políticas, juntos — como sói acontecer — a partir de uma preocupação de moldagem de um modelo que permitisse a articulação dos conflitos entre essas mesmas instituições, de forma a que sua superação pudesse decorrer de outros expedientes, que não o excesso (comissivo ou omissivo) ou o arbítrio[151]. Capital, nesse processo de articulação dos

---

149 "... *policy in the United States emanates not from separate actions of the branches of government, but from the interaction among them*" EPSTEIN e WALKER (2004:57).

150 Curioso que esse traço da necessária interseção de uma função sobre a outra como verdadeiro instrumento de equilíbrio tenha, no direito brasileiro em particular, restado quase que esquecido — ainda hoje se alude no Brasil a "separação de poderes", como se fosse essa ausência de interação a concepção predominante ou a mais meritória — o que de outro lado contribui para que a infidelidade constitucional decorrente, por exemplo, da omissão legislativa constitucionalmente relevante (nas hipóteses em que a Tábua de Princípios determina um especial dever de agir), remanesça imune a qualquer mecanismo mais efetivo de correção, em evidente desprestígio à determinação do constituinte.

151 É de CUNHA MELO (2002:63) a referência à "...tradução dos conflitos políticos, entre os poderes locais, os estados, os legislativos e a Presidência, em controvérsias de natureza legal..." como elemento

conflitos, o papel em especial, da Suprema Corte, como instância última da composição desses mencionados impasses, particularmente pelo exercício da *judicial review*. Emblemática na matéria a afirmação de TRIBE[152]:

> Nada na constituição propriamente dita, decerto, determina que a busca de consenso deva desempenhar um papel constitucional fundamental. Em boa parte, a constituição cria um processo menos de consenso, e mais de conflito controlado. O regime que ela cria confere um papel central ao Judiciário, que se manifestará não sempre em uníssono, mas freqüentemente, em muitas vozes, e esses pronunciamentos serão melhor entendidos não como respostas finais, mas como parte de um debate em andamento — um debate com os outros poderes e níveis do Estado, com o povo fortemente presente, e com Cortes que já se foram e Cortes ainda a serem compostas. É esse discurso constitucional, e o papel que ele desempenha na sujeição das práticas de atuação do Estado à crítica continuada em termos de lei fundamental, que dá à instituição da *judi-*

---

caracterizador das instituições norte-americanas desde a fundação da República.

152 *"Nothing in the Constitution itself, of course, specifies that a search of consensus must play a paramount constitutional role. In significant part, the Constitution creates a process less of consensus than of controlled conflict. The regime it creates gives a central place to judiciary that speaks not always in one voice but often in many, and whose pronouncements are best understood not as a final answers, but as parts of an ongoing discourse — a discourse with the other levels and branches of government, with the people at large, with courts that have gone before and courts yet to be appointed. It is this constitutional discourse, and the role it plays in subjecting governmental practices to continuing critique in terms of our fundamental law, that gives the institution of judicial review such legitimacy as it may enjoy."* TRIBE (1988:66).

cial review tanta legitimidade quanto lhe possa ser conferida.

Observe-se ainda que, na vivência da sociedade norte-americana, as instituições políticas traçadas na constituição — e as demais, que resultaram das necessidades e conveniências apuradas a partir da vida em sociedade — harmonizam-se perfeitamente com o conceito decorrente das ciências sociais, de "... núcleos básicos da organização social, comuns a todas as sociedades e encarregadas de alguns dos problemas fundamentais de toda vida social ordenada...[153]". É notório o compromisso da sociedade americana com suas próprias instituições, circunstância que pavimentou igualmente um emblemático nível de participação cidadã como prática social, nos temas da vida comunal postos à deliberação.

Inobstante a centralidade do tema do desenho institucional por ocasião dos trabalhos de elaboração da constituição norte-americana, as reflexões relacionadas à influência desse mesmo fator na construção do constitucionalismo estadunidense não conferiam à matéria a mesma relevância, provavelmente dentro do suposto de que pensar a constituição à luz das instituições pudesse implicar uma indevida inversão, em que se estaria a pretender revelar o criador a partir da criatura. Essa ótica, todavia, não poderia para sempre prevalecer, na medida em que, dentro do conceito antes estabelecido, são essas mesmas instituições regradas pela própria constituição — ainda que não em cará-

---

153 "... *núcleos básicos de la organización social, comunes a todas las sociedades y encargadas de algunos de los problemas fundamentales de toda vida social ordenada.* ENCICLOPEDIA INTERNACIONAL DE LAS CIENCIAS SOCIALES (1979:305).

ter de exclusividade[154] — que lhe conferem conteúdo e efetividade.

Mais ainda, o desenho institucional originariamente traçado não contemplava uma série de elementos que só o tempo desenvolveu, ou proporcionou — a prática política considerada para o desenho da repartição de funções entre os poderes não cogitava, por exemplo, da existência de partidos políticos organizados, que pudessem influir de maneira mais ou menos incisiva no funcionamento do Legislativo e mesmo do Executivo[155]. Os reflexos, portanto, desses novos atores institucionais, ou ainda, dos papéis distintos que os originais atores vieram a desenvolver no cenário do viver constitucional, hão de ser agora examinados nas suas relações com o conteúdo da constituição. Assim, vem à tona o tema do institucionalismo, associado à Teoria da constituição, como um elemento a ser considerado na sua (re)formulação teórica. O momento, e os termos em que esse elemento — institucionalismo — há de ser encartado na equação que levará ao conhecimento da incógnita da constituição são o ponto ainda de debate.

---

154 Modernamente, já se reconhece que o processo decisório quanto às opções da sociedade transborda, ao menos na sua elaboração, às instituições formais, podendo compreender as chamadas instituições informais (FARELL, HÉRITIER, 2004:8), que, auxiliando na superação dos inconvenientes da representação política, evitam a sua conversão em um sistema de ditadura parlamentar (PANIAGUA, 2002:100).

155 Curiosamente, o tema da presença e papel dos partidos políticos no desenho institucional encontra-se em vias de sofrer nova leitura, na medida em que, dado o caráter evidentemente pluralista, multicultural das sociedades atuais (e mesmo a sociedade americana, historicamente mais homogênea no que toca a seus valores fundamentais, já sente os efeitos dessa mesma diversidade), a pretensão de que um partido político ou seu representante possam traduzir os desejos e interesses de seus representados em todas as áreas de atuação do Poder Legislativo se mostra cada vez mais um modelo superada.

3.3. UM CAMINHO DE APROXIMAÇÃO: INSTITUCIONALISMO COMO DADO DA INTERPRETAÇÃO DA CONSTITUIÇÃO

Traz-se inicialmente à colação — sem que com isso se pretenda apontar uma linha histórica de evolução, mas sim graus de interpenetração do tema com o revelamento da constituição — as teses que cogitam do institucionalismo visto como **técnica de contextualização da prática da interpretação**. Afinal — especialmente se o exercício hermenêutico se dá tendo em consideração que em matéria de direito, a interpretação há de ser orientada para um fim, qual seja, a prevenção e/ou composição de conflitos[156] — não se pode dissociar a prática da identificação das múltiplas normas jurídicas contidas na constituição (e a referência à norma aqui se faz, no sentido de critério jurídico de solução extraível do texto, tendo em consideração o caso concreto), das instituições no âmbito das quais esse resultado finalisticamente orientado terá aplicação.

Primeiro argumento que se apresenta como motivador de se trazer a lume o institucionalismo como elemento de interpretação é aquele em que se identifica sua importância, justamente como fator de **harmonização** entre o modelo ideal, traçado na Carta e manipulado intelectualmente num plano ainda necessariamente teórico e abstrato; e o mundo dos fatos. Observe-se que a trilha apontada não se resume numa abordagem empirista; mais do que isso, ela propõe o institucionalismo como uma indispensável combinação de variáveis necessárias à adequada compreensão da projeção do modelo ideal sobre o mundo real. A lição é de SOLUM[157]:

---

156 CASTANHEIRA NEVES (2003:28).
157 " *The relaxation of idealizing assumptions is a process of contextualization. We begin with an abstract constitutional theory. We then*

... a redução do grau de compromisso com premissas idealizadas é um processo de contextualização. Começamos com uma teoria constitucional abstrata. Depois, consideramos essa teoria em um contexto de uma estrutura institucional abstrata. Em seguida, situamos a teoria normativa e o modelo conhecido de estrutura institucional no contexto de influências históricas das forças que influenciaram a prática institucional. Finalmente, consideramos as particulares circunstâncias em que nos encontramos, aqui e agora.

É do mesmo autor a advertência de que contextualizar implica aumentar a complexidade da formulação abstrata, na medida em que a consideração de uma alternativa teórica de compreensão do texto constitucional na sua real expressão e aplicação — e não no modelo ideal — não pode conduzir ao impasse que se mostre equivalente à ausência de solução, devendo, ao revés, ser capaz de propor um outro modelo que supere as dificuldades experimentadas.

Nessa primeira interseção, portanto, entre institucionalismo e interpretação constitucional, tem-se a análise do desenho e das práticas institucionais como mera constatação, útil à compreensão das estruturas sobre as quais há de incidir, aqui e agora, o resultado da norma que se busca extrair do texto constitucional. A proposta é, portanto, como se disse, **contextualizadora**, no sentido de que essa dimensão institucional enriquece a interpretação localizan-

---

consider that theory in the context of an abstract institutional structure. When next situate the normative theory and the abstract account of institutional structure in the context of a historical account of the causal forces that have influenced institutional practice. Finally, we consider the particular circumstances in which we find ourselves here and now."
(SOLUM, 2004:5).

do-a, com o que se sai do campo da abstração teórica, relacionando-se com o plano da realidade que pretenderá disciplinar, seja na sua vertente temporal atual, seja tendo em consideração o que o transcurso do tempo já tenha tido oportunidade de agregar de conhecimento e compreensão[158].

Enfoque distinto à interferência que possa ter o tema do institucionalismo no processo de compreensão da constituição é trazido por SUNSTEIN e VERMEULE (2003a), que com ênfase além da ordinária[159], apontam uma indiferença da doutrina em relação à relevância da consideração da vertente que tem em conta às instituições no exercício da interpretação constitucional. A construção é engenhosa, e vale tomar com ela um pouco mais de tempo.

Apontando inicialmente a tendência contemporânea de construção de parâmetros de interpretação fortemente abstratos[160] (a importância do reforço dos traços democráticos, o tema da legitimação das autoridades etc.), criticam os autores o potencial de resolutividade desses referenciais, quando confrontados com as situações em concre-

---

158 É de GADAMER (1996:18) a advertência de que a chamada consciência histórica envolve a aplicação da perspectiva de nossas instituições, além de nossos valores e verdades, tendo em consideração a temporalidade que seja própria. Assim, ao passado, a perspectiva que lhe seja própria, e ao presente, a percepção de sua relação com o passado, e de seu caráter de prenúncio de um futuro co-extensivo da vida em curso — vida essa pautada e materializada, como se viu, por valores, verdades e instituições que com eles lidam.

159 É de POSNER (2003:952) — um dos autores citados no texto de SUNSTEIN e VERMEULE (2003a) como não sensíveis ao tema do institucionalismo na sua construção de uma teoria da constituição e da interpretação — a referência a excessos na crítica formulada : "*... which the authors state in terms emphatic to the point of being immodest, is incorrect...*", em sua réplica àquele texto.

160 SUNSTEIN e VERMEULE (2003a:885).

to postas pela vida real[161]. Ao contrário, a proposta de superação da indeterminação constitucional por referenciais igualmente genéricos parece criar uma circularidade no problema, e não sugerir uma solução. Como alternativa de compreensão, oferecem uma consideração do institucionalismo que, todavia, mais se aproxima do empirismo, na medida em que toma em consideração, com grande valoração, uma visão realista das reais capacidades de todos os eventuais atores envolvidos para fins de formulação de aplicação de uma compreensão constitucional[162].

A "exclusão", nas reflexões empreendidas pela doutrina americana em relação à interpretação de leis e da constituição, do institucionalismo[163], segundo os referidos autores, implica desconsiderar nessa mesma atividade dois fenômenos principais, a saber: 1º) eventuais deficiências de capacidade dessas mesmas instituições — e em especial, se aponta ao longo de todo o texto o distanciamento entre o juiz aventado pelas muitas teorias (o juiz *Hércules*, o juiz reconstrutor da vontade da lei, o juiz investigador da vontade dos fundadores, o juiz filósofo) e aquele que, ordinariamente, empreende à interpretação das leis[164]; e 2º) a dinâ-

---

161 " *Part of our goal here is to demonstrate the futility of efforts to show that abstract ideals can resolve disagreements about appropriate interpretive methods.* (Parte de nosso objetivo aqui é demonstrar a futilidade dos esforços em demonstrar que os ideais abstratos possam solucionar divergências sobre os métodos apropriados de interpretação). (SUNSTEIN e VERMEULE, 2003a:886).
162 SUNSTEIN e VERMEULE (2003b).
163 O enfoque remanesceria ainda muito preso ao velho conflito interpretativismo x não-interpretativismo, sem ampliação dos horizontes.
164 Nesse particular aspecto, das deficiências das instituições aplicadoras de uma teoria constitucional — que influencia/determina a interpretação do mesmo texto — aponta-se um vezo de aproximação entre a advertência de SUNSTEIN e VERMEULE ora noticiada, e a posição

mica de efeitos e reações que se processa dentro e entre as instituições, a partir do traçado da interpretação, em especial da interpretação constitucional[165]. Creditam os autores tal afastamento da visão institucional, à circunstância de normalmente se enfrentar o tema da interpretação a partir de uma visão pré-eleita e definida, a saber, a visão típica do juiz[166], circunstância que já condiciona a resposta aos parâmetros lógicos próprios da atividade jurisdicional — sem que se tenha espaço para a interseção com a ótica própria das demais instituições.

Em verdade, a construção de SUNSTEIN e VERMEULE tem muito do pragmatismo americano (a expressão aqui se usa no seu sentido vulgar), e trabalha com um conceito importado das ciências econômicas, a saber, a existência — e necessária consideração como alternativa aceitável — não só de uma solução que seja a de qualidade máxima (*first best solution*), mas também de uma opção que, ainda que não de qualidade máxima, possa oferecer

---

crítica de GRIFFIN quanto à "tradição" em formulação de teoria constitucional, voltada para uma construção de modelos teóricos em sede acadêmica que, muitas vezes, não poderiam ser seguidos pela própria Suprema Corte na sua função precípua de desvelamento do conteúdo constitucional: "*...much of contemporary constitutional scholarship exists in self-enforced isolation, an isolation capable of producing forms of intellectual cabin fever.*
But could the Court follow the academic discussion, even if it wanted to? The esoteric and interdisciplinary character of much recent constitutional theory suggests not". (... muitos dos catedráticos de direito constitucional vivem em isolamento voluntário, um isolamento capaz de produzir formas de febre de encapsulamento intelectual. Mas poderia a corte seguir a discussão acadêmica, mesmo que o quisesse? O caráter esotérico e interdisciplinar de muitas das mais recentes teorias constitucionais sugere que não.) GRIFFIN (1989:496).
[165] SUNSTEIN e VERMEULE (2003a:950).
[166] SUNSTEIN e VERMEULE (2003a:888).

uma composição ao tema/conflito que melhor concilie outros valores que hão de ser igualmente ponderados, como a construção de consenso em torno da hipótese problemática e da escolha aventada, a otimização dos custos envolvidos nessa mesma atividade de superação dos impasses[167], a harmonização entre os agentes envolvidos não só na sua formulação como também na sua execução em concreto etc. etc.[168] A partir desse conceito, os autores admitem que, por ocasião da interpretação (legal, ou especialmente, constitucional) é possível que a solução a ser adotada deva ser não a determinada pelo purismo teórico ou pelas soluções que consideram a temática no seu plano máximo de abstração — conduta que padece muitas vezes de "...*institutional blindness...*" — mas sim aquela ditada pela inspiração institucionalista, que ainda que conduza à *second-best*

---

167 A referência a custo — expressão que normalmente determina um recuo de suspeita em relação aos estudiosos do Direito — em verdade se dá em uma dimensão maior do que o custo financeiro, compreendendo em verdade o custo social decorrente de uma eventual futura intervenção corretiva de parte do Legislativo, por exemplo, para superar (pela edição de lei nova) um equívoco jurisdicional de construção exegética, ou ainda, o custo também social da provocação de um dissenso no seio da sociedade tendo em consideração uma decisão afastada dos anseios ou princípios retores, ou consensuados nessa mesma coletividade.

168 O tema de alternativas secundárias em verdade ocupa às cogitações de SUNSTEIN, sendo de se apontar seu texto, em co-autoria com ULLMANN-MARGALIT relacionado às *second-order decisions*, em que se demonstra que, dado às dificuldades — técnicas, humanas, políticas — e custos (também estes, de várias dimensões) envolvidos em todo processo decisório, muitas vezes se elegem mecanismos, procedimentos de concretização de decisões que, ainda que não conduzam à solução 100% ótima, se põem ainda como preferíveis numa relação de custo x benefício para a sociedade como um todo. (SUNSTEIN e ULLMANN-MARGALIT, 1999).

solution, pode se demonstrar mais efetiva e adequada, do ponto de vista concreto, ao interesse da sociedade como um todo.

Isso significa dizer, em verdade, que a consideração da vertente institucional pode conduzir, em cada situação em concreto, a uma alternativa de utilização de critério de interpretação distinta; afastando-se portanto o debate do tema qual seja "a" melhor técnica no terreno de interpretação constitucional — eis que não há como se estabelecer aprioristicamente uma supremacia da técnica "a" sobre a "b" — para a identificação de, dadas as circunstâncias do caso e a dinâmica interinstitucional, qual seja a melhor aplicável *à hipótese* de que se cuida.

Observe-se que, na construção de SUNSTEIN e VERMEULE, *a visão institucionalista não é em si uma técnica de interpretação, mas antecede a eleição de qual seja a técnica que se possa/deva utilizar* — mais do que anteceder, em verdade ela a justifica, e em bases sólidas (a visão institucional na matéria), e não na eleição preferencial por parte do teórico de plantão. É a consciência, portanto, dos limites que se ponham às instituições que empreendem à interpretação constitucional, e a sensibilidade à dinâmica que a sua formulação deflagra, posteriormente, entre outras instituições, que determinará uma escolha fundada em adequação. Avaliando a sempre atual polêmica entre critérios mais ou menos formalistas de interpretação, SUNSTEIN e VERMEULE sustentam que:

> ...formalismo não pode ser justificado (ou rechaçado) por um apelo a princípios constitucionais auto-evidentes, à natureza da democracia ou do processo legislativo, ou por uma definição de lei. Em contrapartida, todavia, formalismo como uma estratégia de formulação de decisões em interpretação jurídica, ou para esse

mesmo tema em qualquer outro campo, pode ser justificado ou afastado (somente) tendo por base uma visão prospectiva das conseqüências das alternativas que com ele concorrem. ... O campo correto para opor-se ao formalismo é que o antiformalismo produzirá melhores conseqüências para o direito que o formalismo.[169]

Importante para avaliar a proposta de SUNSTEIN e VERMEULE, recordar que a gênese do institucionalismo — ao menos, no sentido conferido pelo autores até o momento mencionados — está em trazer para o cenário de formulação e aplicação da interpretação constitucional, agentes que de alguma forma subordinam se não a sua construção, ao menos a sua aplicação, e que por isso hão de estar envolvidos nesses esforços. Se esse é o fundamento, indispensável a consideração das habilidades de cada agente para co-participar do processo de interpretação: uma diagnose comprometida com a realidade institucional pode

---

169 SUNSTEIN e VERMEULE (2003a:921-922). O tema da eventual adoção do critério formal como *second best solution* em matéria de interpretação é argumento que se põe por diversas vezes ao longo do texto — o que valeu, de outro lado, na contradita empreendida por POSNER (2003) a crítica de que a construção em verdade se destinava a uma defesa das soluções formalistas de interpretação. O debate não se encerrou com a publicação dos dois textos, tendo merecido ainda a réplica empreendida ainda por SUNSTEIN e VERMEULE (2003b), na qual, reiterando as conclusões anteriores, os autores esclarecem que, embora se possa eventualmente apontar dentre os teóricos do tema de interpretação constitucional, a referência à interseção entre as diversas instituições se faz sempre "... tendo em conta uma visão assimétrica, que vê um tipo de instituição — normalmente, as legislaturas, através de lentes realistas, enquanto vê às demais, usualmente cortes, em termos utópicos. (...*adopting an asymmetrical account that views one type of institution, usually legislatures, through a realist lens, while viewing others, usually courts, in utopian terms.*)

apontar os limites do próprio Judiciário como um importante elemento de constrição no caminho da eleição de uma interpretação constitucional ótima. Mais ainda, o potencial de reação de cada qual das instituições tendo em conta o resultado alcançado diz muito da possível efetividade da interpretação constitucional empreendida, que, por princípio, não deve ser instrumento de potencialização de conflitos, mas sim, ao contrário, de sua prevenção ou superação[170].

Ainda na linha da consideração do institucionalismo como um parâmetro de validação da técnica de interpretação a ser aplicada a cada hipótese, POSNER (2003:952) — em verdade, na réplica oferecida ao texto de SUNSTEIN e VERMEULE, no qual sustenta que seus pontos de vista contém linhas de aproximação — aduz ainda outras características próprias do xadrez institucional que devam ser consideradas por ocasião da busca do significado constitucional, a saber, as conseqüências da decisão em curso numa demanda, não só tendo em consideração o caso concreto, mas também seus efeitos sistêmicos, assim entendidos como "...*conseqüências para o próprio sistema decisório, como por exemplo, a deterioração da previsibilidade legal...*[171]". Desnecessário reforçar a excepcional importân-

---

170 Observe-se que essa proposta não guarda relação com a idéia de que princípios próprios devam orientar a interpretação constitucional — intelecção que conduz em verdade a uma espécie de subordinação finalística da interpretação. Aqui, em verdade, o elemento é de visão prospectiva em relação ao resultado da interpretação; considerar seus efeitos antes da formulação, para que essa última, ainda que do ponto de vista teórico, sustentável, não caia, no plano do concreto no vazio, eis que (por hipótese) inacessível à compreensão por parte das instituições que a devem executar.

171 " *a consequence for the adjudicative system itself, for example the undermining of legal predictability*". Em verdade, essa segunda verten-

cia, do ponto de vista de segurança jurídica — característica inafastável do Estado Democrático de Direito — da preservação desse elemento de previsibilidade.

Seja na aproximação de SUNSTEIN e VERMEULE, seja na de POSNER, fato é que embora se tenha a presença do institucionalismo como fator determinante do *iter* a ser percorrido na interpretação, a cogitação se volta mais para os efeitos que a decisão em processo possa deitar sobre as demais instituições, razão pela qual parece não ser incorreta a referência a uma abordagem *conseqüencialista*.

3.4. UMA SEGUNDA VIA DE APROXIMAÇÃO: INSTITUCIONALISMO COMO ELEMENTO DE FORMULAÇÃO DE UMA TEORIA CONSTITUCIONAL

A busca de conciliação entre instituições existentes, instituições ideais e teoria constitucional, todavia, não se esgota nas teses que localizam o tema no terreno da interpretação — seja como técnica, seja como elemento condicionante da escolha da técnica mais adequada. Ao contrário, mais recentemente ganham força autores que trazem a importância do institucionalismo para o campo ainda mais relevante, de *interferência* no próprio processo de construção de uma teoria constitucional[172]. Assim, em vez de se buscar com-

---

te de considerações — as conseqüências da decisão do ponto de vista do sistema — completariam o dualismo desenhado por POSNER (conseqüências para o caso sob exame, *the case at hand*, e aquelas para o sistema, *systemic consequences*) em sua proposta pragmática.

172 Podemos usar, para prosseguimento no desenvolvimento do tema, o conceito de teoria constitucional de PERRY (1991:241-268), segundo o qual uma teoria constitucional nada mais constitui do que uma linha de argumentação que pretende justificar ou revisar um particular

preender qual o papel das instituições na extração do conteúdo de sentido de uma constituição que preexiste e se vem a interpretar; o que se propõe é a assumir como verdade que essas mesmas instituições, mais do que iluminar a interpretação, *definem o conteúdo constitucional*, quando se tem em consideração que o Texto Magno é vivo e evolui com o tempo. Mais do que elementos de subordinação do processo hermenêutico, as instituições passam a ser vistas como elementos ativos de construção do próprio significado constitucional — GRIFFIN (1996:2158) chega mesmo a sustentar que "...a melhor definição descritiva da constituição oferecida até o momento é a de que 'é uma *prática institucional baseada em um texto*, na qual intérpretes revestidos de autoridade podem criar novas normas constitucionais." (O grifo não é do original).

Credite-se a ACKERMAN (1993), em sua obra de referência — *We The People: Foundations* —, a pioneira formulação teórica que admitia a transformação do conteúdo da constituição norte-americana. Afinal, a tese de que, dada a longevidade do texto escrito, se pudesse ter por imutável a constituição enquanto instrumento de organização do Estado e de proposta de destinos à sociedade que ela rege, se convertera já em uma verdadeira figura de retórica que, crendo homenagear a Carta de 1789, em verdade negava seu principal mérito, que é a capacidade de, mediante um processo natural de evolução de compreensão de um instrumento dessa natureza, manter-se atual e suficiente à regulação de uma das nações de maior importância no mundo[173]. Pois bem, supera ACKERMAN a retórica da

---

estilo de discurso constitucional — e quando se cogita de discurso constitucional, nisso se compreendem os papéis desenvolvidos por cada qual das instituições ali traçadas.

173 A tensão entre texto, como elemento assecuratório da observância

imutabilidade do texto constitucional, adotando o conceito de democracia dualista, segundo o qual os mecanismos de formulação de decisão se distinguiam por sua titularidade: o povo americano ou seus governantes. Aos últimos se reconhecia a decisão diária, materializadora do chamado *normal lawmaking* (ACKERMAN 1993:6). Já ao primeiro se conferia a elaboração da *higher law*, creditada a momentos de grande mobilização nacional, em que se dariam as transformações radicais operadas na ordem constitucional americana, apontando essa mesma mobilização — catalisadora de especial atenção do povo americano — como o elemento legitimador dessas mudanças de ordem constitucional[174]. A construção não pode ser qualificada propriamente como institucionalismo, na medida em que a gênese da nova ordem, segundo aquele autor, se credita ao soberano americano — o povo — e não a seus representantes — as instituições[175]. De toda forma, é indiscutível que sua abordagem, a par de abrir caminho para as formulações teóricas que admitem a mudança na ordem constitucional estadunidense, já aponta que é a experimentação pela sociedade das dificuldades próprias ao convívio em comum e à superação dos conflitos que poderá apontar *turning points* à trajetória da constituição.

---

dos limites ao exercício do poder cogitados pelos *father founders*; e de outro lado, a pretensão de permanência da moldura constitucional, segundo GRIFFIN (1996:2149), era já presente nos trabalhos desenvolvidos ao longo da Convenção da Filadélfia.

174 O tema foi tratado com maior extensão no Capítulo 1 da presente obra.

175 Emprega-se aqui o termo *representante* não são só para indicar os agentes políticos em sentido estrito, no modelo de democracia representativa, mas sim todo agente público que, detentor de parcela de competência que compreenda a tutela do interesse público, representa — em última análise — a sociedade.

Inspirado pela obra de ACKERMAN, mas introduzindo uma outra abordagem sobre o tema, desponta TUSHNET (2003), com sua compreensão de que o processo de modificação da ordem constitucional então vigente não pode ser entendido como dado em um momento isolado no tempo. Ao contrário, é de se ter por verdade que as mudanças constitucionais decorrem de um processo de convencimento da sociedade americana — mais ou menos explícito — da necessidade de novas práticas, novo tratamento de matérias de *status* constitucional, sem o que se teria por insuperável o argumento de *déficit* de legitimidade. E se isso assim o é, se o processo é paulatino e decorre do dia-a-dia da sociedade, por certo o terreno fértil para a sua manifestação são as instituições incumbidas de promover essa mesma organização social. Importante destacar que essa construção guarda plena harmonia — o que reforça a tendência interdisciplinar, superadora do isolacionismo do direito atual — com a visão própria do terreno das ciências sociais, a quem nenhum espanto causa a percepção de que as instituições não se tenham por feitas e acabadas, mas que, ao contrário, desenvolvam-se com o tempo[176].

---

176 *"En lugar de hablar de las instituciones como de entidades definidas, constantes e independientes, acaso sería más provechoso hablar del processo de institucionalización y considerar esta como um processo de cristalización contínua de vários tipos de normas, de organizaciones y de esquemas reguladores de los procedimientos de intercâmbio de los diversos bienes. Semejante institucionalización no es, desde luego, fortuita ni puramente accidental; pero tampoco es fija e imutable. Los processos de institucionalización siempre se desvían de los respectivos puntos de partida prefijados (que vienen dados por sus caracterísitcas estructurales medulares) y de las concretas estructuras organizacionales en la situación precedente; así, pues, crean las condiciones para su propria transformación.*
(... omissis ...) La institucionalización de formas y pautas concretas incluye la aparición de nuevos tipos de bienes "institucionales" impor-

O processo indicado por TUSHNET, ensejador do nascimento de nova ordem constitucional, aponta como elementos caracterizadores dessa nova ordem uma renovação de seus princípios orientadores, combinados com peculiares arranjos institucionais. São as mudanças no modo de relacionamento das instituições, iluminadas por princípios norteadores próprios daquela ordem constitucional que em verdade determinam o comportamento das primeiras, traduzem uma nova dinâmica social que necessariamente deita efeitos no conteúdo constitucional (TUSHNET 2003:8). Uma maior expansão ou retração de um determinando segmento institucional — e o autor, em sua obra, enfatiza, por exemplo, a linha minimalista que a Suprema Corte vem adotando mais recentemente, diminuindo com isso seu próprio papel como elemento atualizador do conteúdo constitucional — determina decerto ou o fenômeno de sinais trocados em qualquer dos outros (ampliação, portanto, do espaço institucional dos demais poderes), ou a criação de um vácuo de poder e atuação, tudo isso com o correspondente deslocamento de competências e peso na condução da política constitucional.

O exemplo é significativo e, por isso, merece um pouco mais de detalhamento. A expressão minimalismo, dada a seu uso na linguagem comum, pode induzir a uma compreensão equivocada, por isso, vale a explicitação de seu conteúdo. Leciona PERRY (1994:54) que, no campo constitucional, esse fenômeno pode se manifestar em duas distintas vertentes: o minimalismo interpretativista, que incide como política ou como *práxis*, sobre a definição de qual seja o papel adequado da Suprema Corte como intérprete da constituição; e o minimalismo normativista, que atua

---

tantes y la cristalización de diversas normas y tasas de intercâmbio." (Enciclopédia Internacional de Las Ciencias Sociales, 1979:89).

sobre a compreensão do papel desse mesmo órgão jurisdicional no terreno da especificação das indeterminações contidas no Texto Magno. Normalmente, a referência a minimalismo é tida por relacionada com uma limitação no atuar da jurisdição constitucional, freqüentemente associada ao originalismo. É ainda de PERRY (1994:28), todavia, a demonstração de que embora se possa entender que uma aproximação originalista deite efeitos sobre o prisma do minimalismo interpretativista, na medida em que ele se relaciona à investigação acerca de qual a diretiva ou diretivas que um preceito particular da constituição representa ("*...what directive or directives a particular provision of the constitutional text represents...*"), disso não se pode extrair a conclusão de que no campo normativista haja também uma necessária subordinação à densificação das determinações constitucionais pela busca do *original intent* (PERRY, 1994:83).

Trazem-se essas considerações tão-somente para demonstrar que, nos exatos termos em que sustenta TUSHNET, a opção mais recente da Corte Suprema pelo minimalismo decisório — e minimalismo em suas duas vertentes: interpretativista e normativista — traduz em verdade uma opção institucional, e não um imperativo teórico decorrente, por hipótese, de uma temporária preponderância de uma abordagem originalista. Ao contrário, minimalismo decisório em sua vertente normativista implica, efetivamente, em abdicação de um espaço político de decisão da corte e, portanto, em ampliação da arena em que se movimentam os demais poderes.

Retomando o tema da mudança constitucional em seu espectro mais amplo, é de se reconhecer que há no processo que a materializa um elemento ideológico, balizador — os "*...guiding principles...*" — determinante do elemento concreto, a saber, o *modus* de materialização das relações interinstitucionais[177]. As ilustrações à tese propostas pelo autor são diversificadas, e significativas.

No plano do Executivo, a quebra da necessária vinculação exclusiva às iniciativas de uma determinada plataforma partidária, com a possibilidade de incorporação a um governo, de programas havidos por um anterior — eventualmente, até de oposição — e a imperiosidade de uma linha maior de negociação com o Legislativo, pelo fracionamento de poder praticado mais recentemente pela sociedade americana (que tem negado a constituição de esmagadoras maiorias transpassando aos poderes); ambas são variáveis que por certo mudam significativamente o padrão de exercício por essa instituição, das funções que lhe são próprias.

No terreno do Legislativo, as dificuldades de formação de maiorias destinadas à aprovação de medidas de maior cunho de inovação levam a uma atuação mais limitada, e sujeita — portanto — aos mecanismos de conciliação que muitas vezes exigem o transpasse dessa própria esfera de poder.

Ao Judiciário, por sua vez, impõe-se refletir esse próprio padrão de mudança no *modus operandi* e nas relações entre Executivo e Legislativo, a par de gerir as modificações próprias à sua esfera de atuação. Assim, a um Legislativo necessariamente mais cauteloso na formulação legislativa, tem correspondido, em especial no terreno da jurisdi-

---

177 Assim sumaria TUSHNET (2003:19) o desenho da corrente ordem constitucional: "... *the new constitutional order consists of a public that does not participate in politics and weak parties but highly partisan institutions in a divided government.*" Também é de TUSHNET (2003:25) a afirmação de que esse mesmo quadro de governo dividido e a dificuldade na formulação de consenso em torno de programas políticos de longo alcance têm por conseqüência uma redução generalizada das aspirações constitucionais, numa nova ordem pautada pela mínima intervenção.

ção constitucional, uma postura igualmente mais conservadora, que se traduz no minimalismo em sua dupla vertente já mencionada; no apego cada vez maior ao elemento de estabilidade traduzido pela regra do precedente; na redução, enfim, do alcance das decisões formuladas, uma vez que o não-alcance de consenso político em temas de maior envergadura deve apontar como um elemento de subordinação de um comportamento mais ativista de parte do Judiciário. Tal conjunto de circunstâncias pode vir a gerar — e essa é uma das advertências do autor — uma espécie de debilitação nos efeitos de guarda, pela Corte Suprema, da própria constituição. Sim, porque subordinada ao desempenho dos demais poderes pela diminuição da sua própria esfera de livre decisão (cada vez mais limitados a uma atuação decorrente de penosa conciliação de interesses institucionais), restaria à jurisdição constitucional desenvolver a função que lhe é própria, nas palavras de PERRY (1994:204) "... participando no desenvolvimento da tradição [constitucional] servindo uma função criativa e constitutiva." Uma posição não-intervencionista, a título de prudência do Judiciário, deixa de lado uma tarefa que lhe é própria de, sob inspiração do passado, construir constituição, tendo os pés no presente e a visão no futuro[178].

Têm-se então o institucionalismo em sua expressão, por assim dizer, substantiva: o novo desenho das instituições determinando uma nova conformação da constituição, *the ultimate state of the law* — e não simplesmente influindo no processo de interpretação. E essa mudança no conteúdo constitucional em verdade se manifesta em duplo aspecto: primeiro, diretamente no papel de cada qual das instituições desenhadas; e segundo, no resultado da atuação delas mesmas, ou seja, na formação e implementação

---

[178] PERRY (1994:204).

das opções políticas que, pela própria repartição constitucional, lhes caiba. Destaque-se que o peso maior atribuído na visão de TUSHNET ao institucionalismo é, numa perspectiva, por assim dizer, ***relacional***: o *modus* pelo qual os jogos de poder se desenvolvem entre as instituições deitam efeitos na constituição, promovendo-se gradualmente as mudanças, na mesma medida em que os resultados desses mesmos jogos de poder se fazem sentir.

O tema da constrição efetuada pelo jogo interinstitucional até mesmo da atuação jurisdicional de definição do conteúdo constitucional não passou despercebido tampouco por EPSTEIN e WALKER, que já advertem que recentemente o próprio processo de formulação da decisão judicial, como instrumento de formulação de política constitucional, tem sido limitado pela perspectiva dos demais atores do cenário político: "... se os juízes da Suprema Corte desejam gerar políticas duradouras, eles devem estar atentos às preferências das instituições eleitas e às ações que elas esperam deles...[179]".

Ainda nesse mesmo plano fenomênico, HIRSCHL (2004) denuncia por trás das relações institucionais, apontadas por TUSHNET como causadoras de mudanças constitucionais, a ação de forças políticas hegemônicas que buscam, por meio da redefinição dos jogos de competência e da constitucionalização de direitos, a preservação de um âmbito de poder que antes detinham, e que possa se ver ameaçado por eventuais revezamentos na titularidade formal desse mesmo poder. A tese se traça a partir de uma abordagem mais pragmática, que assume que a explicação mais plausível para a intensificação do processo de consti-

---

[179] "*if the justices want to generate enduring policy, they must be attentive to the preferences of the elected institutions and the actions they expect them to take.*" EPSTEIN e WALKER (2004:119).

tucionalização — associado ao incremento da importância da *judicial review* — está em um interesse particular das forças políticas, econômicas e mesmo do mundo jurídico, em promover a iniciativa da mudança, ou abster-se de impedi-la:

> ...atores políticos que voluntariamente estabelecem instituições (como as constituições ou o *judicial review*) que surgem para limitar sua flexibilidade institucional podem assumir que o bater de suas asas sob a nova estrutura institucional será compensado pelos limites que elas [as instituições criadas] imporão sobre os políticos rivais (HIRSCHL, 2004:85-86).[180]

Também na ótica de HIRSCHL portanto, as instituições têm um papel determinante no desenho do conteúdo constitucional, na medida em que o espaço institucional não se constitui em um dado de realidade, mas em uma construção. Seus argumentos, todavia, são de advertência, na medida em que o autor sustenta que o rumo até o momento conferido ao desenvolvimento do conteúdo e do significado constitucional — com o *empowerment* do *judicial review*, e com a crescente constitucionalização dos direitos — tem servido a interesses das forças hegemônicas, em verdadeira apropriação indevida da retórica do desiderato de realização de justiça social.[181]

---

180 "*political actors who voluntarily establish institutions that appear to limit theirs institutional flexibility (such as constitutions and judicial review) may assume that the clipping of their wings under the new institutional structure will be compensated for by the limits it might impose on rival political elements.*"

181 "*...While most existing theories of constitutional transformation focus on universal or organic macroexplanations for this increasingly com-*

Importante o contraponto empreendido por HIRSCHL, num quadro de construções teóricas que opera com uma lógica segundo a qual a interseção institucionalista possa traduzir sempre, ou primordialmente, a interesses do conjunto social, representado por suas instituições. Em verdade, a apropriação no plano do real desses veículos de exercício do poder por outras instâncias que não essa figura mística do "*We the people*" é de ser uma alternativa a ser explorada no plano crítico, sem o que pode se verificar um indesejável distanciamento entre teoria e prática.

Ainda no terreno do institucionalismo enquanto elemento determinante do conteúdo mesmo da constituição, uma vertente que associa aos elementos de compreensão do papel das instituições a importância de um corte temporal mais profundo é a apresentada por GRIFFIN, que na crônica de sua produção acadêmica, vinha apontando as deficiências já sentidas em relação à teoria constitucional até então aplicável no cenário norte-americano, propondo em especial que o diálogo se dê em uma perspectiva que abra, dentre outras mudanças, espaço para a interdisciplinariedade, e para o lançar os olhos para além das práticas da própria Suprema Corte[182].

---

mon phenomenon, a realist approach to constitutionalization emphasizes human agency and specific political incentives as the major determinants of judicial empowerment. Such an approach suggests that the expansion of judicial power through the constitutionalization of rights and establishment of judicial review reflects appropriation of the rhetoric of social justice by threatened elites to bolster their own position in the ongoing political struggles of a specific polity." (HIRSCHL, 2004:98).

182 Recomenda-se a leitura do artigo "*What is constitutional theory? The newer theory and the decline of the learned tradition.*", em que GRIFFIN aponta os traços da tradição de teoria constitucional americana (voltada especialmente para uma espécie de "diálogo" com a corte, e portanto, tendo em linha de frente de consideração às decisões por

Evoluindo nessa crítica à teoria constitucional até então vigente e aplicada — como aliás noticiado no Capítulo 1 desta obra —, GRIFFIN (1999), a partir da afirmação de que uma visão histórica do trajeto das instituições políticas americanas demonstrará facilmente que as mudanças constitucionais não decorreram tão-somente do processo formal de emenda a partir do *Article V* (em franco desuso nos Estados Unidos); tampouco da atuação da Suprema Corte. Se é assim, tem-se por claro que também os demais poderes, por sua atuação própria, concorrem para um resultado que implique em mudança de paradigma constitucional, assim entendidas como as continuidades e descontinuidades que as estruturas institucionais e as capacidades do Estado criadas pela constituição desenvolveram ao longo do tempo. Se essa percepção se identifica a partir de uma visão histórica, tem-se então que o tema do institucionalismo há de ser considerado sob esse mesmo prisma **historicista** — e aqui se distancia do ponto de vista de TUSHNET, que como se denominou acima, analisava o tema sob o prisma relacional.[183]

---

ela prolatadas e as práticas próprias de juízes e advogados, que definem a racionalidade que ali normalmente se aplica); e propõe uma redefinição dessa mesma moldura, numa proposta de reaproximação do meio acadêmico — como artesão de uma nova teoria constitucional — com o Judiciário, trazendo-se em benefício do último as características do primeiro (multiplicidade de recursos — tempo, pessoal, ambiência dialética — facilitadores do aprofundamento do estudo, isenção na formulação teórica, possibilidade de formulação de relações interdisciplinares que possam enriquecer o estudo do direito).

183 Se é certo que o historicismo possui um aspecto relacional, não é menos certo que ele se dá em sentido distinto daquele que TUSHNET investiga. A visão de GRIFFIN tem o percurso histórico em mente, e a de TUSHNET tem, mais propriamente, o *modus* de relação do momento. São, portanto, abordagens distintas.

Importante — para ampliar o quadro teórico que se relata — o registro de VERMEULE (2004) em significativo estudo sobre o "conflito" entre emendas e a prática do *constitutional common law* como instrumentos adequados à superação do risco de obsolescência constitucional. Tal *working paper* reconhece que as mudanças constitucionais se possam verificar fora do terreno do *Article V*, e que muitas das vezes isso se dá também a partir de "*...nonjudicial actors...*", especialmente quando se cogita de modificações relacionadas à estrutura de governo, expressão utilizada em oposição à garantia de direitos (VERMEULE 2004:40-41), exemplificando com o crescimento do modelo de prática administrativa do Estado e o desenvolvimento do poder presidencial no século XX.

Inobstante o reconhecimento dessa possibilidade — de que instituições, em particular as não-jurisdicionais, possam dar origem à mudança constitucional — VERMEULE se posiciona dentre aqueles que vêem todavia o aval comissivo (a pronúncia consagradora da prática institucional constitucionalmente inovadora) do Judiciário como um importante elemento de superação de eventual insegurança em tema tão sensível quanto o do conteúdo constitucional.

Retomando o argumento de GRIFFIN — e, na verdade, reforçando-o —, vale trazer à consideração o relato histórico de CURRIE (1998) acerca das abertas tentativas de parte dos poderes Executivo e Legislativo de construção de conteúdo de garantias constitucionais — em particular, da independência do Poder Judiciário — em momentos históricos de mudança de poder ocorridos nos EUA. O exemplo é rico, não só no que toca às providências em concreto pretendidas/autorizadas pela constituição — que variaram da admissibilidade da extinção pelo Congresso de órgãos do Poder Judiciário (com a conseqüente dispensa dos juízes correspondentes) ao *impeachment* de magistrados — como também tendo em consideração as causas determinantes desse esforço de redefinição dos limites de cada instituição no mister de construção do sentido constitucional[184].

Utiliza-se GRIFFIN de uma distinção entre a chamada constituição jurídica e constituição política; duas dimensões distintas da ordem político-social regedora da sociedade americana[185], cada qual delas, terreno próprio de uma determinada espécie de atuação. Essa distinção tem suas origens igualmente históricas, e se relaciona ao imperativo que enfrentaram os norte-americanos de conferir efetividade a um texto escrito, vindos (como eram) de uma cultura de *common law*. A saída, segundo GRIFFIN (1996: 2131-2132) foi o empreender-se à chamada "legalização" da constituição, que nada mais é do que buscar a garantia de sua efetividade na entrega do controle de sua observância a um agente neu-

---

184 À época, a alternância de poder fruto da eleição retirara do poder os chamados "federalistas" que, determinados a não se verem excluídos do jogo político, empreenderam a uma ampliação da rede de cortes intermediárias, apontando para sua composição juízes de sua confiança. Dessa circunstância histórica, duas observações relevantes podem defluir: a primeira delas aponta o próprio reconhecimento da importância política das cortes (que poderiam funcionar como um contraponto num momento de mudança das forças políticas no comando do país); e a segunda delas, como a via da definição do conteúdo constitucional pode implicar um novo modelo de forças entre os "poderes" — mudança constitucional, sem qualquer modificação textual.

185 Essa distinção, curiosamente, é presente também no direito inglês, em que DICEY (1982:CXLI) identifica no gênero *constitutional law* as espécies *law of the constitution*, correspondente àquilo que GRIFFIN denomina constituição jurídica; e *conventions of the constitution*, que consistiram em máximas e práticas que, embora regulem a conduta ordinária das instâncias de poder ali existentes, não se contém em norma formal de qualquer natureza.

tro, a saber, o Poder Judiciário. Com isso — de vez que a atuação do Judiciário por sua vez pressupõe uma determinada lógica, e elementos que são próprios do raciocínio jurídico — restará um determinado segmento de conflitos que não serão suscetíveis de composição segundo a lógica jurisdicional: o terreno puro da política.

O plano da constituição jurídica, por óbvio, é aquele em que as mudanças se dão pelos caminhos formais e tradicionalmente conhecidos, do procedimento de emenda, ou de fixação de compreensão pela Suprema Corte — é aquele totalmente contido na lógica ordinária da juridicidade estrita. Já no terreno da constituição política, próprio dos influxos determinados pelos imperativos de atuação mais ativa de um Estado — seja no sentido estrito, do ativismo da época do *New Deal*, seja no sentido mais amplo da expressão, que hoje se exige de uma entidade política que pretenda preservar sua significação no cenário político e econômico mundial —, os mecanismos de modificação hão de ser outros, eis que não se pode subordinar sua trajetória aos procedimentos e ao *timing* dos mecanismos tradicionais já mencionados. Tais mudanças na chamada constituição política, portanto, se verificam por provocação dos poderes políticos, que por sua vez eventualmente buscam — como elemento de justificação/legitimação — a formação daquilo que o autor denomina *constitutional convention*, que nada mais é do que o envolvimento e aprovação das elites e do público em geral aos novos rumos propostos à ordem constitucional nacional[186].

---

186 Observe-se aqui alguma aproximação entre as visões de GRIFFIN e VERMEULE no que toca à necessária complementação da inovação institucional com um elemento legitimador, sendo certo um traço ainda mais conservador de parte do último, na medida em que não dispen-

É do próprio GRIFFIN a referência ao fato de que um argumento contrário comumente oferecido à visão do institucionalismo como determinante de uma formulação mesmo de teoria constitucional é o de que tal construção teórica é muito "Estado-centrada", ou seja, gravita em torno do papel do Estado na definição do conteúdo constitucional. Em resposta, afirma que a centralidade do Estado enquanto arena da solução de conflitos é da natureza das coisas num Estado Democrático de Direito, não sendo, ao contrário, razoável afastar-se um dado empírico que é real, na busca de construção de um modelo teórico que soe menos voltado para o papel do Estado como formulador de políticas.

Seguindo adiante, já se mencionou que o modelo de desenho institucional americano faz da determinação das políticas uma tarefa coletiva, a envolver a todos os poderes. Se isso assim se dá, é indispensável reconhecer que o processo de mudança da constituição possa se dar tanto pela via das decisões da Suprema Corte — em que o Judiciário capitanearia a tarefa — como pelo caminho da emenda; mas também por outros métodos que permitissem aos Poderes Executivo e Legislativo a proposta da formação do consenso constitucional. É a posição externada por GRIFFIN[187], em texto que, por suas conclusões, merece transcrição:

---

sa a intervenção jurisdicional, tradicionalmente tida como mecanismo hábil à conformação do conteúdo constitucional pela via do *judicial review*.

187 *"the theory of constitutional change offered in this essay suggests that in an important respect, constitutionalism as the founding generation understood it is incompatible with the modern regulatory-welfare state. The founding generation expected that the federal government would be one of enumerated powers only. At least some of them believed that all branches of Government, not just the Supreme Court, should*

A teoria de mudança constitucional oferecida nesse ensaio sugere que, em um importante aspecto, o constitucionalismo como a geração fundadora o entendia é incompatível com o moderno Estado regulatório — de bem-estar. A geração fundadora esperava que o Estado federal fosse tão-somente um dos poderes enumerados. Pelo menos alguns deles acreditavam que todos os poderes do Estado, não somente a Suprema Corte, devessem interpretar a constituição de forma a garantir efetividade a seus preceitos. Mas estabelecer uma constituição legalizada exige que a corte tenha monopólio do poder em cuidar de interpretações jurídicas da constituição. Se a corte declara uma ação de Estado constitucional ou não, isso deve ser tomado como a última palavra no sentido jurídico. Isso significa que a idéia de constituição como uma lei maior, a ser fortalecida, só é preservada na medida em que a corte dê total efeito a todos os seus preceitos. Todavia, como eu observei acerca da discussão sobre o *New Deal*, a corte respondeu ao advento do moderno Estado democrático recusando-se a decidir temas cruciais relacionados ao poder constitucional. Isso significa que o poder estatal nessas

---

interpret the Constitution in order to give effect to its provisions. But establishing a legalized Constitution required the Court to have monopoly power on issuing legal interpretations of the Constitution. If the Court declares a government action constitutional or not, that is taken to be the last word in the legal sense. This means that the idea of the Constitution as an enforceable higher law is only preserved to the extent that the Court gives full effect to all of its provisions. Yet, as I observed in the discussion of the New Deal, the Court responded to the advent of the modern democratic state by refusing itself from deciding crucial issues of constitutional power. This means that government power in those areas is no longer subject to constitutional constraints, unless we think of the legislative and executive branches as willing to place principle checks on themselves." GRIFFIN (1996:2167-2168).

áreas estaria não mais sujeito a limitações constitucionais, a não ser que pensemos que os Poderes Legislativo e Executivo teriam interesse em pôr freios principiológicos neles mesmos.

Tal linha de raciocínio, embora conduzida ao extremo — mas não um extremo que não revele precedentes na história norte-americana —, está a demonstrar a aptidão dos demais poderes, co-autores no processo de formulação das políticas do Estado, de proporem mudanças no modelo de teoria constitucional, por vezes até com maior efetividade que os modelos tradicionais, na medida em que se sintam aptos a promover com mais velocidade o já mencionado consenso constitucional, que logre a mudança desejada. Observe-se que tudo isso se afirma, sob a premissa de que também esses poderes se entendam limitados na sua atuação pelo próprio cerne do Estado americano, traçado igualmente na constituição.

Pois bem. Admitido que uma visão histórica da evolução das instituições demonstra sejam elas igualmente responsáveis pelo traçado de um novo constitucionalismo — afinal, do ponto de vista teórico, constitucionalismo nada mais é do que a "... prática da política conforme as 'regras de jogo' que impõem limitações efetivas à ação do governo e de outras forças políticas..."[188] — tem-se então que essa descrição e avaliação resultante de uma análise histórico-institucionalista não cabe nos estreitos limites da interpretação, convertendo-se portanto num determinante dos traços teóricos da prática do constitucionalismo americano.

---

188 "... práctica de la política conforme a unas 'reglas del juego' que inponem limitaciones efectivas a la acción del gobierno y de otras fuerzas políticas..." ENCICLOPÉDIA INTERNACIONAL DE LAS CIENCIAS SOCIALES, Volume 3, p. 79.

Mais ainda, só essa visão institucional-determinante do conteúdo constitucional, no sentido de constituição política, permitirá a aceitação de fenômenos da história americana, como as mudanças introduzidas pelo *New Deal*, originárias justamente — com toda a fricção político-institucional que se deu em torno — do sucesso na formação dessa "convenção constitucional" entre Estado e povo.

Assinala ainda GRIFFIN que esse reconhecimento da importância na formatação de uma teoria constitucional americana, de suas próprias instituições, cria um caminho de alimentação e atualização do conteúdo de seu texto — que não se liberta dele, mas o realimenta. A intelecção ampliada de constituição proposta pelo autor, compreendendo a chamada constituição jurídica e a constituição política, permite trazer para o centro da própria identidade do Estado opções políticas que o hão de caracterizar — ativismo econômico ou social, papel nas relações exteriores, e outras opções se revestem de importância constitucional (ainda que não contempladas no texto) atraindo a indagação acerca de sua legitimidade.

A nova teoria constitucional, que congregue igualmente a dimensão política da constituição, reconhecendo sua origem, culmina por comprovar que o Estado Democrático de Direito assim se identifica porque, na sua construção, assumem — idêntica — relevância tanto a vertente de Direito (o texto constitucional) quanto a vertente democrática, como instrumento de controle das instituições perpetradoras das mudanças constitucionais, seja na sua dimensão jurídica, seja na dimensão política.

Importante, de outro lado, o dado trazido a partir de pesquisa empreendida por HOEKSTRA (2003:118), segundo o qual, inobstante essa possibilidade de criação no terreno da constituição política, o processo muitas das vezes não se esgota nesse plano institucional, eis que a Suprema Corte pode ser chamada a conferir legitimidade às práticas adotadas pelo Estado-ativo[189]. Verificada essa circunstância, ter-se-ia então um evento de mudança transitando da constituição política para a constituição jurídica, num movimento de circularidade que harmoniza, a um só tempo, a necessidade de conferir resposta rápida e eficaz aos novos desafios postos pela sociedade moderna ao Estado norte-americano, como também a importância de não se abrir mão do valor estabilidade, que sempre se revelou de capital importância para a cultura política americana. Mudança, portanto, pelos agentes de atuação política mais acentuada, e estabilidade por intermédio da integração da mudança à ordem formal, pelos mecanismos tradicionais de integração à ordem constitucional de novos desenhos.

3.5. SOBRE O INSTITUCIONALISMO E O CONSTITUCIONALISMO BRASILEIRO

Já se afirmou nesta obra que a discussão originária dos Estados Unidos apresenta, por certo, traços que a particularizam — todavia, nem por isso seria de se deixar de empreender ao exercício de sua transposição para outros modelos constitucionais. O momento é particularmente rico

---

189 Também aqui se nota o traço aproximativo com a posição defendida por VERMEULE (2004) no que toca à intervenção jurisdicional como elemento último no processo de mudança constitucional iniciado por outros atores. O que se vê é que, seja por medida de segurança jurídica — no sentido de formação de um estado de confiança protegida — seja por medida de legitimação pura e simples, a intervenção do Judiciário no "arremate" do processo de mudança constitucional ainda se põe como relevante, sendo ainda de se destacar o signo da supremacia de suas decisões — já estudado no Capítulo 2 da presente obra — que no direito estadunidense tem um colorido distinto do brasileiro.

— seja em reformatações institucionais, seja no repensar do papel e alcance de cada ordem constitucional — e desse mesmo fenômeno no particular universo da União Européia nos dá notícia o Capítulo 4, que dá seqüência ao volume. Não se poderia ter por encerrado, todavia, este capítulo sem que se lançassem algumas considerações acerca da visão institucionalista na formação de uma teoria constitucional construída, tendo em vista a realidade brasileira. Esse é o exercício que se busca fazer.

Não resta dúvida quanto à importância do reconhecimento, para a continuação dos estudos acerca do constitucionalismo brasileiro, de que o sistema normativo que se possa extrair da Carta de 1988 não há de ser descoberto como um mero exercício de abstração acadêmica, mas sim como um conjunto de condicionantes (positivos e negativos) à vida social e à atuação do Estado que se revistam do máximo de efetividade. E se isso assim o é, e se as condutas estatais se materializam por intermédio de suas instituições, não resta dúvida de que a lição americana no sentido da reflexão acerca do papel dessas nesse processo de viver constitucional há de ser considerada no modelo teórico brasileiro.

Dentre os benefícios próprios da mediação do institucionalismo no processo de compreensão do significado constitucional assinalados pelos autores percorridos, não resta dúvida de que de grande proveito no cenário do constitucionalismo brasileiro seria a contextualização, assim como o vezo conseqüencialista. Afinal, em momento histórico de intensa judicialização da política[190], o reconheci-

---

190 É de VIANNA (1999) a demonstração de que o desenho da Carta de 1988 no terreno da jurisdição constitucional, democratizando o acesso dessa discussão — em especial, pela via abstrata — determinou uma intensificação do processo de sindicabilização das normas, que, em última análise, nada mais é do que a transferência para o Poder Judiciá-

mento de que essa última se pratica com e através de instituições não se harmoniza com uma leitura que os limites constitucionais que não considerem essas mesmas variáveis.

No plano do conseqüencialismo, evidente que a sua consideração se compromete com o resultado da concretização constitucional — e a busca de efetividade é tarefa, sem sombra de dúvida, associada a resultado. Mais ainda, o institucionalismo conseqüencialista reconcilia os poderes com seus limites fáticos e com sua necessária interdependência[191], compreensão no Brasil que parece muito mais absorvida pelos Poderes Executivo e Legislativo — afeitos à negociação como elemento viabilizador do alcance dos objetivos pretendidos — do que pelo Poder Judiciário (e aqui, a referência é feita particularmente ao Supremo Tribunal Federal), que ainda afirma que sua atividade primordial seja estranha à política, como se possível fosse empreender ao controle de constitucionalidade sem considerar que a lei em si nada mais é do que um instrumento de expressão de uma opção de política pública...[192]

---

rio da análise das opções de políticas públicas empreendidas pela via normativa.

191 A prática mais recente tem demonstrado que, ao contrário, em nome de uma garantia de sua importância e permanência, as instituições buscam sua autonomia política, orçamentária e financeira, trajetória que culmina muitas vezes num isolamento autista, que parece mais afinado com a equívoca idéia de que o desenho institucional brasileiro seja o de separação de poderes — quando, na verdade, é de equilíbrio e harmonia, prática que pressupõe conhecimento, interação, disponibilidade para ouvir e agir de forma integrada.

192 Curiosamente, é esse mesmo Poder Judiciário que, de outro lado, reivindica tecnicamente a competência para empreender ao controle jurisdicional das políticas públicas, como recentemente se viu na decisão monocrática prolatada pelo Min. Celso de Mello na Argüição de Descumprimento de Preceito Fundamental nº 45/DF, em que se dis-

Quando se cogita das aproximações do institucionalismo que lhe creditam um papel de agente de mudança, efetivamente, do conteúdo da ordem constitucional, é certo que no cenário brasileiro o tema tem outra dimensão, na medida em que se tem em consideração que o processo de emenda constitucional é muito mais fácil, e de freqüente (demais até) utilização. Significa dizer que a mudança constitucional normalmente se dá no plano já da constituição jurídica — para usar a expressão de GRIFFIN —, não sendo necessário o recurso à concepção teórica de uma constituição política.

Aliás, é importante destacar, a mudança constitucional brasileira normalmente se dá diretamente no plano da constituição jurídica, porque não se vê, no mais das vezes, o consenso constitucional que permitiria localizá-la, ainda que inicialmente, no plano da constituição política. No par-

---

cutia a sindicabilidade de decisão relacionada à provisão pelo Governo Federal, de recursos orçamentários destinados aos programas de saúde. Destaque-se, pelo inusitado, que as fortes e inéditas, na crônica da Corte, afirmações contidas na ementa, se lançaram **em decisão monocrática, e em via de ação que, a rigor, perdera o objeto**. (*ARGÜIÇÃO DE DESCUMPRIMENTO DE PRECEITO FUNDAMENTAL. A questão da legitimidade constitucional do controle e da intervenção do poder judiciário em tema de implementação de políticas públicas, quando configurada hipótese de abusividade governamental. Dimensão política da jurisdição constitucional atribuída ao supremo tribunal federal. Inoponibilidade do arbítrio estatal à efetivação dos direitos sociais, econômicos e culturais. Caráter relativo da liberdade de conformação do legislador. Considerações em torno da cláusula da "reserva do possível". Necessidade de preservação, em favor dos indivíduos, da integridade e da intangibilidade do núcleo consubstanciador do "mínimo existencial". Viabilidade instrumental da argüição de descumprimento no processo de concretização das liberdades positivas (direitos constitucionais de segunda geração. Decisão disponível em http://www.stf.gov.br/processos/, consultado em 17 de agosto de 2004.)*

ticular, portanto, nosso processo é inverso: a proposta de modificação se inicia no plano da constituição jurídica, a partir da qual se constrói, se não o consenso quanto ao mérito, ao menos o consenso quanto à inexorabilidade das mudanças empreendidas — eis que formalizadas no texto[193].

Inobstante essa particularidade do sistema brasileiro, como já foi apontado na apresentação — que como já se disse, constitucionaliza formalmente as mudanças; sejam aquelas decorrentes efetivamente de novas propostas normativas, sejam aquelas fruto do labor interpretativo do Supremo Tribunal Federal[194] —, parece não restar dúvida seja útil a compreensão de que a mudança constitucional possa

---

193 Registre-se ainda que por vezes o dissenso social é tão intenso que, mesmo aprovada a emenda constitucional — e portanto empreendida a mudança pelo caminho formal —, a recusa social à solução proposta leva o tema de imediato à apreciação do Supremo Tribunal Federal pelo exercício do controle concentrado de constitucionalidade, como se deu, por exemplo, na recente Reforma Previdenciária empreendida pela Emenda Constitucional nº 41/03.

194 Observe-se que, no modelo brasileiro, a atuação do Supremo Tribunal Federal gera efeitos no texto constitucional, tanto de modificação corretiva do entendimento, como de modificação constitucional formal incorporadora de uma compreensão traçada pela corte em relação a um determinado dispositivo. No primeiro universo de hipóteses, por exemplo, a Emenda Constitucional nº 29, que autoriza a instituição de imposto sobre a propriedade predial e territorial urbana progressivo (Recurso Extraordinário nº 153.771/MG, Rel. Min. Moreira Alves, Tribunal Pleno, julgamento em 05/09/1997) — para afastar entendimento em sentido contrário formulado pela corte — e no grupo das incorporações explicitadoras (por assim dizer) a inclusão pela Emenda Constitucional n º 20 da regra que veda a acumulação de proventos de aposentadoria com vencimentos decorrentes da titularidade de cargos públicos, tema já decidido pela Corte Suprema nesse mesmo sentido (Recurso Extraordinário nº 163.204/SP, Rel. Min. Carlos Velloso, Tribunal Pleno, julgamento em 9/11/1994).

se operar por outros meios que não o da formalização da emenda. E isso se diz porque a compreensão dos limites e possibilidades de cada qual dos poderes — inclusive no que toca à indução de mudança constitucional — permite uma maior transparência e controle da atividade que eles desenvolvem.

Mais ainda, é de se reconhecer que há de ser associada à responsabilidade pela promoção da redução das desigualdades sociais, do desenvolvimento econômico, etc., etc., os mecanismos necessários ao alcance desses propósitos — e isso envolve por vezes (especialmente no caso brasileiro, com um texto constitucional tão analítico) a promoção da mudança constitucional.

Mesmo o Judiciário, por seu órgão de topo, beneficiar-se-ia dessa explicitação de sua competência política para promover a mudança constitucional, em importantíssimo papel de atualização da Carta de Base, contribuindo ainda para o fortalecimento do sentimento constitucional. As pronúncias quanto à (in)constitucionalidade de atos normativos ainda hoje se enunciam dentro de uma visão fantasiosa de que elas nada mais possam ou devam fazer do que constatar algo que sempre existira, sempre estivera presente no texto constitucional — uma espécie de originalismo tupiniquim — quando é sabido que constituição não é (nem pode ser) um fóssil cujas únicas revelações que possa trazer sejam aqueles dados que nele já se contivessem há milhares e milhares de anos...

Essa concepção ainda acanhada, apoiada em idéias como a de que à Corte Constitucional só se reserva o papel de legislador negativo, em verdade determina, ou a negação da jurisdição — em um sistema jurídico que a rigor, formalmente, não o permite — ou uma prestação jurisdicional despida de consistência interna ou com a prática do Supremo Tribunal Federal, nas hipóteses em que o apego à posição conservadora já mencionado agrediria de tal forma até mesmo o senso comum, que a corte se vê empurrada na direção de uma decisão mais arrojada, que então se dá sem o devido suporte teórico que a justifique, e justificando, em última análise, que a legitime.

A visão clara da natureza da função que eventualmente se desenvolve de mudança constitucional há de corresponder, de outro lado, à necessária contrapartida de legitimação, por uma fundamentação especialmente convincente, apta a gerar em favor também da proposta formulada pela corte, o chamado consenso constitucional.

Uma ponderação, todavia, cumpre apresentar em relação ao conceito proposto por GRIFFIN de uma nova teoria constitucional, que contemple o papel da instituições — numa visão historicista — na definição do conteúdo da Carta Fundamental: a construção do autor americano parte da premissa de que também esses poderes, que participam da elaboração da chamada constituição política, se sintam adstritos ao modelo principiológico básico do Texto[195]. As-

---

[195] *"Fortunately, all of these problems can be mitigated if a certain kind of politics prevails. If political actors treat the Constitution in a noninstrumental fashion as a guide to political action, then the Constitution can structure national politics. If substantial agreement exists on what the Constitution means, its general language will structure political controversy rather then become a part of it. If all the branches of government agree that one branch should have the final say in questions of constitutional interpretation, the enforcement of the Constitution is possible. The viability of the Constitution was thus dependent on a particular kind of politics."* (Afortunadamente, todos esse problemas podem ser mitigados se um certo tipo de política prevalecer. Se os atores políticos tratarem a constituição de uma forma não-instrumental, tendo-a como um guia para a ação política, então a constituição pode estruturar a política nacional. Se houver uma concordância substancial naquilo que a constituição signifique, sua linguagem geral irá estruturar

sim, o verdadeiro exercício democrático, associado às necessárias práticas da transparência, da *accountability*, da participação popular nos processos decisórios, todos eles hão de ter existência real como elementos legitimadores da atuação dos demais poderes na formulação da mudança constitucional. Sem isso, em verdade, a nova teoria da constituição pode se converter em um retorno a LASSALE (2001), conferindo-se uma cobertura teórica à prevalência dos fatores reais de poder.

---

a controvérsia política, em vez de se tornar parte dela. Se todos os poderes do Estado concordam que um deles deve ter a palavra final em questões de interpretação constitucional, a eficácia da constituição será possível. A viabilidade da constituição, portanto, depende de um tipo particular de política) GRIFFIN (1996:2128-2129).

CAPÍTULO 4

OS IMPASSES POLÍTICO-SOCIAIS E SUAS CONSEQÜÊNCIAS PARA A TEORIA DA MUDANÇA CONSTITUCIONAL EUROPÉIA

Igor de Abreu
Manuela Martins

4.1. O surgimento do Estado-Nação; 4.2. Trajetória histórica; 4.3. A construção da identidade nacional; 4.4. As Constituições na Europa central no período entre guerras; 4.5. A crise dos Estados nacionais das Europa central e oriental; 4.6. Revoluções e instabilidade dos Estados; 4.7. Os encargos econômicos e sociais; 4.8. As novas constituições; 4.8.1. Alemanha; 4.8.2. Áustria; 4.8.3. Polônia; 4.8.4. Tchecoslováquia; 4.8.5. Hungria; 4.9. Comparação entre os processos político-institucionais descritos; 4.10. A homogeneidade social da população como condição de uma democracia funcional; 4.11. A capacidade de resposta como condição funcional da democracia; 4.12. A tradição e a estabilidade das instituições políticas como condições funcionais da democracia; 4.13. Autodeterminação da democracia por meio do Direito Constitucional; 4.14. A organização dos poderes do Estado; 4.15. Poder Executivo — O Presidente da República e o Governo; 4.16. A racionalização do federalismo e o Estado Integral; 4.17. União Européia — Legitimação e Democracia; 4.18. A estrutura institucional da União Européia; 4.19. Construindo uma identidade; 4.20. Segurança e integração; 4.21. Estado constitucional democrático.

4.1. O SURGIMENTO DO ESTADO-NAÇÃO

Para a compreensão da perspectiva atual do constitucionalismo europeu, envolvendo não só a questão da presença da dicotomia *estabilidade* e *dinâmica* constitucionais, como também o surgimento de seu próprio projeto de constituição (2003/2004), deparamo-nos com a necessidade de delimitar o conceito de *Estado-nação*. Esta categoria resulta, naturalmente, de uma concepção de modernidade que sempre esteve no centro da reflexão em torno da construção da identidade nacional.

Não podemos esquecer do fato de que a promoção de um sentimento de ser parte em formações sociais com enquadramento político, que não o Estado-nação, remonta, por exemplo, já à época clássica da antiguidade. No entanto, só mais recentemente, na seqüência do processo de gradual de consolidação de um poder soberano de base democrática que se seguiu à Revolução Francesa (1789), é que o Estado-nação se impôs como unidade política e cultural por excelência da denominada modernidade.

Os processos históricos para o desenvolvimento dos Estados dentro dessa moldura de um conceito nacional variam de acordo com as comunidades que os criaram. POMER nos conta que um fator comum orientou esse desenvolvimento, *"um grupo social que conseguiu obter o poder"*[196]. Esse grupo podia ser econômico, religioso ou mili-

---

[196] POMER (1994:10).

tar. As nações, como as conhecemos hoje, são, por conseqüência, uma criação européia de poucos séculos atrás:

> ...em geral os autores concordam em que processos históricos muito específicos, que configuraram uma interação inédita de fatores igualmente inéditos, determinaram que os homens de algumas regiões da Europa ocidental rompam de forma paulatina o isolamento da comunidade local e passem a desenvolver-se ou a desenvolver suas vidas, num marco geográfico e social muito maior que o tradicional[197].

Apesar de ter recebido uma série de definições, a nação da forma como a denominamos hoje é um fenômeno novo dentro da história e, segundo os historiadores, mais recente do que o Estado[198]. E, para HOBSBAWM, "os últimos dois séculos da história humana do planeta Terra são incompreensíveis sem o entendimento do termo *nação* e do vocábulo que dele deriva... É um conceito dos últimos dois séculos."[199]

A nação, além de ser um modo muito peculiar de convivência social, é também um processo dinâmico e permanente de questionar essa aglutinação, Assim, torna-se perceptível ser esse agrupamento "parte dos homens que o compõem"[200]. Das características da *nação*, a mais explicitada é a identidade comum que se fundou em critérios tais como: etnia, língua, território, traços culturais etc. Conforme, aliás, aponta HOBSBAWM: "Insistir na consciência ou na escolha como o critério da existência de nações é subordinar sem discernimento os muitos modos pelos quais os seres huma-

---

197 POMER (1994:2).
198 POMER (1994:11).
199 HOBSBAWM (2002:11).
200 POMER (1994:11).

nos se definem e se redefinem como membros de grupos a uma opção única: a escolha de pertencer a uma *nação* ou a uma *nacionalidade*."[201]

4.2. TRAJETÓRIA HISTÓRICA

Durante os últimos três séculos e meio conheceram-se diversos sistemas de ordem internacional, isto é, grandes acordos assumidos em tratados de paz assinados pelas principais potências da Europa, e depois, por todos os Estados visando à prevenção das guerras e à manutenção da paz. Assim, o sistema internacional integrado pelos Estados caminhou, nesses últimos sessenta anos, por meio da adoção, mesmo em caráter formal, do principio da não-agressão.

Há inteira consonância entre os historiadores ao apontarem o Tratado ou a Paz de Westfalia, de 1648, como sendo o acordo que inaugurou um sistema de ordem internacional. Na ocasião, a Europa, arrasada por guerras de motivação religiosa — as guerras de confissão como os alemães as designaram, nas quais as Ligas Católicas guerrearam contra os protestantes —, conflitos que se arrastaram por trinta anos (1618-48), decidiu instituir um novo ordenamento jurídico pelo qual emancipava de vez os Estados nacionais simultaneamente da tutela da Igreja Católica e do Sacro Império Romano-Germânico.

Na verdade, estabeleceu-se um sistema internacional de poder com um reconhecimento de suas soberanias e de um certo equilíbrio de forças. Dali em diante, as potências da época procuraram proteger-se, cada uma delas, apenas pela lógica do equilíbrio de poderes ditada pela *Raison d'-Etat*, situação em que um grupo de reinos agrupava-se contra outro, de força equivalente.

---

[201] HOBSBAWM (2002:17).

Esta primeira ordem perdurou até a Revolução Francesa de 1789 e o seu corolário, o Império Napoleônico. O que se seguiu então foram vinte anos de guerras, as guerras napoleônicas, travadas de 1795 a 1815. Derrotado por fim em Waterloo, exilado Bonaparte, um novo reordenamento internacional emergiu dos salões do Tratado de Viena, em 1815.

O final do século XVIII foi marcado, dessa forma, pelas Revoluções Francesa e Americana. Na esteira da Revolução Francesa, estabeleceu-se o Império Napoleônico. Derrotado Napoleão, em 1815, os vencedores se reuniram em Viena, Áustria, para estruturar um novo equilíbrio político europeu. E, por inspiração da Rússia, instituíram a Santa Aliança com a meta de evitar qualquer movimento de revolução liberal no mundo mediante, inclusive, intervenção armada. O Tratado de Viena põe término às guerras napoleônicas e institui, por meio da Santa Aliança, um sistema de mútuo socorro entre as dinastias européias contra as revoluções liberais e as emancipações políticas na América latina.

O pacto de equilíbrio de poder, estabelecido em 1815, teve a oposição de grupos sociais cujas aspirações e interesses estavam ameaçados pela restauração dos regimes tradicionais, e, também, com as aspirações dos povos cujas pretensões não foram atendidas na ocasião do traçado das fronteiras. Essas manifestações foram esporádicas. Os grupos sociais ameaçados pelas tendências reacionárias eram os camponeses, que haviam se beneficiado com as reformas subseqüentes, a difusão das idéias da Revolução Francesa, os comerciantes e os industriais, e, por fim, os intelectuais, seduzidos pelos princípios de 1789.[202]

---

202 VESENTINI (1988:11).

Os segmentos da população que protestavam contra o traçado das fronteiras, mesmo sendo reações desiguais,[203] constituíam uma ameaça mais direta e imediata. Em diversas regiões da Europa, os protestos se apoiavam nas diferenças de idioma, religião, costumes, tradições, recordações históricas e desenvolvimento intelectual e sentimentos afins. Os grupos que possuíam em comum estas características formavam uma nação, a qual devia reconhecê-los com o direito de levar uma existência independente. A consciência da nacionalidade havia se afirmado na resistência oposta a da dominação napoleônica que se identificou como sentimento patriótico e com reação diante da ocupação estrangeira.

Os pilares do Congresso de Viena, sedimentados pelo príncipe de Metternich e pelo czar da Rússia, Alexandre I, foram a restauração absolutista e a afirmação do princípio legitimista. Este se sobrepunha ao direito dos povos, defendendo a tese de que entre os príncipes europeus só seriam considerados governantes autênticos os que descendessem de famílias dinásticas reconhecidas. Posição esta que era garantida pela Santa Aliança — a Internacional Reacionária —, uma força militar operacional dos príncipes europeus com a função de realizar intervenções armadas para sufocar os anseios de emancipação nacional e popular daquela época.

A Revolução de 1848, dita a "Primavera dos Povos", sepultou as premissas do Congresso de Viena em definitivo. Destruído o sistema de Metternich, novamente os Es-

---

203 "*De hecho, los campesinos conservan, en la mayoría de los estados, las ventajas materiales que habían conseguido bajo el régimen francés (supresión de los derechos feudales y posibilidad de transmitir la propiedad): la restauración no les discutió las ventajas adquiridas. Estaban más inquietos los artesanos, los comerciantes y los industriales? Ciertamente, deseaban poder desarrollar sus iniciativas sin tenermos de la intervención de la burocracia*" (VESENTINI, 1988:11).

tados nacionais europeus procuraram se alinhar obedecendo à lógica do equilíbrio de poder.

Seguindo a lógica do acima descrito, as nações, como as entendemos hoje, começam a surgir na Europa através das monarquias absolutistas, no século XVIII. O comércio, a libertação dos escravos e as migrações seriam os principais elementos de seu surgimento, e só existe "relacionada a uma certa forma de Estado territorial moderno, o 'Estado-nação', e não faz sentido discutir nação e nacionalidade fora dessa relação"[204]. O cerne dos argumentos sustentados por vários autores é o de que o estabelecimento de um sentimento de cultura partilhada entre os membros da *nação* — a identidade nacional — depende, sobretudo, do reconhecimento de um "passado comum" (que pode ser de uma etnia dominante) sustentado por tradições inventadas ou reapropriadas, mitos fundadores da nação, lendas, versões oficiais da história da nação etc., no espaço geograficamente delimitado do Estado-nação.[205]

Os pensadores que buscaram sustentação nos fatos da história de nações concretas, procederam a um enquadramento histórico do fenômeno do nacionalismo e das condições do aparecimento do Estado-nação que permitiu esclarecer a gênese, a permanência e o alcance da identidade nacional como forma de identidade coletiva típica da modernidade.

A generalidade dos argumentos sugere que as nações e o nacionalismo são produtos da modernidade. A nação é assim vista como um artefato cultural que emergiu de mudanças sociais e políticas associadas a fenômenos como a burocracia, a secularização, a industrialização e a comunicação de massa no contexto da época moderna. A emergên-

---

[204] HOBSBAWM (2002:19).
[205] VESENTINI (1988:3).

cia da nação está intrinsecamente ligada ao fenômeno do nacionalismo. Assegura a imposição de uma cultura homogênea no seio do Estado-nação.

Até ao final do século XVIII e início do século XIX, mais concretamente até 1815, os países eram soberanos nas suas leis e nas suas decisões. Porém, nesse ano, é instituída uma primeira forma aproximada da idéia de organização internacional com fim específico de coordenar o processo político e garantir a paz. Trata-se de um diretório de Estados ou "concerto europeu", constituído por cinco membros. Nessa época a concepção de nacionalidade não havia amadurecido e era confusa. A imprecisão do conceito era uma dificuldade fundamental, de modo que ainda faltava muito para que a consciência dos destinos nacionais estivesse alerta.

O Estado moderno típico é definido como um território que domina diretamente a totalidade de seus habitantes, de modo geral com as mesmas leis e arranjos administrativos, e que crescentemente é obrigado a ouvir a opinião de seus membros, especialmente por necessitar de seu consentimento prático para obter contribuições e formar exércitos permanentes.

Dessa forma deu-se início à democratização como fator de articulação do Estado-nação, adquirindo legitimidade aos olhos dos cidadãos, mesmo que estes estivessem descontentes. Mas a democratização tendia a criar o fenômeno do populismo, facilmente identificável com o patriotismo nacional e chauvinista, cuja agenda política foi formulada pelos governos e classes dominantes. O desdobramento trágico desta agenda para os trabalhadores foi que, ao assumi-la, foram levados a "mergulhar obedientemente no massacre mútuo da Primeira Guerra Mundial".[206]

---

206 RENOUVIN (1964:110).

No período entre o final do século XIX e início da centúria passada, os europeus viviam um momento de significativas realizações em vários campos do conhecimento. Havia grande efervescência cultural e socioeconômica que gerava um processo de criação nos variados segmentos da atuação humana. Tinham alcançado notórios avanços na ciência, agricultura, indústria e artes. Nesse cenário, aparentemente maravilhoso, fervilhava a insatisfação da maioria da população que estava alijada dessas grandes conquistas. Os *comuns* viviam sua condição de *massa operária*, com pouca ou nenhuma proteção social, entregues à própria sorte e reféns da caridade alheia, presos nas teias de um mercado dito auto-regulável, em que a matéria-prima e o trabalho (natureza e homem)[207], no ambiente da economia de mercado, são meros produtos passíveis de compra. A Igreja Católica Apostólica Romana, no papado de LEÃO XIII, pressentindo a convulsão social, consubstancia a sua preocupação na encíclica *Rerum Novarum* em 1891.[208]

Num determinado momento, pressionados por uma crise social, os Estados-nação da Europa foram levados a um contexto de intensa competição, fazendo com que uma guerra envolvendo todos os países se tornasse inevitável[209], dando início à Primeira Guerra Mundial. As causas básicas desses processos de grande envergadura bélica foram de-

---

207 POLANYI (2000:61).
208 Encíclica do Papa LEÃO XIII que trata da soberania política e da liberdade humana entre outros assuntos. Discorre, assim, basicamente da questão da "condição do operariado", propondo princípio para uma solução de conformidade com a justiça e à eqüidade. Aborda, ainda, os temas riqueza e do proletariado, do capital e do trabalho. DOCUMENTOS DA IGREJA: http://www.montfort.org.br/documentos/ rerum-novarum.html. Acesso em 02.ago.2003.
209 GROISSER (1975:314).

correntes de fatores como nacionalismo, imperialismo, militarismo, alianças secretas entre os Estados e uma certa anarquia da ordem internacional. Um excessivo nacionalismo antes da I Guerra Mundial acarretou no destilo de ódio entre as nações européias. Alguns países queriam estender suas fronteiras mantendo os povos sob seu controle[210]. Direitos iguais apenas para os *etnicamente iguais* ou para o próprio povo, pretendendo anexação dos territórios conquistados em conflitos.

A I Guerra Mundial foi, basicamente, uma disputa imperialista por mercados consumidores e fontes de matéria-prima. Além desse aspecto geral, o conflito de 1914-18 teve motivações específicas para determinados contendores. O mapa da Europa foi remodelado, o poder de várias dinastias desapareceu e surgiram vários novos países. Os impérios Alemão, Austro-Húngaro, Otomano e Russo deixam de existir. Há uma fragmentação das nações com a independência da Polônia, Estônia, Letônia, Lituânia, Fin-

---

210 GROSSIER (1975:314-315): *"Excessive nationalism before World War I brought on jealousy and hatred between nations. Some countries wanted to extend their boundaries to include people of same or related races living under foreign control. Serbia, for example, wanted to annex Bosnia and Herzegovina on the Adriatic, which were controlled by Austria. Italy wanted Trent and Triest, also Austrian-dominated; some nations felt they must champion and defend the rights of people of similar racial background. Thus, Germany spoke of 'Pan-Germanism', and Russia of 'Pan-Slavism'; sometimes nations wanted revenge on other nations for having taken away territories in earlier conflicts. France was anxious to regain Alsace-Lorraine, lost to Germany in 1871. Many Frenchmen considered Germans their 'natural enemies'; some groups, such as the Junkers, who were the military aristocracy of Germany, insisted that they were a superior race, destined to dominate Europe; most nations were so much concerned about 'prestige' that even minor incidents, such as an insult to a diplomat, were considered threats to their national honor".*

lândia, Hungria e Tchecoslováquia e surge a Iugoslávia da união da Sérvia com Montenegro. A inflação começa a se tornar um grande problema. A Alemanha passará dez anos pagando a reparação pela guerra, e várias nações adotam um programa de economia nacionalista.[211]

4.3. A CONSTRUÇÃO DA IDENTIDADE NACIONAL

É central, para o objetivo do capítulo desta obra, mapear o perfil do constitucionalismo europeu no tocante aos desafios da busca de uma estabilidade constitucional frente a um processo de mutação (constitucional ou não), de traçarmos o nosso entendimento a respeito do fenômeno do nacionalismo após esse percurso da trajetória da consolidação do estado nacional na Europa no início do século passado.

Para tanto, reiteramos o fato de o nacionalismo moderno ser originário da desintegração da ordem social feudal e da unidade cultural (em especial a religiosa) de vários Estados europeus. A vida cultural européia estava sedimentada na herança comum de idéias e atitudes transmitidas por meio do latim, o idioma das classes instruídas. Todos os europeus ocidentais professavam a mesma religião: o catolicismo. O fim do sistema social e econômico dominante até o século XVIII, o feudalismo, veio acompanhado do desenvolvimento de comunidades maiores, inter-relações sociais mais amplas e dinastias que favoreciam os valores nacionais para conseguir apoio a sua dominação. O sentimento nacional se viu reforçado em alguns países durante a Reforma, quando a adoção do catolicismo ou do protestan-

---

[211] GROISSER (1975:324).

tismo como religião nacional atuou como força de coesão coletiva adicional.

A Revolução Francesa de 1789 foi, sublinhe-se mais uma vez, o grande ponto de inflexão na história do nacionalismo na Europa. Os sentimentos nacionais franceses, até então, se fixavam na figura do seu rei. Como resultado da Revolução Francesa, a lealdade ao monarca foi substituída pela lealdade à nação.

A França alcança um governo representativo quando a Assembléia Nacional substituiu em 1789 aos Estados Gerais, que constituíam associações autônomas representando o clero, a aristocracia e os comuns. As divisões regionais, com suas diferentes tradições e direitos, foram abolidas e a França se converteu num território estruturado segundo rígidos esquemas centralistas, unido e uniforme, com instituições e leis comuns.

O desenvolvimento do nacionalismo coincidiu, em sua maior parte, com a generalização da Revolução Industrial favorecendo, logicamente, o desenvolvimento econômico nacional e o surgimento de um expressivo movimento operário, tendo como conseqüência uma postulação de natureza popular ao reivindicar sua participação num governo representativo. Surgiram literaturas nacionais que expressavam as tradições e o espírito comum de cada povo. Passou-se a dar nova importância aos símbolos nacionais de todo o tipo.

As revoluções de 1848 marcaram o despertar de vários povos europeus para a "consciência nacional". Nesse ano, tanto alemães, italianos como outros grupos submetidos a Estados plurinacionais, como os impérios austríaco, russo e turco, iniciaram seus movimentos de unidade e estabelecimento de Estados nacionais. Ainda que tenham fracassado as finalidades da Revolução Francesa, os movimentos nacionalistas ganharam força com o passar dos anos. Depois de muita luta e agitação, foram criados o Reino da Itália em 1861 e o Império Alemão em 1871. Outros povos que combateram por sua independência nacional em 1948 foram os poloneses (cujo território foi repartido entre a Rússia, Alemanha e Áustria), os tchecos e os húngaros (súditos da monarquia austríaca), e os povos cristãos da península dos Bálcãs que estavam sob o domínio do sultão turco. Os acontecimentos corridos na Europa entre 1878 e 1918 foram desencadeados, sobretudo, pelas aspirações nacionalistas destes povos e pelo seu desejo de formar seus próprios Estados independentes dos impérios dos quais tomavam parte.

O conflito mundial deflagrado no período de 1914 a 1918 acabou por beneficiar as aspirações nacionais dos povos da Europa central. Quando os Estados Unidos entraram na guerra, o presidente Woodrow Wilson proclamou o princípio da autodeterminação nacional como um dos aspectos para solucionar e concluir o conflito. Como resultado na Europa Central e Oriental apareceram novos Estados: Finlândia, Estônia, Lituânia, Polônia, Tchecoslováquia, o Reino Sérvio, os croatas e os eslovenos (posteriormente Iugoslávia) e Hungria. Outros, como a Romênia, ampliaram suas fronteiras. Apesar de tudo, os problemas nacionalistas continuaram nesta região da Europa.

Muitos dos novos Estados absorveram minorias que demandavam por sua autonomia nacional e a mudança nas fronteiras. As reclamações contrapostas do nacionalismo alemão e polonês converteram-se numa das causas diretas do começo da Segunda Guerra Mundial. A radicalização das paixões nacionalistas durante e depois da I Guerra Mundial levou à aparição de fenômenos políticos de magnitude, como o fascismo e o nacional-socialismo. O fascismo na Itália e o nacional-socialismo na Alemanha adotaram o sistema totalitário que havia sido introduzido anteriormente na União Soviética pelo comunismo. O autoritarismo era um meio de destruir a oposição e de integrar todos os recursos do Estado na realização de um programa de engrandecimento nacional. As políticas semelhantes chocavam-me com os interesses e sobrevivência de outras nações, a guerra generalizada na Europa se fez então inevitável.[212]

Esboçado esse quadro histórico sobre a questão do Estado constitucional após a I Guerra Mundial, não podemos esquecer as lições de MIRKINE-GUETZÉVITCH (1933). Este constitucionalista russo, radicado na França nas primeiras décadas do século passado, alerta que, mesmo com a tentativa de implantar uma democracia racionalizada, as Constituições pós-1918 não foram capazes de superar "a psicologia nacional" e "as antigas tradições" (1933:46). Assim, MIRKINE-GUETZÉVITCH observa, mesmo reconhecendo a prevalência desses fatores de "dinâmica constitucional", que seu interesse de estudo está com o foco centrado exclusivamente na estabilidade constitucional. Isto é, os próprios textos constitucionais e a forma como se tentou, por tais textos, normatizar as realidades sociais conflitivas dos primeiros trinta anos do século XX, numa tentativa desesperada de dar caminho a um processo democrático, repetimos um termo da época, "racionalizado".

Vencida essa etapa de descrição histórica de impasses constitucionais, não pode deixar de ser dito que a então União Soviética, mesmo tendo sido proclamada por via de um movimento de ideais internacionalistas, recorreu a uma política de engrandecimento nacional na década de 1940.

---

212 Sobre o fascismo italiano, ver a entrevista do historiador italiano Emilio Gentile, "La vraie nature du facisme italien" *in L'Histoire numéro special*, nº 291, outubro de 2004, pp. 91-99.

O *gancho* do denominado movimento do comunismo internacional. A *Internacional* foi substituída por uma outra melodia nacional russa e a extinta URSS tentou conseguir que os partidos comunistas de todos os países servissem aos seus interesses geopolíticos.

Outra das conseqüências decisivas para a eclosão da I Guerra Mundial foi o surgimento e a elevação do sentimento nacionalista na África e Ásia, submetidos que estavam esses continentes ao imperialismo europeu e da industrialização. O nacionalismo asiático foi reforçado pelo Japão, o primeiro país do Extremo Oriente que adotou, por iniciativa própria, a configuração de uma nação moderna (na acepção ocidental) e que, em 1905, venceu uma guerra contra uma potência européia: a Guerra Russo-japonesa. Depois da I Guerra Mundial, os turcos, sob o comando de Mustafá Kemal (1922-1923 Atatürk, derrotaram) os aliados ocidentais e modernizaram seu Estado segundo o modelo europeu (ao mesmo tempo que procederam o quase extermínio dos povos armênio e curdo em seu território).

Durante o mesmo período, o dirigente do Congresso Nacional da Índia, Mohandas Gandhi, fomentou ativamente as aspirações das massas indianas pela independência nacional. Na China, o dirigente do Partido Popular Nacionalista (Kuomintang), Sun Yat-sem, iniciou uma bem-sucedida revolução nacional. Como todos estes movimentos se definiam como inimigos do imperialismo, foram apoiados pelo comunismo soviético, que considerava o imperialismo "fase superior do capitalismo", II Lênin.

Da II Guerra Mundial em diante, a penetração do nacionalismo nas colônias se acelerou. Os impérios britânico, francês e holandês na Ásia oriental foram derrotado pelos japoneses que proclamavam o tema nacionalista "Ásia para os asiáticos", conseguindo o apoio de numerosos grupos nacionais durante a ocupação de seus territórios. As potências imperialistas foram ainda mais debilitadas pelas conseqüências militares e econômicas da guerra, e da expansão do poder soviético. Em sua propaganda, a União Soviética realçava o direito das colônias à autodeterminação e à independência.

Assim, como num "efeito dominó", as colônias da Grã-Bretanha e os territórios sob a tutela dos Estados Unidos (Filipinas) foram se tornando independentes. A Holanda cedeu o controle das Índias holandesas, que se converteram na República Indonésia. No entanto, esse embate do nacionalismo na sua versão anticolonial, terá o sistema de dominação francês como o mais emblemático em termos de desintegração política. O Estado francês foi duramente batido, por exemplo, na primeira guerra da Indochina, tendo como símbolo a derrota militar de Dien Bien Phu (1954). Até final dos anos 1950 do século passado, o nacionalismo se estendeu por toda a Ásia e este fator foi determinante para o desaparecimento de quase todos os impérios coloniais naquele continente.

Diante desse mapeamento, reconhece-se, obviamente, como a primeira metade do século XX foi sacudida por uma série de matizes ideológicos de nacionalismo.

O nacionalismo, processo político que considera a criação de um Estado nacional condição indispensável para realizar as aspirações sociais, é objeto de inúmeros estudos, com conclusões similares no que tange à evolução histórica e seu surgimento. Atendendo aos mais variados interesses, atualmente, ele ainda traz debates inflamados sobre sua relevância e necessidade. Na opinião de ANDERSON (2000:7-8):

> Ninguém discorda de que o nacionalismo tem estado "por aí" na face da terra há no mínimo dois séculos. O

bastante, poder-se-ia supor, para que já fosse entendido de maneira clara e generalizada. Mas é difícil pensar em algum fenômeno político que continue tão intrigante quanto este e sobre o qual haja menos consenso analítico. Dele não há nenhuma definição amplamente aceita. Ninguém foi capaz de aceitar de uma forma conclusiva sua modernidade ou antiguidade. Discorda-se sobre sua origem e seu futuro incerto.(...) Aos poucos foi ficando claro que só era possível pensar no nacionalismo em termos comparativos e globais, ao mesmo tempo que só era possível senti-lo — e agir politicamente com base nele — em termos particulares.

Apresentado como característica do mundo ocidental do século XIX, o nacionalismo teve uma grande força no mundo moderno. Ele ajudou a criar e fortalecer nações, por um lado, e, por outro, ele quebrou impérios e causou guerras destrutivas.

Antes da época considerada como a da modernidade política do século XVI ao XVIII, na Idade Média (para não voltarmos muito no tempo), a idéia de lealdade era de ordem pessoal. O vassalo tinha lealdade para com seu suserano e para com a família deste. Quando declinou o feudalismo e o gradativo processo de construção do Estados-nação começou a se consolidar (tendo como expressão o pensamento político inglês), a burguesia e determinados segmentos sociais passaram a ter lealdade para com o soberano do Estado (em substituição ao nobre feudal). Com a Revolução Francesa de 1789, a idéia de lealdade e devoção para com uma nação toma o lugar do ideal de devoção ao rei. A vitória de Napoleão trouxe o espírito do nacionalismo para pessoas que nunca o tiveram.[213]

---

213 Napoleão, ele mesmo, violou o princípio do nacionalismo muitas

Em síntese, a nação começa a se delinear nas sociedades geradoras do sistema capitalista. Para POMER (1994:14), "[n]enhuma sociedade humana anterior a este sistema tinha conseguido desenvolver entre os homens uma relação social tão unificadora como a que o capitalismo conseguiu". Produzem-se mercadorias, os trabalhadores são livres e recebem salário pelo seu trabalho, as mercadorias circulam por um abrangente espaço social; tudo está à venda: "... É muito o que os mercados oferecem, e o fazem de forma excelente. ...Os mercados forçam os produtores a buscarem maior eficiência e depuram impiedosamente a economia dos fracassos",[214] tudo se compra, tudo se vende, todos vendem e compram. Essa situação oferece as condições para o surgimento do fenômeno nação. Assim, nos nossos dias parece que os povos não concebem "outra forma de organização política que não seja o Estado nacional".[215]

HOBSBAWM vê o nacionalismo como um princípio que sustenta o dever de harmonia entre a unidade política e nacional e que o dever nacional é aquele que supera todas as demais obrigações. As nações existem não apenas em função de um tipo particular de Estado territorial ou da aspiração de assim se estabelecer, como também no contexto de um estágio particular de desenvolvimento econômico e tecnológico. As nações, que se apresentam inicialmente como fenômenos construídos de cima para baixo, precisam ser compreendidas de baixo para cima e, nesse

---

vezes, por exemplo, ao anexar territórios antes pertencentes a Estados invadidos, como Alemanha e Itália. Esse comportamento de Napoleão gerou ressentimentos que se voltaram contra ele. Cf. GROISSER (1975:316).

214 KUTTNER (1998:5).

215 POMER (1994:15). Note-se que a concepção de Estado Nacional de POMER é muito próxima à noção liberal de mercado.

contexto, a consciência nacional se desenvolve desigualmente entre os grupos e regiões de um país. HOBSBAWN (2002:19) pontua assim:

A questão nacional está situada na intersecção da política, da tecnologia e da transformação social. As nações existem não apenas como funções de um tipo particular de Estado territorial ou da aspiração em assim se estabelecer, como também no contexto de um estágio particular de desenvolvimento econômico e tecnológico.

A nação[216] representa uma certa interface de fundamentação democrática com o liberalismo político (notadamente na recepção rousseauniana de soberania nacional). Mas é a concepção modelar de Estado-Nação que consubstanciará a própria força a favor da acumulação capitalista no seu sentido industrial. A "nação era o corpo de cidadãos cuja soberania coletiva os constituía como um Estado concebido como sua expressão política"[217]. Três critérios, segundo HOBSBAWM, permitem a um povo ser firmemente classificado de nação sempre que fosse suficientemente grande para passar da entrada: associação histórica com um Estado existente ou com um passado razoavelmente durá-

---

216 HOBSBAWM (2000:271) afirma: "[o] que faz uma nação é o passado, o que justifica uma nação em oposição a outras é o passado, e os historiadores são as pessoas que o produzem". HOBSBAWM .
217 Ainda segundo HOBSBAWM (2000:273): "O nacionalismo é um projeto político e, em termos históricos, bastante recente. (...) O Nacionalismo — ou, para usarmos a expressão oitocentista mais lúcida, 'o princípio da nacionalidade' — pressupões 'a nação' como dada, assim como a democracia pressupões 'o povo' como dado. Em si, ele não nos diz nada sobre o que constitui essa nação, embora, desde o fim do século XIX — mas, comumente, não muito antes disso —, ela tenha sido cada vez mais definida em termos etnolingüísticos".

vel; existência de uma elite cultural longamente estabelecida, que possuísse um vernáculo administrativo e literário escrito; uma capacidade comprovada para a conquista do processo político.

As reflexões sobre os veículos coletivos já existentes que poderiam operar potencialmente favorecendo a formação de Estados-nação, no que HOBSBAWM chama de "protonacionalismo popular", são expressas em não extrapolar os pensamentos manifestos pela elite para as massas e dos alfabetizados para os analfabetos. Desse modo, desmistificam-se três elementos indicados como cruciais para a definição de nação, quais sejam: linguagem, etnicidade e religião.

Com relação à linguagem, o referido historiador inglês esclarece, "as línguas nacionais são sempre, portanto, construtos semi-artificiais e, às vezes, virtualmente inventados, como o moderno hebreu"[218]. São o oposto do que a mitologia nacionalista pretende que seja. Exceto para os dominantes e para os instruídos, a língua dificilmente poderia ser critério para a existência da nação, se constituindo mais em uma criação ideológica de intelectuais nacionalistas do que em uma característica dos reais praticantes comuns do idioma. É um conceito erudito e não vivido.

Com relação à etnicidade,[219] descarta-se qualquer possibilidade de uma abordagem genética de etnia. Afirma HOBSBAWM que a base crucial de um grupo étnico é cultural e não biológica. A etnicidade é considerada insufi-

---

218 HOBSBAWM (2000:272).
219 HOBSBAWM (2000:272) adverte: "Todos os movimentos separatistas da Europa baseiam-se na 'etnia', lingüística ou não, isto é, na suposição de que 'nós' — os bascos, catalães, escoceses, croatas ou georgianos — somos um povo diferente dos espanhóis, ingleses, sérvios ou russos, portanto, não devemos viver com eles num mesmo Estado".

ciente para compreender a formação de Estados-nação, pois a raça ou etnia funcionaram, primeiramente, como fator de separação de estratos sociais e, em segundo lugar, a etnicidade visível tende a ser negativa, servindo antes para definir o *outro* do que o próprio grupo.

A religião, como antigo e experimentado método de estabelecer uma comunhão entre diferentes, é considerada por HOBSBAWM (2002:83) um cimento paradoxal para o nacionalismo. As religiões mundiais são universais, portanto, pensadas para escamotear as diferenças étnicas, lingüísticas, políticas e outras. Referindo-se aos ícones sagrados, que representam os símbolos e rituais ou as práticas coletivas comuns que, sozinhos, conferem uma realidade palpável àquilo que de outro modo seria uma comunidade imaginária: "os ícones mais adequados do ponto de vista protonacional são obviamente aqueles associados especialmente com um Estado". E conclui, com um último critério do protonacionalismo e, certamente, segundo suas palavras, o mais decisivo: "a consciência de pertencer ou ter pertencido a uma entidade política durável"[220].

GELLNER (1983:1-3) analisa o nacionalismo como primeiramente uma política de princípios e, como sentimento ou como movimento, é mais bem entendido a partir desses princípios. O nacionalismo é despertado pelo sentimento de angústia da violação do princípio nacionalista ou pela satisfação que acompanha sua realização. É um princípio que sustenta que deve haver congruência entre unidade nacional e a política, prescrevendo que os limites étnicos não devem se contrapor aos políticos. Um entendimento pacífico é de que uma unidade política territorial somente pode chegar a ser etnicamente homogênea, pelo extermínio, pela expulsão, ou pela assimilação.

---

220 HOBSBAWM (2002:87 e 88).

Esse estudioso clássico do nacionalismo (1983:1-3) define esse fenômeno político social dividindo-o em dois termos, a saber: Estado e nação. Para o autor, que desenvolve sua teoria a partir do pensamento de Max Weber, o Estado é o agente que detenha o monopólio da violência legítima dentro da sociedade, que pode ser aplicada pela autoridade central e por aqueles a quem esta delega tal poder-dever. Sobre as várias formas autorizadas de se manter a ordem, a força só pode ser aplicada em especial, identificada claramente, e bem centralizada. Uma agência delimita a sociedade, essa agência ou grupo de agências é o Estado.

O Estado constitui uma elaboração importante da divisão social do trabalho. Segundo GELLNER, se não há divisão do trabalho, não se pode falar de Estado. Este é a especialização e concentração da manutenção da ordem, em que agentes especializados se separaram do resto da vida social (polícia e tribunais).

Partindo dessas afirmações, vemos que a humanidade viveu três etapas na história: a era pré-agrária, a agrária e a industrial. A primeira era muito pequena para permitir um tipo de divisão política do trabalho que conceitue o Estado. Na segunda, a experiência de Estado é uma opção e as formas de Estado são diversas. Na industrial, a presença do Estado é inevitável, apesar de haver linhas de pensamento que sustentam que se pode prescindir do Estado.

ANDERSON (2000:17), referindo-se ao pensamento de GELLNER, nos afirma:

> O saudosíssimo Ernest Gellner, já em meados de 1960, iniciou a elaboração de sua influente e iconoclasta teoria de que o nacionalismo, no fundo, não é nada mais (nem menos) do que uma resposta necessária — e rigorosamente funcional — à grande Transformação da sociedade agrária estática no mundo da industria mecanizada e da comunicação. Ela implicou a difusão de "cul-

turas superiores" padronizadas (mascaradas como originalmente nacionais), instituídas através de vastos sistemas educacionais organizados e financiados pelo Estado, de modo a preparar as pessoas para sobreviverem em situações em que a divisão do trabalho e a mobilidade social fossem muito avançadas. Dentro do espírito eurocosmopolita do iluminismo, Gellner entendia o nacionalismo em termos globais e sociológicos, numa visão de cima, e dispunha de pouco tempo público para os "sentimentalismos" associados às "culturas nacionais".

Já o conceito de *nação* apresenta dificuldades, pois essa categoria político-social pode existir sem a necessidade de se materializar num ordenamento político. Seu princípio unificador seria uma cultura comum, com inúmeros procedimentos compartilhados de símbolos e de comunicação. As nações são uma *contingência*, não uma necessidade universal. O nacionalismo sustenta que são feitos um para o outro, ou seja, uma nação, um Estado.[221]

---

221 Lorde ACTON, em 1862, já chamava atenção para o nacionalismo: "O maior adversário dos direitos de nacionalidade é a moderna teoria da nacionalidade. Ao tornar teoricamente equivalentes o Estado e a nação, ela praticamente reduz a uma condição subalterna todas as outras nacionalidades que possam existir dentro das fronteiras. Não pode aceitá-las em igualdade com a nação dominante que constitui o Estado porque, nesse caso, o Estado deixaria de ser nacional, o que estaria em contradição com o princípio de sua existência. Assim, conforme o grau de humanidade e civilização desse corpo dominante que reivindica todos os direitos da comunidade, as raças inferiores ou são exterminadas, ou reduzidas à servidão, ou marginalizadas, ou colocadas em situação de dependência. (...). O Estado que é incompetente para satisfazer raças diferentes condena a si mesmo; o Estado que trabalha para neutralizá-las, absorvê-las ou expulsá-las destrói sua própria vitalidade; o Estado que não as inclui é desprovido da principal base de autogestão. Portan-

Esta contingência tenta ser explicada com o argumento de que dois homens são da mesma nação se dividem a mesma cultura, entendida como o sistema de idéias e símbolos, de associações, formas de conduta e comunicação, ou, dois homens são da mesma nação quando se reconhecem como pertencentes a ela. É fácil perceber que esse "constructo" denominado nação, pela sua força ideológica, pode modelar os homens. Nessa linha, uma categoria de indivíduos chega a ser uma nação quando os membros reconhecem, mútua e firmemente, certos deveres e direitos em virtude de sua comum qualidade de membros. Nenhuma destas idéias, entretanto, é suficiente para comportar a perspectiva teórica esboçada por GELLNER.

O fato central, para esse pensador, é o papel da cultura na vida humana que foi transformado totalmente pelo conjunto de mudanças econômicas e científicas que têm alterado o mundo desde do século XIX. A função principal da cultura na sociedade agrária era limitada a certas esferas de níveis de *status* dos povos e povoados e a sua identidade. Era encaixar sua posição em uma estrutura hierarquizada e relativamente estável. A cultura não traduzia a necessidade de se expandir devido a sua função social restrita própria das denominadas sociedades agrárias.

No mundo de hoje os povos não têm nenhuma posição estável nem conseguem estruturá-la. São integrantes de burocracias profissionais efêmeras e não internalizadas profundamente e de caráter provisório. O que importa é a incorporação de "cultura superior"[222], que permite uma co-

---

to, a teoria da nacionalidade é um passo retrógrado na história". (*Cf.* ACTON, 2000:42).

222 GELLNER (1983:121), quando examina a noção de cultura superior, refere-se ao sentido sociológico e não avaliativo. É o mesmo que dizer educação formal.

municação num contexto livre, de mesmos signos. A sociedade que se enquadra assim é uma nação. É a conseqüência da mobilidade e o anonimato da sociedade moderna e da natureza não física do trabalho. A cultura na sociedade agrária era restrita aos clérigos e aos homens cultos. Esses atores centralizavam a cultura e o conhecimento (GELLNER, 1983:8). Quanto mais diferenciados estivessem os diversos estratos do todo social, menor a tensão e ambigüidade. Neste contexto seria difícil o desenvolvimento do nacionalismo, e as unidades políticas se dividiam em duas classes: comunidades locais que se auto-governavam e impérios. Por um lado, estavam as cidades-Estado, que se ocupavam de seus próprios assuntos, com uma participação política elevada, em outro, grandes territórios controlados por uma concentração de forças em um só ponto. Outra característica de governo é a que funde uma autoridade dominante central que coexiste com unidades locais semi-autônomas. A fusão de cultura e Estado é a essência do nacionalismo. A organização social agrária não propicia em absoluto o princípio do nacionalismo (1983:10-25).

Quando GELLNER nos aponta para a sociedade industrial, nos esclarece que, no estudo de Max Weber, a noção de nacionalidade ocupa um lugar central. O conceito de nacionalidade engendra a coerência (essência do burocrata) e a eficiência, a seleção dos melhores meios possíveis para fins determinados. É a única que tem vivenciado e depende de um crescimento econômico constante e perpétuo. Seu método favorito de controle social é a eliminação da agressão social através do crescimento material. A hora de transição para o industrialismo foi também uma era de nacionalismo. Um período de reajuste turbulento no qual as fronteiras políticas, culturais, haviam de modificar-se para satisfazer o império nacionalista que se estava fazendo palpável, violento e fértil de conflitos. O nacionalismo tem sua raiz num certo tipo de divisão do trabalho, complexa e cambiante. O homem pode agüentar muitas desigualdades se estas não são estáveis e estão pacificadas pelo costume. Na nação industrial a separação é menor entre os especialistas.

HOBSBAWM e GELLNER, dois grandes expoentes do pensamento político-histórico do século passado, divergem sobre a necessidade do nacionalismo. Enquanto o historiador inglês HOBSBAWM conclui, de forma bem pontual, não servir o nacionalismo para nada, GELLNER se refere a esse movimento de natureza ideológica como necessário: é o que chama de racionalismo. Sua teoria, como esse estudioso mesmo afirma, é materialista, porém nega com veemência qualquer caráter comunista. GELLNER critica as posições que definem as nações como uma invenção histórica arbitrária ou como uma comunidade imaginária. HOBSBAWM, declaradamente marxista, sustenta que as nações são artefatos inventados que ocultam outras comunidades, as classes sociais, estas, sim, reais.

Todas as questões levantadas sobre o nacionalismo, aqui trazidas, através das reflexões de pensadores, reconhecidamente importantes, mostram que não estamos perto de uma conclusão definitiva sobre a necessidade ou não da existência do nacionalismo, no entanto, o que é inegável é a necessidade de reflexão sobre o Estado Nacional moderno.

Na parte seguinte deste capítulo, após termos traçado a trajetória do Estado-nação e a percepção do significado do nacionalismo (em especial em HOBSBAWN e na visão de GELLNER), procederemos um estudo de caso a respeito dessas categorias dentro da contextualização das Europas central e oriental. A escolha desse espaço europeu se deve ao fato de considerarmos seu estudo estratégico, por pontuar mais claramente, devido à natureza recente da formação desses Estados após I Guerra Mundial, a dimensão da busca de um quadro de Estado nacional, ou melhor, da formação do Estado-nação como instrumento de estabilidade institucional. Dessa forma, as Constituições desses entes políticos, no período que se segue a 1918 (final da I Guerra Mundial), têm como característica-chave essa tentativa de modelar uma estrutura nacional. Não podemos esquecer, ainda, que MIRKINE-GUETZÉVITCH (1933) fundamentou a sua análise sobre a incapacidade das forças normativas das Constituições européias pós-1918 ao universo — a ser estudado agora por nós — das áreas européias central e oriental.

4.4. AS CONSTITUIÇÕES NA EUROPA CENTRAL NO PERÍODO ENTRE GUERRAS

O período entre as Guerras Mundiais representou uma dura época de crise para os Estados da Europa central, não só de suas Constituições mas, também, dos seus próprios Estados; estes, à época, imersos em um processo de transformação social. O ordenamento político europeu construído ao longo do século XIX havia desmoronado definitivamente no fim da I Guerra Mundial. Do mesmo modo, também chegou-se ao final de uma ordem mundial, quase que exclusivamente cunhada na Europa.

Ainda durante a I Guerra Mundial, havia começado a se consolidar, de forma paulatina, uma nova ordem internacional em conseqüência da aparição dos Estados Unidos da América como potência mundial emergente. Os Estados e a estabilidade se encontravam na fase de busca de uma nova orientação.

4.5 A CRISE DOS ESTADOS NACIONAIS DAS EUROPA CENTRAL E ORIENTAL[223]

Do ponto de vista formal, o conjunto de Estados do centro da Europa, havia se posicionado ao lado daqueles que perderam a guerra. O Império alemão e a monarquia dos Habsburgo capitularam e tiveram que fazer grandes concessões políticas e territoriais nos Tratados de Paz de Versalhes (28 de junho de 1919) e de Saint-Germain (10 de setembro de 1919). Não se tratou só de sacrifícios econômicos na forma de reparações mas, sobretudo, da nova ordenação dos Estados da Europa central realizada pelos tratados.

A monarquia dos Habsburgo se dissolveu e sobre seu território, nasceram quatro novos Estados: Hungria, Tchecoslováquia, Áustria (a parte alemã) e Polônia (parcialmente). Também, há de se esclarecer ainda que não seja objeto do anterior desenvolvimento, a perda por parte da velha Áustria de outros territórios fora da Europa central (no sudeste da Europa e na Itália). O território da Alemanha, por seu turno, permaneceu intacto, apesar de importantes mudanças em sua fronteiras, como a devolução da Alsácia-Lorena para a França, principalmente com a nova e independente Polônia. A Alemanha e, em concreto, a Prússia, viram como uma perda severa a entrega de quase todos os territórios habitados por poloneses (e por alguns outros povos). Portanto, onde havia apenas duas grandes potências (Alemanha e Áustria), emergiram cinco novos Estados. Ademais, o novo ordenamento estatal e territorial descrito não ficou limitado à Europa central, mas se estendeu a

---

223 Pesquisa feita a partir do portal de internet http://mural.uv.es/martete/nacionalismo.html. Livre tradução e adaptação de Manuela Martins.

numerosos Estados fronteiriços como Iugoslávia, Lituânia, Romênia, Rússia e, também, parte da Dinamarca.

Por meio da guerra, Estados como Polônia, Tchecoslováquia e Hungria conseguiram a independência e soberania que haviam aspirado durante longo tempo e, pelo que tinham lutado antes, sem êxito. Se bem que haviam estado ao lado dos perdedores na guerra, também haviam estado, ainda que parcialmente, junto aos vencedores nos tratados de paz, a custa do anterior poder hegemônico austríaco. Por isso a Áustria foi a principal perdedora dos tratados, ao ficar reduzida a menos da quarta parte do território e da população que possuía até então. A partir desse momento, se apresentou uma questão existencial, muito debatida, se o novo e diminuído Estado austríaco ainda podia subsistir por si mesmo. Por isto, considerou-se como uma séria alternativa política a possível união com a Alemanha.

Enquanto a Áustria se apresentava, agora, como um insignificante Estado, a Alemanha permanecia como o principal Estado da Europa central. Sua capacidade econômica e política a haviam convertido em um Estado europeu de peso. Mesmo tendo ficado fora do círculo das grandes potências, inicialmente e indeterminadamente, pelas numerosas limitações de caráter territorial, econômico e militar que lhe foram impostas pelos Tratados de Paz de Versalhes (1919).

Certo é que todos os Estados mencionados encontraram-se desde o princípio diante de consideráveis problemas de identidade. Nos tratados de paz, celebrados após o final da I Guerra Mundial, o princípio fundamental norteador do novo ordenamento havia sido uma idéia do século XIX: o *princípio do Estado nacional* (um povo, uma nação, um Estado). Poloneses, húngaros e tchecos já haviam aspirado no século XIX, em nome deste princípio, à sua independência como Estado e a dissolução da monarquia plurinacionalista austríaca. Quando o princípio do Estado nacional se instaura, com um considerável atraso, demonstra de imediato não bastar para desenvolver uma força suficientemente integradora em favor das novas unidades políticas. As disputas territoriais — em particular, a intenção de completar o território dos novos Estados nacionais mediante, por exemplo, conflitos armados, como acontecia entre Polônia e Ucrânia — foram certamente importantes, ainda que não determinantes.

Mais relevante se apresenta o fato de que as nações já não viveriam separadas umas das outras em seus respectivos territórios. Por todas as partes apareciam minorias expressivas. Na Polônia, os alemães, os austríacos, os russos e — considerados minorias — milhões de judeus; na Tchecoslováquia, os alemães (quase um quarto da população), os austríacos e os húngaros; na Hungria, os austríacos, os romenos e os eslavos. Inversamente, também existiam minorias húngaras praticamente em todos os Estados vizinhos. Estas minorias se viram como parte do povo dos novos Estados, no entanto, sem mais suas respectivas nacionalidades, tampouco, contavam dentro dos novos Estados nacionais como partes das antigas potências hegemônicas. Se esta atitude estava ou não faticamente justificada naquela época, é uma questão que ficará aqui aberta. Contudo, é certo que teve um efeito importante na formação de uma consciência popular. Ali, nesse celeiro, afloraram as disparidades sociais.

Em alguns Estados, os membros das novas minorias tendiam a ocupar as classes mais altas, enquanto pelo contrário, os vinculados às novas maiorias nacionais se integravam em geral nas classes média e baixa. Isto se produziu fundamentalmente na Tchecoslováquia e Lituânia e, em menor medida, na Polônia e Hungria, onde fora gerada a classe alta de caráter "nacional". Ali onde apareceram as disparidades apontadas, a questão nacional se mostrou, ao mesmo tempo, como uma questão social.

O resto da classe alta era vista em parte pela maioria da população como a continuação da velha dominação externa. Desde a perspectiva das novas maiorias nacionais, a luta pela autodeterminação não havia acabado e, sim, mudado seu campo de batalha da política exterior à política interior. As velhas classes altas se encontraram então essencialmente diante de dois caminhos: a luta pela supremacia (como, no princípio, na Lituânia) ou a formação de uma sociedade paralela (como mais tarde se deu concretamente na Tchecoslováquia). Em virtude de tudo isso, as populações dos novos Estados nacionais não pareciam no seu interior como homogêneas, e sim, em muitos aspectos, apareciam divididas. De modo algum se pode, pois, pressupor a capacidade integradora de tais "nações divididas" para a fundação de uma identidade nova e positiva, e sim, que aquela se desenvolveu por meio de diversos desafios e situações críticas.

No caso da Áustria, seus problemas de identidade estatal se apresentaram de outro modo. Como conseqüência do Tratado de Paz de Saint-Germain, a Áustria se viu reduzida de um Estado plurinacional da monarquia do Danúbio, ao concreto território austro-alemão. Deste modo, reduziu-se mais de três quartos de sua superfície e população. Havia perdido definitivamente sua categoria de potência européia e se convertido quase em um pequeno Estado. Desse momento em diante, sua antiga identidade ficou esfacelada. As elites, mescladas com as classes altas polonesas, tchecoslovacas e húngaras, de diversas formas, não encontraram no resto do Estado base suficiente para sua auto-afirmação e suas ambições. Ademais, muitos conterrâneos não foram capazes de reconhecer onde poderia residir o caráter identificador do novo Estado. Antes de 1918, a idéia de Estado havia se fundado no impulso da pluralidade étnica e cultural como base de sua própria estabilidade.

Depois de 1918, surgiu a pergunta acerca de quê seria na realidade o "austríaco", dado que aquele elemento de pluralidade havia sido suprimido e, em seu lugar, só havia ficado uma parte, que, sendo importante, o era somente da cultura e da nação alemã. Desta perspectiva, a Áustria alemã superveniente não era o núcleo de uma nação do Danúbio — ou como queria que fosse concebida — senão uma parte integrante da nação alemã.

A partir daí, a pequena Áustria, nova e nacional, ficou ameaçada precisamente por converter-se em um "Estado sem nação". Ademais, a unidade econômica do velho território se via agora destruída pelas novas fronteiras; uma situação que acabou com o ordenamento preestabelecido e que praticamente só acarretou conseqüências negativas para o desenvolvimento econômico e social do país. Em particular, a região de Viena se converteu em uma metrópole isolada quase sem território circundante.

A Áustria, cuja maior parte de seu antigo território se tornara tcheco, húngaro ou polonês, começou a se adaptar paulatinamente às novas circunstâncias estatais e às suas próprias metrópoles. Em troca, a Áustria diminuída não estava em situação de repor as perdas ocasionadas pela cisão de seu território. Assim condicionada, a busca de uma nova grandeza e poderio econômico fomentou uns esforços, importantes no princípio e mais débeis depois, para unir-se à nova República alemã. Certamente, tais esforços constituíram durante alguns momentos de incertezas a concepção oficial do Estado. Porém, em 1919, as aspirações unificadoras se converteram numa idéia das minorias ou da oposição, que já não representava nenhuma alternativa real. Por isso, a proibição de união com a Alemanha, imposta pelo Tratado de Saint-Germain, não foi o único motivo da existência da Áustria como Estado independente depois de 1919.

As bases da transição estatal se apresentaram na Alemanha de um modo bem distinto. O Império havia superado a guerra, a derrota e o Tratado de Paz de Versalhes sem diminuição em sua identidade como Estado. Como até então, continuava sendo um Estado importante no centro da Europa. A cisão obrigada de território se circunscreveu a zonas periféricas que, no entanto, tinham um caráter simbólico; tal era o caso das colônias, terras habitadas fundamentalmente por população de língua não alemã (poloneses, dinamarqueses, franceses etc.); de alguns territórios junto ao Mar Báltico, povoados majoritariamente por alemães que deviam assegurar o acesso ao mar ao novo Estado polonês e, com ele, separavam a Prússia oriental do Império; e finalmente, de certas modificações de suas fronteiras com diversos Estados vizinhos. Sem dúvida se tratou de perdas sensíveis, porém que de nenhuma maneira ameaçaram sua existência como Estado.

A população e o território da Alemanha permaneceram sustentavelmente inalterados. Seus problemas existenciais surgiram por outros motivos. Num ponto, estava a transformação de sua identidade como Estado: a Alemanha, que antes da guerra havia reivindicado a grandeza e o prestígio internacional se sua nação, havia sido uma monarquia constitucional, entretanto, a Alemanha que havia capitulado e que havia firmado o humilhante tratado de paz era uma república nascida de uma revolução (de 9 de novembro de 1918).

Adiante, devia mostrar se o fato de que a derrota militar havia sido a causa da revolução ou, ao inverso, a revolução havia sido a causa do desastre da guerra, representava um elemento de divisão nacional. O debate durante o período entre guerras não foi apenas histórico mas traduziu as conseqüências políticas dos tratados definidores da Europa pós-1918.

O problema da legitimidade da nova república dependeu essencialmente da resposta a esta pergunta. Por aquele, então, não se tratava basicamente de indagar causas, senão mais de atribuir responsabilidades. A divisão do povo a respeito da questão fundamental da configuração de sua própria ordem política se pôs visível em sua diferente postura diante desta pergunta. Com efeito, a Alemanha era uma nação, porém uma "nação dividida" e, no fundo, partida. Seu principal problema residia no fato de que o novo ordenamento político, instaurado com a república democrática, devia renunciar precisamente à sua função mais importante, a de unir eficazmente uma nação dividida. Apenas pode superar a dita divisão porque esta ficou refletida, precisamente, na Constituição de Weimar de 1919.[224]

Nesse raciocínio, a aceitação da república foi sempre um assunto de alguns segmentos do povo ao qual se opunham outros, no mínimo, igualmente importantes. Este foi o caso particular daqueles setores das antigas elites que se consideravam as perdedoras da revolução e, por isso, já não tinham nenhum motivo para formar parte da base do novo ordenamento. Porém também foi o caso de muitos daqueles que, de um ou de outro modo, se haviam identificado com o velho ordenamento e agora faziam comparações superficiais, que resultavam prejudiciais para a nova república.

Demasiadamente se comparava o Império anterior à guerra, que era uma potência mundial dotada de grandeza e relativa prosperidade econômica, com a república posterior à guerra, que ambicionava desesperadamente o reconhecimento internacional e a igualdade de direitos como

---

[224] Sobre a Constituição de Weimar, recomendam-se as obras de CALDWELL (1997) e JACOBSON e SCHLINK (2000).

Estado e era uma potência pequena e sensível que tinha um deficiente desenvolvimento econômico, limitado, aliás, pelas reparações de guerra impostas pelo Tratado de Versalhes de 1919.

A divisão da sociedade alemã se mostrou como uma ameaça porque representava um dissenso sem alternativa. Uma nova monarquia não era uma saída política alguma para a República democrática de Weimar de 1919, forma republicana preferida pelas forças vencedoras da I Guerra Mundial. Ademais, em 1918 não existia na Alemanha nenhuma pessoa nem dinastia alguma que houvesse permitido assegurar qualquer forma de futuro a monarquia.

4.6. AS REVOLUÇÕES E A INSTABILIDADE DOS ESTADOS

A passagem do velho ordenamento não aconteceu sem rupturas. Em sociedades em que o sistema absolutista foi substituído pela forma de governo republicana particularmente na Alemanha e na Áustria, isso se deu através de um certo processo de mudança revolucionária. A concreta influência dos acontecimentos revolucionários sobre o processo de dissolução da monarquia e sobre a gênese de uma nova forma de Estado de corte republicano-democrático deve avaliar-se com muitos matizes. Foi comum a todas as revoluções a abolição das constituições monárquicas e dos ainda persistentes restos da primazia da nobreza, assim como sua substituição por uma nova e mais moderna forma de Estado. Este último já descreve o problema: os objetivos de caráter positivo, que tinham os revolucionários, foram em parte incertos e em parte reciprocamente excludentes. Se se deixa de lado a retórica auto-sonante, faltou um objetivo de caráter positivo.

Ainda hoje é difícil reconhecer a pluralidade de correntes heterogêneas que existiam. No entanto, podem-se apontar diversas linhas fundamentais. Uma delas foi a das constituições de conselhos, orientadas freqüentemente para diferentes interpretações da herança da república russa (1917). Outra linha fundamental dirigiu-se melhor para a constituição de um Estado parlamentar, inspirado nas constituições burguesas.

Entre seus partidários se encontravam fundamentalmente as elites de socialistas e as estruturas sindicais, assim como seus respectivos filiados. Assim, ao final de 1918, os revolucionários e os defensores do velho ordenamento não eram as duas únicas frentes políticas. Com efeito, a divisão entre os próprios revolucionários foi tal que os conflitos entre eles — particularmente na Alemanha e Hungria — desembocaram em uma espécie de *guerra civil* pela criação de um novo ordenamento. Por regra geral, uma revolução periga eclodir quando se suprime o antigo ordenamento sem substituí-lo por um novo (Hannah Arendt), e também quando não se aceita o atual.

Para os novos Estados e suas constituições, o trânsito de um a outro ordenamento jurídico-político era visto, com freqüência, como uma perda. A perda se referia não somente ao velho ordenamento, e sim, em primeiro termo, a todo ordenamento ou estabilidade e, com eles, a salvaguarda de uma função fundamental do Estado. Desde esta perspectiva, não se tratava tanto da alternativa entre um "Estado antigo ou um novo" e sim, sobretudo, entre "Estado ou não-Estado". Esta instabilidade minou, ao mesmo tempo, a capacidade de funcionamento e a legitimidade dos novos órgãos do Estado. Ali onde estas capacidade e legitimidade surgiram triunfantes das *guerras civis*.

No final, os conselhos não duraram. No entanto, eles se produziram com uma boa medida à custa de consideráveis perdas econômicas e de vidas humanas, especialmente na Hungria. Ali, as velhas elites lograram impor-se finalmente de uma nova forma de dominação política, pelo que a revolução se considerou então um fracasso. Por outra parte, as lutas por um sistema de conselhos contribuíram para uma considerável perda de confiança nos novos ordenamentos estatais, em especial na Alemanha. Os efeitos permanentes não se limitaram a esta perda de confiança, e sim, apareceram outros, como o fato de que a nova república tivera que buscar aliados para poder assentar-se.

Tais fatos encontraram, parcialmente, nos adeptos do sistema de conselhos, porém também — especialmente na Alemanha — entre os simpatizantes do velho ordenamento. Esta busca de aliados teve como preço que as novas Constituições foram amiúde pactuadas. As velhas possessões imobiliárias não foram eliminadas, ou o foram muito tarde, enquanto as mudanças inovadoras se introduziram lentamente ou se completaram com mecanismos de garantia que impediram o financiamento eficaz da nova forma de Estado. Em contextos sociais nos quais ocorreu a materialização de um sistema de governo de natureza parlamentar, implantou-se, por uma série de fatores daquele período histórico, o que de pior existia na política de outros processos democráticos.

Aliás, MIRKINE-GUETZÉVITCH (1933) demonstra a sua preocupação com o fracasso do parlamentarismo. A propósito, o pensamento de Carl SCHMITT (1996), nesses anos 20 do século passado, apela para "uma democracia homogênea" ou uma forma despudorada de Estado de exceção.

Estas hipotecas funcionais colocaram as novas constituições diante de duras provas, que impediam o cumprimento efetivo das futuras funções estatais.

4.7. OS ENCARGOS ECONÔMICOS E SOCIAIS

Uma constatação há de ser feita nesta parte do capítulo 4. Parece-nos que o êxito da presença do Estado e da força de uma constituição não se prendem, apenas, ao seu universo jurídico. É patente, para nós, que a grandeza dessas citadas categorias políticas é resultado do processo cultural como um todo.

Para tais fins, precisam ser examinados determinados pressupostos econômicos e sociais. A aceitação política de um Estado não pode se concretizar, por exemplo, se um número relevante de cidadãos vive na miséria ou está ameaçado por ela. Tampouco pode ser no sentido inverso. A conformidade subjetiva com a situação econômica implica necessariamente o acatamento com a própria ordem política.

O período entre guerras na Europa central constitui um marco ilustrativo e direto em favor da tese da conexão entre a aceitação da própria situação econômica e a situação política. Ainda que os problemas de identidade política depois de 1918 tenham se apresentado de diferentes maneiras, foi comum a todos os Estados da Europa central a presença de uma crítica situação econômica e social. Não se tratava de um problema específico da Europa central precisamente, pois afetava quase todo o mundo industrializado, inclusive, as potências vencedoras da guerra.

As conseqüências das crises econômicas apareceriam nos Estados afetados em épocas diferentes e com intensidade diversa, estendendo-se de forma desigual às distintas economias nacionais. Neste caso, as conseqüências foram piores para os perdedores da I Guerra Mundial do que para as potências vencedoras, já que, junto aos problemas gerais que afetavam a todos, só os perdedores se viram afetados por determinadas dificuldades. Uma delas foi a reconstituição completa do território dos Estados sucessores da monarquia do Danúbio.

Desse modo, dividiram-se regiões tradicionalmente existentes, fizeram-se mais difíceis os vínculos comerciais e econômicos e se deu espaço a diferentes estratégias de caráter econômico-político. Ou seja, os novos Estados já não pensavam de forma unitária e centrada na região como um conjunto, e sim, em primeiro lugar, em si mesmos. Onde as prioridades estatais divergiam nasceram novas barreiras econômicas e comerciais que, no pior dos casos, puderam atuar em médio prazo de forma negativa sobre todos os interessados.

Outros três motivos específicos de crise se produziram para os Estados da Europa central sucessores dos perdedores da guerra. Um deles é de mencionar o fato de que a I Guerra Mundial havia sido financiada quase em todas as partes através de créditos. Estes créditos de guerra deviam ser devolvidos posteriormente com as "vantagens adquiridas" (pilhagens, saques etc). Ora, os Estados perdedores não tiveram tal opção, pois não possuíam essas "vantagens" e deviam devolver o que haviam conseguido na guerra. Portanto, as obrigações de crédito que haviam contraído "para o futuro" ficaram, na prática, sem cobertura. Estes Estados deviam pagar suas dívidas com seu próprio patrimônio ou declará-lo sem valor.

O que se gastou adicionalmente em favor da guerra não pode ser utilizado para a paz. Isso sem levar em conta o custo com cuidados para com as vítimas da guerra, nem com a conversão de uma economia de guerra numa economia de paz. A isso se juntavam as obrigações de reparação dos perdedores da guerra como, aliás, já foi mencionado anteriormente em relação à própria Alemanha.

As potências vencedoras também não tinham feito "reservas diretas" durante a guerra. Para elas era mais importante conseguir depois (cremos, por meio dos processos de reparação de guerra, como foi o caso específico da França). Precisamente, era esse o sentido do Tratado de Versalhes de 1919, que impôs à Alemanha, por um período de tempo ilimitado, obrigações de reparação de um valor ilimitado. Tais obrigações deviam permitir às potências vencedoras cumprir suas próprias obrigações, em especial, com os Estados Unidos e credores privados.

O sistema internacional de obrigações oriundas de crédito e, com elas, a capacidade de pagamento de algumas potências vencedoras, haviam se baseado na premissa de que as reparações seriam cobradas (e pagas) integralmente e dentro do prazo. O que para os credores das reparações era o fundamento da garantia de sua cobrança, para seus devedores era a base de uma inadimplência quase permanente.

Estes últimos deviam suportar não só os gastos das guerra derivados de suas próprias obrigações de crédito, mas também, com os custos das potência vencedoras. Porém, como se encontravam endividados até o limite de sua capacidade, juntando todas as reparações a que estavam obrigados, iam muito além dos recursos oriundos de suas forças econômicas produtivas. Na quase desesperada situação econômica posterior à guerra, todos os Estados trataram de conseguir vantagens econômicas, ainda que fossem à custa dos demais países vencidos, como era a situação da Alemanha.

Nesse período, o livre comércio internacional era muito limitado, em seu lugar, imperavam diversas formas de "protecionismo econômico" nacional. Todos os Estados europeus se esforçaram, pois, em incrementar suas exportações e reduzir as importações. Por isso, a concorrência econômica foi, desde do princípio, assimétrica. A isso se juntaram as numerosas limitações à atividade econômica que os

Tratados de Paz (notadamente o de Versalhes de 1919) haviam imposto, especialmente à Alemanha. Estas disposições se revelaram absurdas desde o princípio, já que a dependência do ingresso de divisas procedente do comércio exterior era muito maior para os Estados com importantes débitos do que para aqueles outros cujas dívidas eram pequenas.

As dívidas dos obrigados pelas reparações de guerra eram especialmente elevadas. Estes Estados, desde o princípio, dependiam do livre comércio e da possibilidade de conseguir, mediante o comércio exterior, aquele dinheiro a cujo pagamento estavam obrigados.

O protecionismo da ordem posterior à guerra tendeu a impedir o que exigiam os tratados de paz: o cumprimento das obrigações de reparação por parte dos perdedores da guerra. Este fator contraditório da ordem posterior à guerra não só arrasou a economia dos devedores das reparações, como também, ao mesmo tempo, conduziu os credores a uma fatal dependência de alguns devedores incapazes de pagar. Essa situação afetou todas as economias nacionais européias, em diversos graus e da qual nenhuma delas acabou aproveitando devido ao descalabro e instabilidade econômica gerados.

No entanto, seria muito fácil atribuir a crise econômica e seus defeitos exclusivamente aos tratados de paz. O problema central da nova ordem de paz residiu no fato de os Estados não terem achado nenhum caminho durante os anos de 1920-1930 para passar da confrontação bélica à colaboração política e, particularmente, à política econômica. A superação da crise entre Estados foi, a princípio, muito frágil. Ademais, predominou, em excesso, a pretensão de liberar-se de seus próprios problemas à custa dos demais, com o que, raras vezes, se conseguiu limitar e isolar territorialmente os reveses.

Também não se conseguiu encontrar/construir mecanismos coletivos para superar os problemas comuns. Daí que o sistema econômico se mostrou, na maioria dos Estados, como um extremo instável.

De modo algum se pode dizer que a situação econômica foi má todo o tempo e, sim, que foi demasiadamente sensível a crises em suas boas fases e, nas más, demasiado desfavorável para que pudesse surgir, mesmo em médio prazo, uma estabilidade econômica. Ao contrário, alguns períodos de maior estabilidade foram marcados pelo temor do retorno das crises recém-passadas e pelo receio de outra iminente. Assim, Áustria e os novos Estados da Europa central e oriental caíram, depois da guerra, em uma longa fase de fragilidade econômica e institucional (MIRKINE-GUETZÉVITCH, 1933) que só melhorou depois, nos últimos anos da década de 1920, com oscilações temporais nos diferentes Estados.

A Alemanha, em comparação, resistiu bem à derrota militar e, inclusive, experimentou imediatamente depois da guerra, uma moderada melhora. Assim, a crise econômica e política só atingiu a República de Weimar a partir de 1920, potencializada posteriormente pelas *dèbacles* institucionais de 1931/1932.

Este processo econômico teve efeitos óbvios sobre a legitimidade política e a estabilidade dos Estados. A população atribuiu cada vez menos as crises econômicas à guerra e ao seu resultado, e, ao contrário, se acentuou cada vez mais a impressão de que os novos governos e parlamentos não estavam em situação de controlar efetivamente aquele processo. Em parte, inclusive, gerou-se a impressão de que os políticos sequer queriam fazê-lo. Esta erosão das expectativas precisamente nos Estados democráticos se refletiu sobre a constituição em seu conjunto. Se os órgãos do Estado e os políticos não fazem nada em favor do indivíduo, que razão há então para elegê-los? E se o destino econômico e social dos cidadãos era indiferente para os Estados democráticos, por que estes haveriam de aprovar e defender a democracia?

4.8. AS NOVAS CONSTITUIÇÕES

Em todos os países aqui mencionados introduziram-se novas formas de Estado democrático imediatamente depois da I Guerra Mundial. Estas iniciativas fracassaram quase em todas as partes, já que, exceto na antiga Tchecoslováquia, todas as democracias foram substituídas por regimes autoritários de direita, vejamos:

4.8.1. ALEMANHA

Depois da supressão da monarquia produziram-se enfrentamentos, próprios quase de uma guerra civil, entre os revolucionários comunistas e os sociais democratas, sobre o ordenamento pendente. Tais conflitos se impuseram, com o apoio do exército e da polícia da monarquia, dos partidários de uma constituição democrático-parlamentarista sobre os defensores de uma constituição de conselhos, como já mencionamos anteriormente. As eleições para a Assembléia Nacional havidas no começo de 1919 deram como resultado um leve predomínio dos heterogêneos partidos burgueses diante das frentes socialistas. A Assembléia Constituinte aprovou em Weimar com uma grande maioria a "Constituição do Reich de Weimar".

A nova Constituição se baseou em quatro postulados fundamentais: República, democracia, Estado federal e direitos fundamentais, situando-se dentro da tradição da constituição liberal de 1849 e, com ela, dos novos movimentos constitucionais burgueses. Já os elementos socialistas só encontraram acolhida em forma de princípios. A obra constitucional se esmerou por conseguir uma ambiciosa síntese do antigo e do novo. Havia que integrar numa nova ordem democrático-republicana políticos, partidos, funcionários públicos, municípios e Estados (federados) recebidos da monarquia. Com efeito, o Estado federal e as entidades administrativas municipais não foram afetados. Os Estados herdados da monarquia, apesar de seu distinto tamanho e capacidade, a princípio não foram reordenados e, mais tarde, o foram minimamente. No entanto, reduziram-se os ingressos econômicos dos Estados e dos municípios à custa do poder do Reich e foi diminuída a participação dos primeiros na função legislativa da república por meio do seu processo representativo via Conselho do Reich.

A ordem estatal da república se baseou na idéia democrática da "soberania popular". Os cidadãos eram, por um lado, titulares do poder do Estado e seu órgão supremo, porém, por outro lado, como indivíduos, também eram titulares de direitos e deveres fundamentais. A Constituição de Weimar foi mais além do tradicional acervo de direitos de liberdade e igualdade. Em particular, concebeu estes direitos não só como direitos dos cidadãos frente ao Estado, como, ao mesmo tempo, direitos junto ao Estado e no Estado. Assim, a segunda parte acumulava o pretensioso programa de uma ampla constituição social que, mais além dos direitos e obrigações civis dos cidadãos, também formulava fins econômicos, sociais e políticos.

A Constituição de 1919 tentou modelar as idéias de justiça material e de certa natureza procedimental notadamente no campo dos Direitos Sociais. Tais formulações tiveram que ser necessariamente extensivas e abertas.

Conceberam-se como prescrições finalistas, cuja realização ficava condicionada à intervenção dos Poderes Legislativo e Executivo. Neste ponto, mostrou-se ao mesmo tempo sua força e sua fragilidade, já que, de um lado, a constituição, por seu conteúdo, era ambiciosa e com perspectivas político-sociais amplas para o futuro; porém, de outro, dependia realmente de seu leal desenvolvimento por meio de outros órgãos do Estado. Entretanto, essa concretização constitucional não ocorreu, pois o estudado documento weimariano não estruturou a regulamentação de muitos dos seus dispositivos constitucionais, nem o controle constitucional (pela presença do Poder Judiciário como instrumento materializador da vontade constitucional).

O referendo só foi previsto para casos concretos e exclusivamente para o fim de aprovação de leis. O sistema eleitoral se fundamentou nas idéias de universalidade (também para as mulheres), caráter direto, igualdade e proporcionalidade. Os cidadãos elegiam tanto o Presidente como o Parlamento do Reich. A divisão de competência entre eles, no entanto, ficou incompleta. O Parlamento do Reich devia ter o centro de gravidade de sua atividade na função legislativa e no controle do Executivo. Pelo contrário, ao Presidente do Reich correspondiam fundamentalmente competências executivas: o controle supremo das forças armadas, a faculdade de nomear o Chanceler do Reich e competências no estado de exceção.

Apesar disso, ocorreram problemas de delimitação das competências de ambos, o que permitia a possibilidade de casos de superposição. Isso se produzia fundamentalmente em três casos: no que se refere à formação do governo, já que não se encontrava expressamente regulado quem devia designar os candidatos para o cargo de Chanceler do Reich. Podia tanto ser o Presidente do Reich, que o indicasse, como também o Parlamento do Reich, desde que confiasse no indicado; apesar de a atribuição do Chefe de Estado de dissolver o Parlamento certamente limitada, contra as expectativas de seus autores, a disposição constitucional não trouxe limites claros e precisos; e, ainda que a prerrogativa do Presidente do Reich para declarar o estado de exceção estivesse submetida ao controle parlamentar, a "ciência" jurídica defendeu a possibilidade de dissolução do Parlamento que havia de exercer o dito controle e, assim, privar de limites o estado de exceção.

Os três problemas aludidos encontraram sua raiz na idéia da "igualdade de peso" entre os órgãos diretamente eleitos pelo povo, manejados pela Assembléia Nacional. Esta idéia, procedente de doutrinas estrangeiras mal interpretadas, foi a expressão da desconfiança, especialmente dos liberais, para aproximação de uma parlamentarização desmesurada. No entanto, na Assembléia Nacional prevaleceu a idéia de criar um ordenamento estatal assentado no parlamentarismo.

A pretendida igualdade de peso gerou uma dupla dependência política do Governo em relação ao Chefe do Estado e a maioria do Parlamento do Reich. Enquanto ambas as partes permanecessem fiéis entre si, era possível alcançar aquela dependência, porém, em caso de confronto entre o Presidente e o Parlamento, o Governo ficava entre duas frentes.

A Constituição de Weimar de 1919 havia sido formulada com um conteúdo ambicioso e aberto. Por isso, o mais importante foi então sua interpretação e aplicação, na pratica. Os métodos de interpretação constitucional começaram, em seu tempo, a demandar uma precisão teórica e conceitual até então não conhecida.[225]

---

[225] Vide, a este respeito, SMEND (1928) e BÖCKENFÖRDE (1993:13-43).

O positivismo jurídico, que havia dominado irremediavelmente quase toda a segunda metade do século XIX alcançando a passagem da para o século XX, se desenvolveu e tratou de integrar as correntes sociais e filosóficas do momento. Mas, além dessa crise do positivismo jurídico vigente no início do século XX, é a Constituição de Weimar de 1919 que representará um divisor do debate jurídico, notadamente na Alemanha. Assim, as novas concepções de Hans Kelsen, Richard Thoma e Gerhard Anschütz resultaram limitadas para efetivar o conteúdo da Constituição de Weimar e para reforçar sua força normativa (CALDWELL, 1997, e JACOBSON e SCHLINK, 2000).

No entanto, a época da República de Weimar foi a do florescimento das metodologias das denominadas ciências do espírito (SMEND, 1928). Seu objetivo era superar, junto com a monarquia e sua constituição, também seu método específico: o seu positivismo jurídico resultante dos pensamentos de Paul Laband e Georg Jellinek nas suas concepções de teoria do Estado. Sua idéia fundamental comum consistiu, precisamente, em não conceber a Constituição de Weimar de 1919 de forma isolada, e sim, a partir de seu objeto. No entanto, a análise global do Estado, da política e do seu direito resultante, somente raras vezes se verificou concretamente. Ao contrário, a fundamentação das novas concepções teve lugar, na maioria dos casos, a uma perspectiva filosófica e teórico-estatal[226].

Tais idéias, necessariamente *a-históricas*, eram adequadas para viabilizar as teorias fundamentais do Estado, porém também foram capazes de, pelo menos, burlar o específico da Constituição de Weimar, relativizar seu particular conteúdo e debilitar sua força normativa. Assim, a polêmica me-

---

226 Particularmente em autores tais como SCHMITT e SMEND, mas também como Erich Kaufmann e Günter Holstein.

todológica era muito adequada para fundamentar e recolocar a teoria do Estado do ponto de vista de novos postulados teóricos. Pelo contrário, era menos para impor-se às teorias eventualmente concebidas pela nova constituição e, deste modo, clarear, legitimar e reforçar esta última.

O desenvolvimento da República de Weimar se viu afetado pelas graves condições anteriores, já expostas. Durante a crise que se abateu quando da sua fundação, marcada pelas dificuldades econômicas e uma guerra civil latente (até 1923), os partidos que sustentavam a constituição (o partido social-democrata, os democratas alemães, e o centro) perderam logo na primeira eleição para o Parlamento do Reich uma maioria que nunca mais voltaram a conquistar. Ademais, foi difícil encontrar políticos que estivessem dispostos a aceitar voluntariamente o cargo de Chanceler do Reich.

Assim, desde o princípio, o Presidente do Reich teve de buscar e apresentar candidatos, com o que a faculdade de formar governo passou necessariamente a suas mãos. A fragmentação do Parlamento e a ínfima disposição dos grupos parlamentares para a cooperação, bem como a formação de uma maioria através de coalizões, contribuíam também para fragilizar o sistema parlamentar. Quando a República passou por sua fase de estabilização (1924-1929), já estavam sedimentadas as bases de um sistema presidencialista de governo. Esta base se reforçara quando, com a eleição do Presidente Hindenburg (1925), a idéia de Governo presidencialista se introduz lentamente na práxis estatal.

Estas idéias encontraram maior acolhida quando a fragilidade política do Parlamento do Reich, permanecendo durante a estabilização da República. Os governos de minorias e os escassos governos majoritários, apoiados em colisões com duvidosa capacidade de integração política, assim como o Parlamento do Reich, pouquíssimas vezes apresentou-se disposto a levar a cabo as idéias da constituição e chegar a progressos visíveis na construção de uma República democrática. Quando a crise econômica mundial (iniciada pela quebra da Bolsa de Valores de Nova York em 1929) afetou também a Alemanha, já estava fortemente debilitada a confiança na capacidade de reação e configuração do sistema parlamentar. A contraditória tentativa de unir ambas opções conduziu a entrega da Chancelaria a Adolf Hitler e, com isso, ao definitivo fim da República.

4.8.2. ÁUSTRIA

Na Áustria, a monarquia foi derrubada em novembro de 1918. Como conseqüência da abolição da monarquia do Danúbio, a superveniente Áustria alemã caiu em uma crise existencial. No entanto, esta crise acabou rápido, já que os Estados de língua alemã expressaram sua vontade de permanecer como parte de uma nova Áustria. Os deputados daqueles territórios que ficaram no velho Conselho Imperial formaram imediatamente uma Assembléia Nacional provisória que, com uma constituição de caráter transitório, assentaram o caminho para a eleição da Assembléia Nacional Constituinte. Esta aprovou a Lei Constitucional Federal, de 1º de outubro de 1920 que, no entanto, praticamente só regulava as questões relativas à estrutura organizacional do Estado. Com respeito às garantias dos direitos fundamentais, permaneceu em vigor a velha Lei Fundamental do Estado de 1867, se bem que modificada. Aliás, a nova Lei Fundamental do Estado foi modificada repetidas vezes nos anos 20 e se viu completada por disposições posteriores. Por isso, o Direito Constitucional não se consagrou num só documento, ficando disperso em numerosas normas constitucionais de forma pouco clara.

O novo Direito Constitucional se baseava nas seguintes idéias fundamentais: descontinuidade, federalismo, parlamentarismo e Estado de Direito. A nova constituição partia da dissolução da monarquia dos Habsburgo e da velha Áustria. A nova república não seria, pois, um Estado juridicamente idêntico àquela monarquia. No entanto, esta interpretação só encontrou um reconhecimento parcial nas relações com outros Estados. Em particular, o Tratado de Paz de Saint-Germain considerou a república, em todo caso, como sucessora parcial da monarquia.

O federalismo teve importância nuclear na nova constituição. Os concretos Estados federados haviam preexistido à nova república e, mediante sua união, se haviam declarado partidários da nova identidade austríaca. Porém a república não se concebeu como uma união entre Estados, mas entre cidadãos. Desta maneira, o federalismo austríaco permaneceu ambivalente. Por uma parte, existia uma considerável garantia das autoridades legislativas, executivas e judiciárias dos Estados, incluída sua participação na função legislativa federal através do Conselho Federal. Porém, por outro lado, não se podia ignorar que os Estados federados e a capital Viena, a eles equiparados, eram pequenos e estavam bastante limitados em sua capacidade para assumir as funções estatais. Nunca tiveram o peso político dos grandes territórios da antiga monarquia.

Assim, a retórica federalista da constituição e das leis foi, com freqüência, mais intensa que a realidade federal do Estado. Na prática, desenvolveram-se fortes tendências unitaristas. Para isso contribuíram, com não menos importância, o papel diretor do Parlamento nacional diretamente eleito, o respeito à função legislativa, a existência de partidos organizados por toda a república e a ausência na prática de alternativa a esta última.

A idéia da república havia encontrado um reflexo comparativamente frágil na constituição. O chefe do Estado não era eleito diretamente pelo povo e sim pela Assembléia Federal, composta pelo Conselho Nacional e o Conselho Federal. Suas competências eram poucas, como costuma ser habitual no caso dos chefes de Estados advindos de uma eleição indireta. Ficaram reduzidas praticamente a atos simbólicos e formais: representava a república no exterior, efetuava nomeações, concedia honrarias e sancionava as leis em conformidade com a constituição. Não participava nem na formação do Governo nem detinha o comando supremo das forças armadas.

O traço fundamental da constituição foi seu acentuado parlamentarismo. A primeira câmara, o Conselho Nacional, era eleita pelo povo mediante sufrágio universal, livre e direto, por meio de um sistema eleitoral proporcional. Tendo em vista os poucos elementos para consulta popular acolhidos na constituição, coube à representação a primazia na transmissão de legitimidade democrática. O Conselho Nacional exerca a função legislativa e o poder de reforma constitucional.

À segunda câmara, o Conselho Federal, foram somente reservadas as atribuições de participação em algumas funções e sem qualquer poder de veto. O Conselho Nacional também elegia e controlava o governo sem colaboração de outros órgãos do Estado, nem mesmo do próprio Presidente da República. Ademais, nomeava o Presidente, Vice-Presidente e a metade dos membros do Tribunal Constitucional. O caráter de Estado de Direito, instaurado pela constituição, pôs particularmente restrito o controle judicial por meio do terceiro poder do Estado, especialmente do Tribunal Constitucional e do Tribunal Supremo Administrativo.

A teoria do Estado teve na Áustria um desenvolvimento ambivalente durante a república. Em conseqüência da redução do Estado ao território austro-alemão, diminuiu consideravelmente o número de faculdades e universidades. O número reduzido de especialistas em teoria do Estado dificultou a nova orientação da disciplina. Mesmo com bases tão limitadas, o estudo jurídico realizou grandes avanços, com a retomada da tradição jurídica da monarquia, reforçou seus reconhecidos resultados. Ademais, realizou múltiplos progressos metodológicos sob a influência da teoria pura do direito. A teoria positivista do Estado teve como base novos fundamentos do conhecimento teórico e foi proveitosamente utilizada para dar respostas a diversas questões jurídico-constitucionais, tanto antigas quanto novas. Porém, ao mesmo tempo, não se pode negar que, entre os relativamente pouco teóricos do Estado, não se deu demasiado pluralismo doutrinário, capaz de apresentar junto às inovações metodológicas outras relativas ao conteúdo. Assim, muitas inovações se reduziram meramente à forma. Só o destacado Hans Kelsen chegou a desenvolver uma teoria material para compreender o processo constitucional.

Todos os órgãos participantes aprovaram a constituição de 1º de outubro de 1920 com ampla maioria. Na contracorrente his33tórica amplamente dilatada, a jovem República não era um "Estado que ninguém queria". No entanto, o desenvolvimento da República se encontrou marcado por crises de identidade e uma profunda divisão social interna. A princípio, buscou a alternativa de união a jovem república Alemã ou de estabelecer uma própria estabilidade austríaca. Mais tarde emergiu a profunda divisão social. Esta se manifestou na acentuada confrontação entre os interesses dos camponeses e das classes médias, por um lado, e as exigências do setor industrial e de serviços, por outro. Este abismo se percebia revestido pela oposição entre a cidade de Viena e todos os demais Estados federados, assim como entre os partidos predominantes, respectivamente: os socialistas em Viena e o partido Democrata-Cristão no resto dos Estados. Apesar do sistema eleitoral proporcional, não se produz nenhuma fragmentação dos partidos no Conselho Nacional.

Porém as maiorias parlamentares concorreram entre si e muito próximas e os governos tinham escassa capacidade de integração. Assim, a adoção de decisões essenciais se transportava, cada vez mais, dos grupos realmente legitimados para outras estruturas informais. Empresários e sindicatos atuaram de maneira cada vez mais intensa diretamente na política. Porém estas fontes de corporativismo não puderam evitar violentas descargas de tensões políticas que se produziram na ocasião. E ainda, atrás do espetacular incêndio do Palácio da Justiça (1927), as organizações armadas paralelas aos partidos ganharam uma crescente influência, particularmente o partido territorial do "Heimwehr". Seu crescente peso dificultou a busca de maiorias e a formação de coalizões.

Em vista da paralisia do Parlamento e do Governo, assim como da nascente intranqüilidade motivada pelo nacional-socialismo, em 1932 se instalou um gabinete minoritário que deu um golpe de Estado em 1933 e instaurou um governo autoritário. Depois, a constituição de 1920, na prática, deixou de estar em vigor. Quando em 1924 o Presidente foi assassinado pelos nacional-socialistas, este processo autoritário de traços fascistas se reafirmou mediante uma reforma constitucional (30 de abril de 1934), até que o Estado foi voluntariamente anexado (*Auchluss*) à Alemanha Nacional-Socialista em 1938.

4.8.3. POLÔNIA

Depois da I Guerra Mundial, a Polônia resgatou sua independência como Estado graças aos tratados de paz. No entanto, no início, as fronteiras de seu território não haviam sido fixadas claramente. Por essa razão, se produziram conflitos armados na fronteira ocidental com Alemanha, na oriental com a Ucrânia e no norte com Lituânia. Conflitos que terminaram em 1921 e 1923 mediante novos tratados ou acordos de paz.

Sob estas desfavoráveis circunstâncias exteriores, instalou-se a Assembléia Nacional Constituinte, depois de uma reordenação jurídica provisória levada adiante pela denominada "pequena constituição". Nessa Assembléia predominou uma maioria burguesa conservadora, enquanto os partidos socialistas permaneciam na maioria e as numerosas minorias nacionais estavam fortemente sub-representadas. A constituinte aprovou uma constituição republicana que se fundamentou no modelo francês. A nova Constituição da República polonesa se apoiava nos seguintes princípios: pepública, democracia, divisão de poderes e Estado de Direito. A república encontrou sua mais clara expressão na função do presidente, eleita pela "Assembléia Nacional", composta por duas Câmaras do Parlamento. Renunciou-se, pois, à eleição popular direta do presidente. As competências do chefe de Estado eram escassas — como já dissemos, é algo que costuma ser habitual no caso dos Presidentes indiretamente eleitos — : representava o Estado no exterior, nomeava os funcionários, sancionava as leis e os regulamentos e dirigia — porém somente *de iure* — o mando supremo das forças armadas. Seus atos necessitavam sempre do referendo do Presidente do Conselho de Ministros e do ministro competente. O fundamento do princípio democrático foi a eleição da primeira câmara parlamentarista, por sufrágio universal, extensivo às mulheres, e de natureza secreta.

A representação popular se elegia mediante um procedimento eleitoral misto: as maiorias dos deputados eram eleitos de acordo com uma fórmula eleitoral majoritária, uma minoria delas era eleita mediante um sistema proporcional a partir de uma lista estatal. O Parlamento aprovava as leis, pelo que o Senado, segunda Câmara eleita de forma indireta, igual à Áustria e Alemanha, somente correspondia uma faculdade de veto suspensivo. Menos claras eram as disposições relativas ao controle parlamentar do governo.

Seguindo o exemplo alemão, foi mantida a idéia de responsabilidade parlamentar. Cabe, dessa forma, ao Poder Legislativo retirar a confiança ao gabinete parlamentar sempre que a representação política questionar a sua permanência no poder. Já a eleição do presidente, por outro lado, não foi regulamentada de forma precisa. Nem foi estabelecida expressamente sua eleição parlamentar, muito menos a participação do Parlamento na eleição dos ministros. Aqui, como na Alemanha e diferente da Áustria, faltaram disposições concretas a respeito. O Poder Executivo — e somente ele — se baseou no princípio da desconcentração; os departamentos administrativos, as províncias e municípios possuíam autonomia administrativa. Os detalhados direitos e deveres dos cidadãos regulamentavam essencialmente seu *status* jurídico no Estado.

No que tange às disposições sobre a economia, muito ficou a desejar em comparação com as disposições contidas na Constituição de Weimar. O princípio de Estado de Direito encontrou sua expressão, entre outros muitos aspectos, nas minuciosas normas que regulamentaram a independência do poder judicial. No entanto, os tribunais careciam de competência para controlar a constitucionalidade das leis validamente aprovadas.

O desenvolvimento constitucional da jovem república se mostrou crítico desde o princípio. O novo Direito Constitucional teve pouca eficácia na vida política. Os problemas internos e externos do Estado *plurinacional*[227] eram demasiadamente importantes e a integração na ordem política foi muito escassa. Com freqüência — particularmente no quadro de um Estado que até então era mais agrícola que industrial —, coexistiam velhas estruturas de poder do feudalismo tardio, junto com novas estruturas de poder previstas na constituição, que atuaram em certas ocasiões de forma conjunta e, em outras, de maneira independente, porém também, muito freqüentemente, umas contra as outras. A isso se juntou o papel diretor dos militares, que eram os que, já durante as lutas pela instituição da república, haviam levado principalmente o peso de fundação do Estado. Sua lealdade era maior ao antigo comandante Pilsudski[228] do que à república. Este também teve um importante papel político na denominada nova república, já com a constituição, até 1923, altos cargos no governo e, assumiu o cargo de chefe supremo das Forças Armadas. Em 1926, depois de uma agitação interna, produziu-se o golpe militar de Pilsudski, abolindo a Constituição de 1921 e estabelecendo um novo governo autoritário sustentado pelo exército. Ele mesmo só ostentou duas vezes (e por um período de tempo limitado) o cargo de Presidente, sendo,

---

227 HÄBERLE (2002:116): "El pluralismo es medida de todo lo humano por basarse siempre en presupuestos antropológicos."

228 A Polônia voltou a ser independente em 1918 com a liderança de József Pilsudski que, aproveitando a instabilidade interna da União Soviética, avançou sobre a Lituânia e a Ucrânia. Mais tarde o Exército Vermelho obrigou a Polônia a se retirar destes territórios. Os anos que decorreram entre 1918 e 1926 foram de instabilidade, o país foi governado por 14 coligações multipartidárias. Cf. http://espb2003.no.sapo.pt/polonia.htm. Acesso em 07/07/2004.

em outros momentos, Ministro da Defesa e chefe supremo das Forças Armadas. Mesmo tendo sido Pilsudski um personagem politicamente predominante, não conseguiu substituir a Constituição de 1921 por outra autoritária, devido à forte resistência das facções do Seim[229] e de parte da população. Não obstante os elementos democráticos da constituição, nada mais eram que uma mera fachada. O sistema Pilsudski, com a morte de seu fundador (1935), porém sobreviveu até o advento da ocupação alemã (1939).

4.8.4. A ANTIGA TCHECOSLOVÁQUIA

A Tchecoslováquia, concebida politicamente depois da I Guerra Mundial, havia obtido da Áustria o reconhecimento jurídico de sua soberania como Estado. Diferentemente da Polônia, seu território foi automaticamente consolidado e reconhecido nos Tratados de Paz de Saint-Germain. O número de minorias existentes, relativamente alto, era comparável ao do Estado vizinho. No entanto, a fundação do Estado esteve fortemente marcada pela idéia nacional: a unidade, a integridade e a indivisibilidade do território e da população, se puseram em relevo na constituição desde o princípio. Desde esse momento, os problemas de integração — particularmente com a grande mino-

---

229 A Revolução de 1917 na Rússia e o surgimento do governo bolchevista, a assinatura de um armistício entre a Rússia, Alemanha e seus aliados e a evacuação das tropas russas do *front* do Cáucaso mudariam drasticamente o panorama político da região. Os três países do Cáucaso (Armênia, Azerbaijão e Geórgia) instituíram, em fevereiro de 1918, o "Seim" (triunvirato) da Transcaucásia. Em abril do mesmo ano, o "Seim" se transformou em República Democrática Federal, separando a região do resto da Rússia.

ria de população alemã (28% do total) — foram certamente inevitáveis.

Imediatamente depois da I Guerra Mundial, quando ainda existia formalmente a monarquia dos Habsburgo, a Checoslováquia já tinha uma constituição provisória e um presidente. A função e a pessoa do chefe de Estado se iam revelar importantes fatores de integração. A nova constituição, aprovada pela Assembléia Nacional de maneira unânime, baseou-se nos seguintes princípios: unidade do Estado e da Nação, república, democracia e Estado de Direito. A idéia da unidade estatal foi firmemente estabelecida na constituição e se traduz num acentuado centralismo do poder do Estado. Somente o território de Podkarpatska Rus, cujos limites estavam ainda por fixar, devia ter uma representação popular própria. Porém, neste caso específico, não se consolidou uma representação popular própria com autonomia política digna de menção.

A república encontrou sua expressão numa função presidencial relativamente forte. O Presidente, eleito indiretamente por ambas as câmaras do Parlamento, teve ampla competência, comparativamente falando (em relação ao próprio Estado checoslovaco. Ele não só devia desempenhar as habituais competências formais, como a representação internacional no exterior, o exame e promulgação das leis, assim como a nomeação dos funcionários. A importância de sua posição se pôs em relevo também na formação do governo, já que a ele correspondia decidir quem eram os Ministros que, na continuação, elegiam entre si o chefe de governo. Ademais, estava autorizado a participar dos Conselhos de Ministros e a chamar o governo para deliberar.

O controle parlamentar se limitava, em essência, à faculdade de destituição. Tirando a eleição indireta do Presidente, na prática o sistema se aproximou de um sistema de governo presidencialista; uma circunstância que era favorável à estabilidade do Estado, diante das relevantes personalidades que faziam parte dele, especialmente de seu Primeiro-Ministro Masaryk, e diante de uma certa incapacidade do Parlamento para conseguir consenso. O ideal democrático se expressou, em particular, no direito do povo de eleger o Legislativo (em todas as esferas). A constituição instaurou um sistema bicameral formado por uma Câmara de Deputados e um Senado.

Como conseqüência dos elementos federais na constituição, ambas as câmaras eram eleitas por todos, sem qualquer exclusão política, o povo mediante o mesmo sistema proporcional. Somente era distinta a duração das legislaturas: 6 anos para a primeira Câmara e 8 anos para a segunda. Também as competências foram diferentes: unicamente a Câmara dos Deputados controlava o governo. O Senado participava somente na função legislativa. Este último tinha, ainda, poder de veto, no entanto, tal veto sempre poderia ser derrubado pela Câmara de Deputados, desde que a maioria qualificada (sempre em relação ao tipo de matéria) de seus representantes assim deliberasse.

Uma parte detalhada da constituição esteve dedicada aos direitos e obrigações dos cidadãos. A posição dos juízes, e particularmente do Tribunal Constitucional, foi regulada de forma extensa. O Estado de Direito se manifestou, entre outros aspectos, na extensa competência de controle de normas atribuídas ao Tribunal Constitucional.

O desenvolvimento constitucional da antiga Checoslováquia se distinguiu, diante dos demais Estados aqui tratados, por um traço particular. A democracia constitucionalmente estabelecida perigou em muitas ocasiões, porém nunca foi abandonada. A república parlamentarista permaneceu incólume até a ocupação alemã (1938).

Em 1938, a então Checoslováquia era um dos poucos Estados democráticos que existiam no centro e no leste da Europa. Até esse momento, o forte poder presidencial se mostrou suficiente para reagir contra as forças centrífugas que se haviam originado no povo e no Parlamento. No entanto, não se pode esquecer os grandes esforços separatistas da maioria alemã, particularmente desde a chegada ao poder de Hitler (1933). Com isso, sobrepuseram-se duas tendências: a das forças separatistas na Checoslováquia e a expansionista da Alemanha nacional-socialista.

4.8.5. HUNGRIA

A Hungria optou por um caminho especial. O país tinha ao mesmo tempo os vencedores e os perdedores da "paz". Por um lado, havia conseguido a soberania como Estado, porém, por outro, havia visto seu território ser severamente reduzido em virtude do Tratado de Trianon (de 4 de junho de 1920). Não menos de cinco Estados receberam em torno da metade do tradicional território húngaro e aproximadamente um terço de seu povo anterior. Depois da guerra não se conseguiu, inicialmente, a consolidação do Estado.

Durante essa transição se instituíram, no princípio (outubro de 1918), um governo revolucionário, e ato seguinte, uma ditadura proletária (março de 1919), que na subseqüente guerra civil foi vencida pelas tropas invasoras romenas e pelo contingente de imigrantes a elas vinculado. Estes estabeleceram um novo governo (agosto de 1919) que derivava sua legitimidade da volta da velha Constituição de 1867.

A partir desse momento, esta constituição se considerou o fundamento estatal de uma nova Hungria, agora soberana. Não se aprovou, pois, nenhuma nova constituição. No entanto, com fins de adaptar o velho ordenamento à nova situação, foram aprovadas várias leis que regularam o que já também dispunham as constituições de outros Estados. Estas leis foram vistas realmente como a base jurídica do novo Estado húngaro.

Teoricamente, o ordenamento estatal se embasava no princípio monárquico, com a Coroa como titular de todas as faculdades e obrigações do Estado. Porém, como a casa dos Habsburgo já não podia ser titular da monarquia, a Assembléia Nacional havia decretado a extinção do poder régio, o direito à livre eleição do monarca e, ao mesmo tempo, a suspensão da dita eleição. Já anteriormente, o comandante do exército vencedor da guerra civil, Horthy, havia sido nomeado regente por um tempo indeterminado mediante lei. Ele exerceu as faculdades do monarca ausente. A representação popular participava exclusivamente na função legislativa, cujos representantes eram eleitos nos distritos pelos eleitores varões: os grandes distritos eleitorais elegiam vários deputados mediante um sistema proporcional, os pequenos somente elegiam um deputado. No caso destes últimos, a eleição ainda era pública. No tocante aos direitos fundamentais, em particular a liberdade de imprensa, de reunião e de associação foram seriamente limitados por leis imediatamente posteriores à guerra civil, seguida após o final da I Guerra Mundial.

O desenvolvimento constitucional logo evidenciou que a constituição e suas leis de aperfeiçoamento tiveram na prática uma escassa significação. O governo autoritário, com a ajuda das leis para a defesa do Estado, oprimiu os movimentos democráticos e socialistas que questionavam a forma de governo existente. Enquanto isso, Horthy consegui pactuar com os movimentos de extrema direita que se desenvolveram rapidamente durante os anos 30, e se manteve no poder ate finais de 1944, com o apoio da Alemanha de Hitler.

4.9. COMPARAÇÃO ENTRE OS PROCESSOS POLÍTICO-INSTITUCIONAIS DESCRITOS

A exposição dos acontecimentos nos diferentes Estados revela algumas diferenças mas também demonstra vários paralelos. Como complemento à queda da forma de Estado republicano-democrático em quase todos os Estados da Europa central, apareceu a catástrofe da II Guerra Mundial, que assolou a metade do continente, deixando para trás cerca de cinqüenta milhões de mortos como conseqüência de ações militares, crimes de guerra e o extermínio nacional-socialista de judeus e outros grupos da população.

Imediatamente depois de 1945, surgiu a pergunta sobre as causas do ocorrido. De uma perspectiva teórico-constitucional se traça a seguinte pergunta: Fracassaram as Constituições? Ou o fracasso foi devido a causas políticas, econômicas ou sociais subjacentes às constituições?

À vista das diferenças entre as constituições expostas, tem-se a impressão que, se em quase todos os Estados descritos não se esteve em situação de deter a crise do processo democrático, não se pode sustentar que as constituições fossem defeituosas em seu conjunto. Por isso, devemos buscar responder o seguinte problema teórico: existem condições constitucionais de caráter político ou social que sejam necessárias para sustentar a médio prazo uma república democrática? Quando se está permanentemente sob um estado de exceção, não pode desenvolver-se uma constituição concebida para a normalidade.

Porém, o que é o contrário de um estado de exceção, senão aquela suposta situação de normalidade? Devemos partir da premissa de que o estado de exceção pressupõe uma situação política excepcional e, inversamente, uma situação de normalidade requer um contexto político que possa ser caracterizado de "situação normal". Esta última descreve um conjunto de condições, pressupostos ainda que não explicados pelo constituinte, que são necessárias para a funcionalidade de cada constituição. O debate decorre, e em parte explica, sobre aquele "estado de normalidade estatal", como analisaremos na seqüência.

4.10. A HOMOGENEIDADE SOCIAL DA POPULAÇÃO COMO CONDIÇÃO DE UMA DEMOCRACIA FUNCIONAL

Já durante o período entre as Guerras Mundiais, a teoria alemã do Estado pôs em relevo a necessidade de uma homogeneidade social como condição de uma democracia funcional. Certamente, mais difícil é responder à pergunta de como alcançar a dita homogeneidade. Em primeiro lugar, deve existir uma classe média o mais ampla possível. Não deve depender economicamente somente do Estado. Pelo contrário, deve procurar por si mesma uma base econômica suficiente para poder representar um contrapeso social diante do Estado. Se o Estado constitui o único fator econômico, falta progressiva repartição equilibrada de poder social que possa limitar, efetivamente, o poder do Estado e fundamentar, definitivamente, uma democracia.

Por conseguinte, a homogeneidade da democracia é a homogeneidade das classes médias. Uma homogeneidade na qual a maioria da população vive na miséria ou está ameaçada de chegar a este ponto não só forma uma má base democrática como também representa um crescente perigo de que os adversários desta forma de Estado possam conseguir com argumentos econômicos e sociais o apoio da maioria e, com ele, paralisar ou eliminar a democracia.

Outro elemento da homogeneidade é que o povo se encontre dividido por específicos enfrentamentos. Uma cisão, que dividisse o povo em dois ou em algumas poucas "frentes", conduziria todos os cidadãos a condicionar seu comportamento político ao grupo a que pertencesse. Tal divisão, produzida, por exemplo, por um enfrentamento confessional, corporativo, étnico ou de classe, conduz à dominação de um grupo homogêneo sobre os demais e, conseqüentemente, impede a igualdade de direitos e a progressiva equiparação de oportunidades na participação de todos os cidadãos no exercício ou na legitimação do poder.

Com certeza, esta última é uma condição funcional de toda democracia que se sustenta nas urnas. Isso não significa que as diferenças confessionais ou étnicas devam ser sempre prejudiciais para a democracia. Ao contrário, a democracia se fundamenta justamente na diferença, não numa igualdade absoluta. Porém as diferenças não devem permitir que a sociedade se divida de forma duradoura. Uma diferenciação que divida a população em diversos grupos com características heterogêneas é ótima se, as pessoas pertencentes aos concretos grupos majoritários pertençam, ao mesmo tempo, a outros grupos minoritários ou a vários grupos majoritários ou minoritários. Os problemas surgem, por exemplo, quando existem dois grandes grupos de população de diferente religião, que pertencem respectivamente a diversas etnias isoladas entre si, e os pertencentes a um dos grupos são considerados mais ricos que os de outro grupo.

Durante o período entre as guerras se debateu sobre as circunstâncias sob as quais o povo mostra seu necessário grau de homogeneidade. Viu-se que nem todo o povo mostra obrigatoriamente o grau de homogeneidade necessário para a democracia, porque a homogeneidade não pode ser simplesmente proposta. Pelo contrário, a construção da homogeneidade e a superação da divisão social são um incessante trabalho da política, particularmente da política educacional, cultural, social e econômica, que o Estado deve desempenhar. Por isso, devem colaborar, no possível, com outros grupos sociais, confissões religiosas, partidos, associações etc.

4.11. A CAPACIDADE DE RESPOSTA COMO CONDIÇÃO FUNCIONAL DA DEMOCRACIA

A forma de Estado democrático exige dos cidadãos uma incessante prestação de serviços. Estes devem aceitar as medidas do poder público ainda quando não as hajam consentido, colaborando deste modo com a legitimação da forma de poder político e, em caso de necessidade, defender a democracia contra seus inimigos.[230] Também devem participar todos os possíveis nas eleições e nas votações, ainda quando seus interesses não constituam o objeto direto nas eleições da votação. A democracia não implica, precisamente, somente vantagens, mas também um custo para os cidadãos.

Este custo somente será suportado pelos cidadãos se eles obtêm um benefício reconhecível. A democracia não deve somente exigir, e sim também oferecer algo. Este argumento é mais válido na medida em que a democracia não quer, nem pode, obter o consentimento dos seus cidadãos pela força. Se o povo, pois, aceita e oferece seu serviço, a

---

[230] Aliás, o legado constitucional alemão pós-1945 denominará esse processo de democracia militante. Cf. DENNINGER (1996).

democracia também deve oferecer algo. Nesse caso, a democracia possuirá uma relação de preço-serviço.

Esta idéia pode surpreender à primeira vista, porque normalmente a mera existência da democracia se concebe como um valor em si mesma cujo preço é seu valor. Porém, em qualquer caso, este ponto de vista é superficial, pois o inegável valor da democracia beneficiaria aos cidadãos em diferente medida. Por exemplo, que estes estejam autorizados a escolher os governantes só é uma vantagem para os governados se os eleitos levarem em conta os interesses dos eleitores. Um cidadão que sequer pode esperar que um dos candidatos 'advogue" por ele, não tem praticamente motivos para participar na eleição. Por outro lado, os candidatos e os partidos devem apostar nos interesses dos cidadãos se querem ser eleitos. Para eles bastam meras promessas verbais muito a curto prazo.

A médio prazo, os cidadãos se darão conta se os eleitos cumprem ou não suas promessas. E quem só promete o que não cumpre, dentro de um prazo determinado de tempo, terá menores oportunidades de ser reeleito. A capacidade de resposta da democracia é, pois, sua condição funcional, isto é, a disposição de quem foi eleito, dos partidos e dos candidatos para conhecer os desejos e interesses dos eleitores, debater com eles mediante argumentos, representá-los politicamente e esclarecer, em todos os casos, as derrotas sofridas.

Esta condição funcional atua diante dos diversos grupos de eleitores de diferentes maneiras. Em todo o caso, em uma democracia não deve existir nenhum grupo relevante de cidadãos que possa ter a impressão de que seus interesses não são representados por nenhum partido ou agrupamento de eleitores porque, então, esses grupos não teriam nenhum motivo para prestar serviço a democracia. De uma visão subjetiva poderia, inclusive, ser-lhes mais benéfico votar em candidatos ou partidos não democráticos que prometam acolher seus interesses.

4.12. A TRADIÇÃO E A ESTABILIDADE DAS INSTITUIÇÕES POLÍTICAS COMO CONDIÇÕES FUNCIONAIS DA DEMOCRACIA

Diante das experiências européias do período entre as guerras, surgiu a idéia de considerar também a tradição e estabilidade das instituições como condições funcionais da democracia. Efetivamente, o fato de que o ordenamento político estabelecido posteriormente à 1ª Guerra Mundial não tivera nenhuma tradição própria nos Estados, concebeu-se como um dos motivos do fracasso da maioria das constituições. Regra geral, os povos não tinham experiência com as instituições e regras democráticas, ou esta era somente insignificante. Concretamente, o parlamentarismo não havia chegado à prática.

Por isso, sustenta-se que com freqüência se depositaram falsas esperanças na nova forma de Estado, ou esperanças demasiado elevadas que, na prática, não se havia podido satisfazer. Desta forma, o povo não havia se acostumado a ser responsável, através de seus representantes, das desvantagens e dos prejuízos que pudessem criar. Ademais, se pensa que, justamente naqueles Estados que haviam perdido a guerra, havia faltado a ansiada recompensa à introdução da democracia. Quase nada havia melhorado com a supressão das monarquias, ao contrário, as coisas haviam piorado muito. No entanto, este processo não foi atribuído às monarquias e às condições externas e, sim, de forma muito precipitada, às jovens repúblicas democráticas.

Em especial, rara vez havia chegado a nascer à esperança de poder melhorar em médio prazo as condições de vida sob a democracia. Na falta de perspectivas de melhora, a disposição popular de suportar as desvantagens havia sido mínima.

Estas observações não esclarecem completamente o processo aqui descrito. Certamente, se pode dizer que na maioria dos Estados que antes do fim da guerra não haviam tido ainda experiência democrática, as novas constituições foram pouco a pouco sendo abolidas. Já a Inglaterra e — com limitações — a França aparecem como um apreciado exemplo de estabilidade democrática.

Tampouco a nova forma de Estado estava necessariamente condenada ao fracasso nas jovens repúblicas democráticas. O exemplo da Checoslováquia mostra que, depois da 1ª Guerra mundial, também era possível construir uma república democrática capaz de sobreviver ainda sem tradição nem experiência democrática. Portanto, as velhas regras e experiências de então não foram condições funcionais imprescindíveis para a democracia. Porém, ao contrário, também se pode ressaltar que a existência de experiências e de tradições democráticas melhorou as oportunidades de auto-afirmação e realização das novas constituições.

Quanto mais estáveis foram as instituições, mais estiveram, desde o princípio, em disposição de acabar com os desafios e crises como os que caracterizaram o período entre as guerras. No entanto essa demanda por instituições político-jurídicas estáveis não ocorreu nesse momento histórico estudado por nós (*cf*. MIRKINE-GUETZÉVITCH, 1933). Ao mesmo tempo, se vê que um elemento importante de estabilidade democrática é a voluntária identificação das elites políticas com a própria constituição. Onde as elites, por antipatia ou por cálculo racional, se opõem à constituição, a república e a democracia não têm nenhuma oportunidade de consolidar-se. Isso é particularmente válido quando aqueles inimigos da constituição se apoderam das altas instâncias do Estado e do governo. Isto se viu em numerosos exemplos, como a indiferença de grande parte do exército e das classe médias na Polônia para a nova constituição, e o assalto na Alemanha por parte dos inimigos da república aos mais altos cargos do Estado (desde 1930).

Em tais casos, a experiência e a estabilidade das instituições podem representar motivos capazes de estimular as elites a se colocarem na base da nova república democrática. No entanto, esta não é a única razão. Lá onde os membros das elites tradicionais ou funcionais não se situam voluntariamente na base de uma nova forma de Estado, também pode fazê-lo se são convencidos disso. Para tanto, necessita-se, certamente, de benefícios palpáveis da democracia e, derivados dela, argumentos em favor desta nova forma de Estado.

4.13. A AUTODETERMINAÇÃO DA DEMOCRACIA POR MEIO DA TEORIA CONSTITUCIONAL

Depois de 1945, muito se debateu sobre outra condição funcional da democracia em Weimar. Referia-se aos pressupostos ou reais defeitos das cartas políticas, principalmente desta. Chegou-se a sustentar que as constituições anteriores a esse conflito mundial não haviam estado em disposição de organizar de forma estável a república democrática. As constituições haviam dado demasiada importância aos elementos de cisão do povo e de legitimação democrática. E, ao contrário, não haviam assegurado suficientemente a estabilidade do parlamento e do governo.

A crítica se dirigiu em particular contra um sistema eleitoral proporcional sem elementos de correção: contra a ausência de cláusulas que impediram o acesso de determinados partidos a representação popular; contra a ilimitada faculdade do Parlamento para retirar sua confiança no governo; contra a faculdade demasiadamente ampla do Executivo de dissolver o Parlamento, contra a defesa do ordenamento jurídico —, recepcionada nas constituições de forma em parte demasiadamente pobre e em parte demasiadamente extensa; e, finalmente, contra uma ampla competência de reforma ou supressão da constituição.

Aqui não podemos nem devemos decidir se tal crítica estava realmente justificada. Em todo o caso, chama atenção o fato de que essa crítica se orientou com força sobre o conteúdo da constituição de Weimar, sem levar em conta outras constituições. No entanto, entre as constituições da Europa central, não predominou a uniformidade, mas a pluralidade, É significativo que os diferentes conteúdos — mais ou menos parlamentarismo, mais ou menos proporcionalidade no sistema eleitoral — não impediram o naufrágio das constituições. Ao contrário, as constituições se corroeram na maioria dos Estados aqui descritos, apesar das diferentes configurações dos conceitos de democracia e parlamentarismo. A polêmica alemã aparece; pois, de um ponto de vista comparado, é pouco plausível.

As repúblicas democráticas podem ser configuradas de forma mais ou menos funcional por suas constituições. Com isso, a forma de Estado poderia tendencialmente estabilizar-se ou desestabilizar-se. Questão distinta é até que ponto a autodefesa da república e da democracia pode ou deve levar-se a cabo através do direito. Como ponto de partida, pode-se seguramente afirmar que nenhuma constituição protege a si própria e a comunidade política (HESSE, 1991) de uma revolução violenta ou de um golpe de Estado — como na Polônia e na Áustria — com o que, no sentido contrário, os Estados democráticos deveriam pressupor, precisamente, a aceitação de seus cidadãos.

Por conseguinte, somente uma análise do direito comparado pode mostrar se foram realmente as constituições que causaram, aceleraram ou retardaram sua própria destruição. Disto se deduz que a possibilidade de sustentar *teorias constitucionais* sobre o naufrágio das repúblicas democráticas no período entre as Guerras Mundiais é muito limitada.

HÄBERLE (2000:117) chama atenção para o fato de que uma constituição deve ter princípios procedimentais para resolver conflitos cotidianos, bem como, mecanismos para criar convergência e consenso, gerando assim predisposição política para o compromisso e, conseqüentemente, aumentando a capacidade de cidadania em seu conjunto em prol de maiores níveis de tolerância. Nas palavras do pensador alemão: *"sin estas virtudes ciudadanas ninguna Costituición libertaria podria mantener sus proprias premisas de liberdad ni tampoco consolidar tipo alguno de Estado."*

Finalmente, seria demasiadamente superficial deduzir que uma das grandes qualidades das constituições européias posteriores à Segunda Guerra Mundial seja sua estabilidade. Estas puderam se desenvolver numa atmosfera comparativamente mais pacífica e, deste modo, até hoje não foram expostas aos intensos desafios econômicos, sociais e políticos havidos no período entre guerras.

4.14. A ORGANIZAÇÃO DOS PODERES DO ESTADO

As constituições após a Primeira Guerra se inspiraram, em sua maioria, no sistema parlamentar, baseado no princípio de que o governo tem que cair se perde a confiança do Parlamento. O parlamentarismo "clássico" se define como um sistema de equilíbrio entre os dois poderes, expressado na possibilidade de o Parlamento exigir responsabilidade ao Governo e no direito de dissolução daquele que detém o poder Executivo: o conflito entre ambos os poderes é resolvido pelo eleitorado quando, convocado pelo chefe de Estado, a quem corresponde o direito de dissolução, elege um novo Parlamento.

O novo tratamento constitucional do princípio parlamentar incorpora novidades: introduz-se instrumentos de democracia direta; se ressalta a primazia do Poder Legislativo reduzindo as competências do chefe de Estado, e se insere na constituição o procedimento do parlamentarismo.

Diversas medidas pretendem fortalecer a primazia do Poder Legislativo: A Câmara Alta perde competências e, em determinadas ocasiões, as competências desaparecem, institucionaliza-se um órgão parlamentar permanente, e se redefine a posição do Presidente da República cortando suas competências diante do Parlamento, a quem se concede, em alguns casos, a designação do governo. Este caráter subordinado do presidente, que levou Redslob a falar de "parlamentarismo apócrifo", não foi um fenômeno universal, como concreto na Constituição de Weimar de 1919.

Tampouco cabe esquecer que aquelas medidas tendentes a potencializar a posição do Parlamento são compatíveis com outra que reforça o Executivo, que assume competências especiais em matéria de suspensão de garantias ou estabelece regulamentos sobre seguridade. Também pode prescrever normas com força de lei por delegação do Legislativo, bem como aprovar, com determinados controles, legislação de urgência com força de lei ou "regulamentos de necessidade".

A pretensão de submeter a vida política ao direito leva ao que se há denominado "parlamentarismo racionalizado", intenção de previsão constitucional das complexas regras que regem as relações entre Parlamento e o Poder Executivo. As constituições definem explicitamente as formas de dependência do governo com respeito ao Parlamento, mediante uma precisa disciplina de procedimentos originariamente deixados à prática e ao costume, regulamentando os votos de confiança, para dar garantias ao Executivo diante das eventuais utilizações irresponsáveis da desconfiança por parte do Legislativo.

Neste parâmetro se move a constituição espanhola de 1931. Seguindo as pautas do constitucionalismo da época, o texto de 1931 tenta garantir a centralidade do Parlamento, optando por cortes unicamerais e recuperando a representação permanente da mesma; facilita uma política mais ágil do Executivo, que pode receber uma delegação legislativa, e que habilita para ditar legislação de urgência; regula os mecanismos clássicos do parlamentarismo nas relações entre governo e Parlamento, e empreende uma não-fácil definição da posição do Presidente da República que se tenta configurar como um *Pouvoir neutre* entre aqueles.

O debate sobre o caráter monocameral ou bicameral do Parlamento dividiu a doutrina e os constituintes europeus. Numa época em que o argumento democrático apoiava a existência de uma só câmara que expressasse uma única vontade geral.

4.15. O PODER EXECUTIVO — O PRESIDENTE DA REPÚBLICA E O GOVERNO

No que diz respeito ao Poder Executivo, importa a menção do caráter dual que, todavia, mantém, particularmente em Weimar, com um Presidente da República que é chefe do Executivo ao mesmo tempo que chefe de Estado.

A racionalização do parlamentarismo nos Estados republicanos tinham que resolver o não-simples problema de definir as tarefas respectivas do chefe de Estado e do chefe de Governo. Se nas monarquias parlamentaristas isso estava basicamente resolvido por meio do esvaziamento dos poderes do rei, não era fácil, nas repúblicas, compatibilizar as funções de um presidente eleito por procedimentos democráticos (diretos ou não) e um chefe de Governo que dirige a política e responde diante do Parlamento.

O único exemplo existente até então, o da III República francesa, dificilmente podia servir de modelo. Na França, a existência de responsabilidade do governo se procedia através da apresentação de um motivo que não requeria número mínimo para sua apresentação nem maioria especial para sua aprovação, derivando uma extrema instabilidade governamental.

O constituinte de Weimar é o primeiro a tentar uma regulamentação que permita aquela relação estável, e o faz definindo um presidente do Reich, cuja posição se baseia em um elemento monárquico utilizado numa moderna constituição do Estado de Direito para construir um equilíbrio entre Legislativo e Executivo. O Presidente assume o papel das relações entre Presidente, Chanceler e Legislativo, o modelo parlamentarista depende de outras variáveis alheias ao texto constitucional, tais como estabilidade do sistema de partidos e o tempo, que permite definir na prática de como são as relações entre eles. Porém as democracias que então nasciam não dispuseram de um nem de outro.

4.16. A RACIONALIZAÇÃO DO FEDERALISMO E O ESTADO INTEGRAL

A atenção para os problemas locais era a segunda característica mais notável do constitucionalismo da época, junto com a importância das modificações procedentes do espírito ou sentido sindicalista, e será um dos âmbitos em que se manifesta de modo mais frutífero a intenção de racionalização do Estado, afastando questões mais ou menos diretamente políticas (debates históricos sobre quem é o titular da soberania, se o Estado federal ou os Estados-membros), para centrar-se na regulação de suas relações mútuas.

A necessidade do constituinte de Weimar de revisar a atípica estrutura territorial do II Reich obriga a uma nova reflexão sobre o federalismo. A diferença daquele sistema, baseado num particularismo dos Estados que descansa no princípio monárquico, estabelece uma estrutura uniforme da qual desaparecem os velhos traços contratualistas próprios da antiga Federação. A Constituição de Weimar se afirma como obra do povo alemão, e não dos Estados. O federalismo se vincula com a satisfação das aspirações culturais e econômicas do povo, e a primazia do Reich se manifesta na definição de suas competências, na prevalência do Direito da Federação sobre a dos Länder, e na própria definição do território destes na eventual formação de novos entes integrantes da federação alemã.

Trata-se de um modelo diferente do considerado federalismo clássico. É um sistema que pretende, basicamente, promover a racionalização do regime federativo, convertido então em princípio de organização social, deixando de ser princípio político inspirado em considerações dinásticas ou históricas fora do direito.

Esta intenção de transformação da política em direito tem seu desenvolvimento nas idéias de Kelsen e na Constituição austríaca que é obra sua. O federalismo que nela se desenha deixa de ser justificado com argumentos políticos e históricos, e se constitui como um sistema lógico e harmônico de grande autonomia e prudente descentralização esboçado, não do ponto de vista da proteção de interesses políticos ou nacionais, mas como tentativa de regulação objetiva e defesa jurídica dos interesses local e central.

A importância do local e a revisão do federalismo são fenômenos alheios à problemática vinculada com o princípio das nacionalidades ou o direito a autodeterminação, que haviam inspirado a criação dos Estados nascidos em 1918. Porém a transcendência política daquela convulsão do mapa da Europa (e a problemática das minorias nacionais provocada, em boa medida, pelo modo de se realizar aquele processo) afetou em vários países as propostas nacionalistas em zonas com mais ou menos explícitas aspirações a se constituírem em Estados.

É uma característica básica do federalismo clássico o estabelecimento de vias de participação dos Estados-membros nos processos de tomada de decisão do Estado federal, normalmente no Legislativo por meio da segunda câmara (Bundesrat). O *Bundesrat* vê diminuir suas competências no federalismo "racionalizado" da época, começando por Weimar, donde a reforma do Conselho federal permite o desmembramento dos direitos do Estado e acaba com a proeminência da Prússia. O mesmo processo se dá na Constituição austríaca, que realiza uma maior dissipação das funções do Conselho federal.

Ainda que dotados de algumas insuficiências, os textos constitucionais republicanos tinham elementos suficientes para fazer deslanchar um sistema democrático na Europa (o que não aconteceu naquele período) em que a lei e os usos poderiam superar as limitações e resolver os problemas. Se isso não foi possível, não foi pelo conteúdo das constituições após I Guerra Mundial e sim porque o contexto social político descrito por nós anteriormente da época foi demasiadamente intenso.

A grande crise da sociedade capitalista liberal, que foi politicamente estável enquanto funcionou a economia, não podia resolver-se com textos jurídicos. De fato, somente pode evitar-se sem descalabros onde, além de uma economia desenvolvida, havia uma integração democrática razoavelmente sedimentada. Tudo isso faltou aos países da Europa central bem como na Espanha e Portugal. Porém os autores da Constituição de Weimar sonharam que a razão poderia impor-se e tentaram organizar a liberdade. Tal expectativa vê-se agora possível através da União Européia, ente político que começa a tomar forma no Tratado de Roma de 1958, chegando aos nossos dias com o ambicioso projeto de *uma constituição européia*, abrindo o debate para novas possibilidades de arranjos políticos, sociais, econômicos e constitucionais.

4.17. A UNIÃO EUROPÉIA — A LEGITIMAÇÃO E A DEMOCRACIA

Após o exaustivo exame dos impasses sociais, político-ideológicos (nacionalismo) e econômicos decorrentes do período pós-1918, levando ao colapso seu processo constitucional, não podemos esquecer a rica fase de resgate de um sistema democrático ocorrido no legado das constituições pós-1945.

Não é de todo inoportuno lembrar como o constitucionalista MIRKINE-GUETZÉVITCH (1933) defendia, de modo ardoroso — e isto antes da eclosão da II Guerra Mundial (1939-1945) —, a relevância de uma construção democrática para a Europa.

Mesmo sem identificação precisa, a União Européia é um ente político. Dessa premissa, partimos em busca de sua natureza político-institucional. É ela agora uma organização de padrão internacional clássico, ou estamos diante de uma organização *sui generis*, que se convencionou denominar de supranacional, ou ainda, estamos diante de uma federação? O que nos parece incontestável é se tratar de uma entidade política, com amplitude de competências, instituições com poderes, as normas que cria têm efeito direto e estão acima das ordens jurídicas nacionais etc. Mesmo sendo sua origem econômica, estamos hoje diante de uma entidade muito mais política.

Assim, sendo a política, normalmente, sinônimo de governo ou de poder, na sua versão mais clássica, "poder de impor a lei", definir o que é o poder político é uma questão tão ou mais intricada do que a da natureza da União Européia. Há mesmo quem o considere impossível de definir; vejamos;

> As três forças fundamentais que dominam a vida do homem em sociedade e regem a totalidade das relações humanas, são: o amor, a fé e o poder; ...Não obstante, há algo de comum a estas três forças: o homem pode senti-las e experimentá-las, assim como apreciar o seu efeito sobre si mesmo e sobre o meio em que está inserido; mas o que não consegue é conhecer a sua realidade interna. Toda a atividade lógica é insuficiente para penetrar a sua essência.... Poder-se-á conhecer como estas forças operam, mas não captar o que elas são realmente. Qualquer definição ontológica está condenada ao fracasso e a capacidade de percepção humana está confinada ao resultado externo.[231]

LORD ACTON há muito já advertia que "o poder corrompe, o poder absoluto corrompe absolutamente".[232] Par-

---
231 LOEWENSTEIN(1979:23).
232 LORD ACTON (2000:23).

tiremos, pois, do princípio que o poder, e principalmente o poder político, é uma realidade em várias esferas e, como tal, por sua força atuante, deva ter limites aos quais se submeta. No contexto da União Européia — entidade que tem uma natureza política —, também o seu poder deverá ser submetido a esses limites. O constitucionalismo procura alcançar esse desiderato. Ou nas palavras de Gomes Canotilho: "Constitucionalismo é a teoria que ergue o princípio do governo limitado indispensável à garantia dos direitos em dimensão estruturante da organização político-social de uma comunidade."[233]

Das várias questões relacionadas com o constitucionalismo, tanto numa perspectiva jurídica como política, dois conceitos vêm aguçando o debate em torno do projeto da constituição Européia — o de legitimidade e o de democracia. O primeiro porque se prende com a justificação do exercício do poder e o segundo com a sua organização. Eles são os instrumentos necessários de controle, portanto remanescem importantes.

A justificação do governo do exercício do poder é a legitimidade. Através dela, ou por ela, ou ainda, em seu nome os indivíduos aceitam submeter-se a determinado poder. Sobre ela o principal foi dito por Weber[234]. O poder é legítimo porque sempre foi visto dessa forma. O poder é legítimo por virtude de um vínculo emocional que se estabelece entre governantes e governados e que não está muito longe da fé. Essencialmente, fé nas qualidades dos detentores do poder. Essas qualidades podem ser intrínsecas ou advir do fato de estes serem representantes daquele ou daqueles que devem exercer o poder (e.g., o povo ou a divindade). E mais, o poder pode ser legítimo por repre-

---

233 CANOTILHO (2004:62).
234 WEBER (1954: 334)

sentar uma verdade racional absoluta. Como, por exemplo, corresponder a um imperativo de justiça ou consubstanciar o direito natural. Finalmente, a legitimidade do poder pode derivar da crença na legalidade, traduzindo-se na obediência a preceitos jurídicos estatuídos segundo um procedimento usual e formalmente corretos.

A maneira mais usual atualmente de legitimação do poder é formal. O exercício do poder e a estrutura e meios utilizados nesse exercício são como as duas faces de uma moeda e, por isso, inseparáveis. Se tal estrutura e meios forem adequados, o exercício do poder será legítimo, não apenas formal mas também substancialmente. Além disso, o poder é, principalmente, o poder de impor a lei, instrumento que, seguindo a teoria formal, permite combater esse mesmo poder.

No entanto, a limitação do poder seria alcançada, do ponto de vista de modelo teórico, apenas se este fosse legítimo e democrático. Definir o que seja democracia não é, também, tarefa fácil. Normalmente considera-se que a democracia é o exercício do "Poder pelo Povo"[235]. Mas há quem tenha exatamente a opinião contrária. POPPER considera que: "A democracia nunca foi a soberania do povo, não pode ser nem deve ser"[236].

Devendo a democracia ser considerada um conjunto de regras às quais o exercício do poder deve estar submetido, a noção de legitimidade, dentro de mecanismos assegurados juridicamente por via da concepção de legalidade.[237] O

---

235 CONSTANT (1989: 61), referindo-se à soberania do povo: "A Constituição francesa (promulgada no dia 4 de junho de 1814) reconhece formalmente o princípio da soberania do povo, isto é, a supremacia da vontade geral sobre toda a vontade particular."
236 POPPER (1977: 121).
237 HABERMAS (1997:130) chama atenção para esse aspecto ao ana-

poder político pode ser visto, dessa forma, como a faculdade de impor a lei (que é uma regra). A legitimidade do poder deve fundar-se nos procedimentos que são reconhecidos como os adequados para criar a lei (ou seja, num conjunto de regras). A democracia deve ser vista como um conjunto de regras e não apenas como o exercício do poder por uma qualquer entidade mais ou menos mítica.

Apesar do propalado "déficit democrático" da União Européia, tema dos mais variados estudos, artigos, ensaios etc., o problema talvez seja mais simples do que parece à primeira vista. A dificuldade está, precisamente, em considerar que a única definição válida de democracia é a de exercício do poder pelo povo. Se nos preocuparmos apenas com quem exerce o poder, deparamo-nos com dois candidatos incontestados a esse exercício: o povo europeu e os Estados europeus. E aí ficaremos prisioneiros de um mais um impasse político-social dentro da trajetória histórica européia[238], acrescendo ao rol do nacionalismo e das dificuldades inerentes ao processo democrático.

No que se refere à acepção da palavra povo carregada da simbologia do pertencimento a uma Nação/Estado, o

---

lisar as teorias de Kant e Hobbes: "Kant percebeu que os direitos subjetivos não podem ser fundamentados segundo um modelo extraído do direito privado. Contra Hobbes, ele levanta a seguinte objeção convincente: ele não levou em consideração a diferença estrutural entre a figura da legitimação do contrato de socialização e um contrato privado."

238 *"Tanto la mera doctrina como cualquier acción basada en el Derecho constitucional deben ser continuamente reconsiderados mediante una reflexión permanente junto con un esfuerzo de autoanálisis paralelo para poder tomar conciencia de sus propios límites y posibilidades, así como de sus probables éxitos y peligros potenciales, todo ello siempre con vistas a la defensa de su causa, una causa que no es otra que la consecución de un orden democrático básico para todos en libertad y con dignidad."*. HÄBERLE (2002:59).

"povo europeu" não existe[239], já que, em princípio, não podemos afirmar que a união Européia seja, realmente, uma Nação/Estado. Assim, pelo menos por enquanto, podemos concluir pela inexistência de uma concepção cultural e ideológica denominada de *povo europeu*.

Se ela inexiste, não pode exercer o poder — o que, mantidas as linhas de compreensão clássicas sobre democracia, levaria à conclusão de que essa prática não seria possível no âmbito da União Européia. Este problema parece não perturbar boa parte da comunidade política e mesmo acadêmica. Muitos consideram que se trata de uma situação meramente temporária e decorrente de entraves que seriam, quase que propositadamente, colocados ao seu desenvolvimento. Se forem criadas as condições necessárias, o *povo europeu* surgirá. O que se consubstancia normalmente em criar um quadro institucional idêntico ao dos Estados Nacionais.

Há os que defendam que, não existindo um *povo europeu*, a legitimidade da União Européia deve basear-se nos Estados europeus e, conseqüentemente, deverão ser estes a exercer o poder. Como exemplo, citamos a teoria articulada no Acórdão do Tribunal Constitucional alemão, que veio a ficar conhecida como "*no demos theory*".[240]

---

239 Ou, em sentido contrário, sim! Vejamos o que nos mostra MÜLLER (1998:100): "Quem é o povo? Não se trata, no tocante à pergunta pela ação, de 'massas' das espécies dos textos de agitação; não se trata de um proletariado revolucionário escatológico, que é colocado em prontidão; não se trata de um exército paralelo de guerrilheiros. Trata-se de 'todo' o povo dos generosos documentos constitucionais; da população, de todas as pessoas, inclusive (até o momento) das sobreintegradas e das (até o momento) excluídas; trata-se do povo enquanto destinatário das prestações estatais negativas e positivas, que a cultura jurídica respectiva já atingiu."

240 *Cf.* no portal da internet www.fd.ucp.pt/publicacoes_sub.1.php. Acesso em 7 de setembro de 2004.

Esta teoria legitima o poder da União Européia nos Estados-membros, enquanto representantes dos povos europeus. É da nação que emana o poder e a União Européia não é uma nação. A legitimidade desta não pode residir no "povo europeu" porque este não existe. A legitimação democrática só pode ser alcançada, pois, indiretamente — através dos Estados. O poder de cada Estado é legítimo, por que é legitimado pelo seu próprio povo. As decisões tomadas por um órgão composto pelos representantes dos Estados são, por isso, democráticas; mais, são as únicas verdadeiramente democráticas. O problema desta posição está em que os Estados não imperam. Se a nossa questão for saber quem exerce o poder, temos que buscar a quem é que esse poder em última análise se reconduz. Esta perspectiva não consegue contornar a questão da soberania.[241]

Um governo é democrático se estiver sujeito à soberania popular. O povo é, simultaneamente, cidadão e soberano. Acontece que uma situação semelhante numa comunidade de Estados e não de indivíduos é difícil de sustentar se as regras do jogo não forem as do Direito Internacional Público. Só que a União Européia não é uma organização internacional clássica, nem se rege pelos princípios do Direito Internacional Público. O Tribunal de Justiça afastou a utilização de tais princípios na interpretação das normas de Direito Comunitário, para fazer uso, principalmente, de princípios de Direito Constitucional. Para LOBO (2001:120), os "Tratados Comunitários são considerados a Constituição das Comunidades, assumindo, cada vez mais incisivamente, a sua natureza constitucional."

---

241 HABERMAS conclui que "a partir da história dos Estados nacionais europeus é patente que o Estado nacional tem que se livrar do potencial ambivalente de nacionalismo que, na origem, foi o veículo de seu sucesso". (2000:304).

Se a isso juntarmos a amplitude das competências da União Européia e a forma como a transferência dessas competências tem se processado, os poderes das instituições européias, em especial do Tribunal de Justiça e a influência ou mesmo supervisão que a ordem jurídica européia hoje exerce sobre as ordens nacionais, claro se torna que os Estados Nacionais não exercem o poder na União Européia de forma soberana e não podem por isso assegurar a sua legitimidade democrática.

Estamos, pois, perante o que parece ser um dilema insolúvel. O povo não existe e os Estados não imperam. Não é possível estabelecer um governo europeu legítimo e democrático. Porém o dilema se desvanece se colocarmos a questão em outros termos. Se nos preocuparmos em analisar as regras de organização e exercício do poder para determinar se elas permitem um poder legítimo e democrático, em vez de procurar descobrir quem exerce o poder. Para atingirmos essa finalidade, necessitamos de um instrumento para analisar essas regras. Ou seja, um instrumento de análise e em seguida aplicá-lo ao quadro jurídico-institucional da União Européia para determinar se, à luz de tal instrumento, o poder da União Européia pode ser considerar legítimo e democrático.

Na obra *The Calculous of Consent*, os autores desenvolvem o que designam por "Teoria Individualista da Comunidade". Esta é uma teoria que procura descrever e explicar as escolhas coletivas (políticas) dos indivíduos. As escolhas coletivas são, essencialmente, formas de tentar reconciliar interesses conflitantes. O modelo utilizado na obra supracitada à tributário da teoria dos mercados de *Downs* e deu origem a corrente que hoje se designa por *"public choice"*. É uma teoria metodologicamente individualista e econômica. Parte de uma análise dos custos e benefícios que cada ação coletiva proporciona a cada indivíduo, para dessa forma explicar as suas escolhas.[242] Tendentes à obtenção da satisfação de interesses puramente individuais, "a ação coletiva é vista como a ação dos indivíduos quando estes decidem alcançar alguns objetivos coletivos em vez de individualmente, e o governo não é mais do que o processo que permite a concretização dessa ação coletiva. Nesta perspectiva o Estado é algo construído pelo homem, um artefato."[243]

O Estado não é uma realidade ontológica absoluta, com uma vontade racional imanente, é antes um processo, um conjunto de regras ou normas que permite aproximarmonos tanto quanto possível de uma ação coletiva perfeita, que nos permite descobrir o interesse geral.

O ponto inicial da análise, de acordo com esta teoria, é uma situação hipotética de anarquia pura e não uma qualquer comunidade ou grupo individualizado por características ou particularidades que lhe são específicas. Em anarquia, cada indivíduo tem não apenas que prover a todas as suas necessidades sozinho, o que é uma tarefa árdua, como sofrer as conseqüências das ações de todos os outros indivíduos na persecução dessa mesma tarefa. Nessas circunstâncias a vida seria certamente muito difícil. A escolha racional do indivíduo será a cooperação com os outros indivíduos. Daí que o homem viva normalmente em grupos ou comunidades. O grupo permite tornar mais fácil a persecução das necessidades de cada um. Além disso, permite também diminuir aquilo que BUCHANAN & TULLOCK designam por "custos externos"[244], um dos conceitos-chave desta teoria e que são: "os custos que o indivíduo espera

---

242 BUCHANAN & TULLOCK (1996:12).
243 BUCHANAN & TULLOCK (1996:13).
244 BUCHANAN & TULLOCK (1996:45).

suportar como resultado da ação de outros indivíduos que ele não consegue controlar..."[245]

Se houver um acordo entre os indivíduos, prévio à persecução de qualquer ação, o número de decisões e ações diminuem: Se duas pessoas do grupo, quaisquer duas, forem necessárias para haver acordo antes da decisão coletiva ser tomada, haverá menos decisões que o indivíduo espera sejam contrárias aos seus desejos. Ou seja, só se todos concordarem que determinada ação lhes é benéfica é que essa ação não tem custos externos para ninguém. Corresponde ao interesse geral. Essa deve ser a decisão do grupo, a decisão política ou coletiva.

Seguindo a teoria, as operações através das quais os indivíduos chegam a acordo também têm em si mesmas custos, que BUCHANAN & TULLOCK designam por "custos de decisão". Estes advêm, essencialmente, de dois fatores. Primeiro, do fato de os indivíduos serem diferentes e terem objetivos diferentes. Isso implica que vão ter opiniões e posições diferentes face às diversas questões que se colocam ao grupo. Assim sendo, cada indivíduo será tentado a "negociar" o seu acordo a determinada ação com a qual não concorda, em troca do consentimento dos outros em questões que lhe interessem mais particularmente, mas que ele sabe merecerem a oposição de alguns ou de todos.

A estrutura política é vista como o resultado de escolhas racionais de cada indivíduo com base numa análise de custos, partindo de um modelo com duas variáveis que alteram na proporção inversa. Daqui resulta, à luz desta teoria, ser estruturalmente impossível obter uma organização perfeita para as instituições políticas. Não existe, pois, um modelo institucional perfeito aplicável a toda e qualquer

---

245 BUCHANAN & TULLOCK (1996:67-68).

sociedade. Estaremos sempre perante alternativas imperfeitas. Qualquer alteração que permita uma diminuição dos custos externos implicará necessariamente uma subida dos custos de decisão. Um modelo em que se encontre um ponto de equilíbrio entre os custos externos e os custos de decisão, será o mais próximo que alguma vez chegaremos do ideal. Esse ponto varia certamente de comunidade para comunidade de acordo com as características próprias de cada uma.

Assim, se acima dissemos que uma situação de anarquia pura não é sustentável, concluímos que uma situação de coletivização total também não o é. Situações há que será mais racional para o indivíduo agir individualmente ou estabelecer formas de cooperação restrita, o que conhecemos como celebração de contratos. Só faz sentido agir coletivamente (politicamente) se os custos dessa ação forem inferiores aos da ação individual ou cooperativa.

Compreende-se, assim, por que raramente encontramos estruturas políticas que se organizem com base na regra da decisão unânime. E os desvios que se permitam essa regra deverão ser decorrência desse fato. É devido aos custos exorbitantes da unanimidade que as decisões coletivas são usualmente tomadas por maioria. O que implicará necessariamente na concretização de coligações — umas ganhadoras e outras perdedoras. E é também devido aos exorbitantes custos de decisão que raramente encontramos estruturas políticas que se organizem em democracia direta:

> A democracia direta, seja qual for a regra de decisão, torna-se demasiado dispendiosa em qualquer situação que não a de grupos muito pequenos, principalmente quando não estão em causa apenas uma ou outra questão específica e isolada. De acordo com o nosso modelo

um dos meios de reduzir os custos é geralmente através do governo representativo.[246]

Chegamos, pois, ao mesmo ponto que o constitucionalismo clássico — ao governo representativo. Só que enquanto para o constitucionalismo clássico o governo representativo é legítimo porque os representantes agem em nome do povo que é a entidade a quem eticamente deve competir o exercício do poder, a teoria individualista da coletividade o considera legítimo porque permite obter ou aproximar do ponto de equilíbrio, quanto aos custos da ação, entre as variáveis que compõem o modelo. Só nesse ponto fará sentido atuar coletivamente.

Mas se o objeto de análise for o governo representativo, a busca do ponto de equilíbrio centra-se, essencialmente, na determinação do grau de representação. A esse grau corresponderá o governo democrático. O que em termos de União Européia poderia querer dizer que desde que se encontrasse um grau "satisfatório" de representação da sociedade européia, poderia ter um governo legítimo e democrático, com ou sem povo, com ou sem Estados.

Encontrar esse grau "satisfatório" de representação implica, por outro lado, num modelo complexo, porque tem que estabelecer regras para a escolha dos representantes, e para estes a deliberarem. Adicionalmente, ter-se-á também que estabelecer qual o grau de representação dos representados e qual o critério de seleção dos candidatos a representantes.

A opção por tomar decisões coletivamente e a forma de organizar o processo decisório são, elas próprias, necessariamente decisões coletivas. Decisões coletivas essas que deverão ser tomadas de acordo com determinadas regras.

---

246 BUCHANAN & TULLOCK (1996:213).

Regras essas que também só poderão ser escolhidas coletivamente. Assim, cada vez que resolvemos o problema ele se coloca de novo. A análise dos custos externos e dos custos de deliberação terá, pois, de repetir-se sucessivamente em níveis e estágios diferentes da estruturação política.

Na maioria das democracias que conhecemos, representantes e representados não se organizam com base no mesmo critério. E sim, organizam-se de acordo com um fator geográfico e elegem representantes dessa região, cujo número é fixo e predeterminado. Mas esses representantes não são necessariamente naturais dessa região, não são eleitos no pressuposto de defenderem os interesses dela, nem a assembléia se organiza com base nesse princípio. Os candidatos a representantes organizam-se com base num fator ideológico — em partidos políticos. A proposta política de cada grupo de candidatos é apresentada a todos os constituintes de todas as circunscrições geográficas de igual forma. É com base num critério ideológico que a assembléia se organiza. O número de representantes de cada grupo ideológico não é fixo, pelo contrário, varia com o resultado da escolha dos constituintes.

Deste modelo podemos extrair o seguinte padrão nas democracias existentes: os constituintes organizam-se de acordo com um fator de representação mais aleatório ou objetivo — a área de residência —, sendo fixo e predeterminado o número de representantes de cada grupo. Por sua vez, os candidatos a representantes agrupam-se de acordo com um critério mais funcional — a ideologia —, mas o número de representantes que cada ideologia conseguirá eleger varia com o resultado eleitoral. A regra de designação refere-se ao método de eleição dos representantes. E pode variar consoante o número de representados chamados a participar na designação. Quanto maior esse número, mais abrangente a regra de designação; o sufrágio universal direto é um bom exemplo de uma regra de designação abrangente.

Normalmente, todos participam na designação, mas basta uma maioria simples para eleger um representante. Além disso, a regra de designação deverá permitir o rodízio dos representantes. Pois que, quer a regra de eleição seja a maioria ou um sistema proporcional, o fato é que não poderemos fugir à formação de coligações vencedoras e vencidas. Se essas coligações não pudessem variar no futuro, os vencidos poderiam esperar sempre decisões adversas do governo. Se as eleições se repetirem com periodicidade, as coligações hoje vencedoras poderão ser vencidas amanhã. O indivíduo poderá, por isso, admitir que no futuro nem todas as decisões lhe serão desfavoráveis.

No grau de representação, a variável diz respeito à proporção entre o número de representantes e o número de representados. Esta relação é fortemente afetada pelas dimensões do grupo. A representação é tanto mais fiel quanto maior for a proporção do número de representantes em relação ao número de total de representados. O que será um dos fundamentos lógicos da descentralização dos Estados em unidades menores. É um dos paradoxos da democracia. Porque um grupo maior necessita de um grau de representação maior, mas não o pode ter. Por outro lado, o grau de representação dos constituintes é normalmente fixo e estável na maioria das democracias que conhecemos.

4.18. A ESTRUTURA INSTITUCIONAL DA UNIÃO EUROPÉIA

A União Européia conheceu dois modelos institucionais; estes são mais heurísticos do que históricos. Esses modelos serão: um anterior e outro posterior ao Tratado de

Maastricht. Entre eles existem diferenças institucionais significativas, o que justifica esta distinção. No modelo Pré-Maastricht, os poderes do Parlamento são restritos. Conforme o artigo 137 do Tratado, de Roma estabelece, a Assembléia dispõe de poderes de deliberação e fiscalização. Contudo, tais poderes não tinham concretização prática. Percorrendo o Tratado, vemos que, à exceção da discussão e aprovação do orçamento, os poderes do Parlamento, relativamente às várias políticas comunitárias, são essencialmente consultivos e não deliberativos.[247] Também os poderes de fiscalização são extremamente reduzidos, resumindo-se à possibilidade de aprovação de uma moção de censura à Comissão e à aprovação da execução do orçamento.

O projeto de tratado que estabelece uma constituição para a Europa[248] procura respeitar as identidades e características de cada Estado-membro, fator fundamental na construção de uma Europa unida em torno de objetivos comuns. Assim, estabelece:

Artigo 5º: Relações entre a União e os Estados-membros
1. A União respeita a identidade nacional dos Estados-membros, refletida nas estruturas políticas e constitucionais fundamentais de cada um deles, incluindo no que se refere à autonomia local e regional. Respeita também as funções essenciais do Estado, nomeadamente as que se destinam a garantir a integridade territorial, manter a ordem pública e salvaguardar a segurança interna.

---

247 Ver artigos: 14.7, 43.2, 54, 56, 57, 63, 75, 87, 100, 127, 201, 203, 209, 236 e 238 do Tratado de Roma.
248 A aprovação do projeto como constituição para a Europa não será apenas popular, conforme procuramos apresentar pelo quadro abaixo.

2. Em virtude do princípio da cooperação leal, a União e os Estados-membros respeitam-se e assistem-se mutuamente no cumprimento das missões decorrentes da constituição. Os Estados-membros facilitam à União o cumprimento da sua missão e abstêm-se de qualquer medida suscetível de pôr em risco a realização dos objetivos enunciados na constituição.

Nessas circunstâncias, a construção dessa nova Europa passa pela adaptação de necessidades internas com objetivos comuns e não comuns de seus membros, superando barreiras teoricamente intransponíveis, tanto lingüísticas e políticas, quanto de costumes e de direito, diante de problemas verdadeiramente globalizados.

Assim, a União Européia, com seus 25 membros[249] e 455 milhões de habitantes, adotando o paradigma da laicidade[250], aprovou uma constituição para todo o continente europeu, rompendo com a blindagem proposta pelo setor conservador capitaneado pelo Vaticano, possibilitando a

---

249 *Cf.* RITUERTO (2004). Em entrevista concedida em Bruxelas, o novo Presidente da Comissão Européia, José Manuel Durão BARROSO, afirma ter como um dos seus objetivos durante cinco anos de mandato, a inclusão de dois ou três membros: Bulgária, Romênia e Croácia.

250 Considerando a opção pela laicidade, LLOSA (2004) afirma: "*Han hecho bien los gobiernos europeos en aprobar un proyecto de Constitución en cuyo preámbulo no se mencionen las 'raíces cristanas' de Europa, como pedían algunos dirigentes y exigia el Vaticano. Desde luego que el cristianismo es un componente central de la tradición y la cultura de Occidente, pero, de este modo, la carta fundamental de la naciente Europa unida subraya el carácter laico del Estado y enmarca la religión y la vida espiritual de los europeos en el ámbito que lo corresponde: lo privado.*" Considerando tal reflexão, afirma: "*Gracias a que existe esta frontera entre lo público y lo privado Europa es democrática.*"

entrada de países muçulmanos (SOLANA, 2004)[251]. No mesmo sentido, a luta contra as discriminações raciais, de gênero etc., demonstra a busca do equilíbrio necessário à concretização da idéia de hegemonia mínima suficiente à composição deste bloco que apresenta um novo modelo que não se confunde com o federalismo.Tendo esse raciocínio, é fácil compreender que o atual momento de aprovação da constituição européia é uma prova evidente de superar os impasses, já citados anteriormente, advindos dos períodos pós-1918 e, após a II Guerra Mundial e de enfrentar novos desafios desse tema de diversidade nos campos étnicos, políticos, de cidadania e de gênero.

Quase meio século depois de ter sido lançado, em 1957, o projeto da construção européia[252], os líderes das 25 nações que hoje integram a União Européia assinaram, em 29 de outubro de 2004, na cidade de Roma, a primeira

---

251 Em entrevista concedida ao periódico espanhol *El País*, o futuro primeiro-ministro do Exterior da União Européia, Javier Solana, quando perguntado sobre a possibilidade da abertura de portas à Turquia por parte da União Européia, afirmou: *"Turquía es un país enormemente importante por su dimensión, su situación geográfica en la historia. Es un país mulsulmán moderado al que hay que tomar muy en serio. Y es un país que tiene um deseo de aproximarse lo más posible a este edifício que hemos construido los europeos. Hay que darle facilidades."*

252 O editorial do jornal *El País* do dia 30 de outubro, *Cita con la historia*, lembra que ninguém poderia imaginar que, quando os países fundadores da Comunidade Européia (Alemanha, França, Itália, Holanda, Bélgica e Luxemburgo) subscreveram o Tratado de Roma, na mesma sala do Capitólio, 47 anos depois, 25 países firmariam um texto constitucional comum. Aponta, ainda, que o caminho da ratificação do texto será longo e difícil, mas que, finalmente, a União Européia terá personalidade jurídica, permitindo-a ser um ator internacional pleno. Informa, ainda, que a constituição européia, por ser uma norma comunitária, está sobre as normas nacionais, ainda que isto seja objeto de disputas em tribunais constitucionais.

Constituição européia, iniciando o sepultamento dos "enfrentamentos do passado que custaram milhões de vidas em reiteradas guerras fratricidas" (YÁRNOZ & GONZÁLES, 2004:2), aguardando a palavra dos cidadãos europeus[253], superando onze etapas-chave, concretizadas em seis tratados e cinco ampliações, história esta começada em maio de 1948, ocasião em que mais de mil delegados de vinte países juntaram-se em Haia buscando novas formas de cooperação na Europa (YÁRNOZ, 2004:5).

Ao fazermos a opção pelo exame do legado constitucionalista do pós-1945 por um Estado constitucional baseado em fundamentos não-metafísicos devemos, conforme entendimento de CANOTILHO (2004:100), distinguir de forma clara duas coisas: 1) a "legitimidade do direito, dos direitos fundamentais e do processo de legislação no sistema jurídico"; e 2) da "legitimidade de uma ordem de domínio e da legitimação do exercício do poder político"[254]. Desta fórma, o pensador português defende que o princípio da soberania popular serve de elo[255] entre o "Estado de direito" e o "Estado democrático", o que permite a compreensão da formula contemporânea de *Estado de direito democrático*, desde que a soberania seja concretizada em conformidade com procedimentos juridicamente regulados.

Preocupada em evitar que os países e governos menos europeístas possam frear os avanços no projeto de construção européia (YÁRNOZ, 2004), a constituição deixou livre

---

253 Ratificando a importância do evento, Jan Peter BALKENENDE, primeiro-ministro da Holanda, afirmou: *"Durante siglos, la historia de Europa ha sido uma historia de enemigos y de conflictos. Hoy es una historia de amigos e socios, y esta Constitución refleja esa evolución."*

254 O constitucionalista, neste ponto, faz referência a Carlos Ayres de Brito.

255 O autor utiliza-se do termo "charneira".

o caminho para a Europa de várias velocidades. A adoção da constituição aprovada pelos chefes de Estado e de Governo, deverá ser ratificada nas urnas e, neste aspecto, a divergência de modelos se faz presente, havendo, basicamente, quatro posições diferentes quanto à adoção do referendo[256]:

1. Sim:

1.1. Irlanda: tem tradição em votar temas relacionados à União Européia. O processo deve demorar de 18 a 24 meses;
1.2. Reino Unido: provavelmente junto com as eleições gerais no final do ano 2005;
1.3. Bélgica: referendo não vinculante em setembro de 2004;
1.4. Dinamarca: desde 1972, já celebrou seis referendos em temas relacionados com a UE.

2. Provavelmente, sim:

2.1. Holanda: Senado e Congresso estão a favor da votação;
2.2. Espanha: a maioria dos partidos políticos estão de acordo[257];
2.3. Luxemburgo.

---

256 Cf. http://www.euractiv.com.
257 O Governo espanhol prepara, para começos de 2005, preferencialmente no último domingo de fevereiro, o referendo de ratificação da Constituição européia, devendo ser a Espanha o primeiro país a ratificar a constituição. A pergunta deve ser bastante simples e acessível. O texto provável, "¿Aprueba usted el Tratado por el que se instituye uma Constitución para la UE)?", parece ser objeto de consenso entre Governo e partidos políticos.

3. Sem decisão:

   3.1. Portugal;
   3.2. França: debate em curso. O Presidente da República decidirá;
   3.3. Estônia: haverá uma discussão no Parlamento, no Governo e nos meios de comunicação. A decisão não será tomada antes do início de 2005;
   3.4. Letônia;
   3.5. Lituânia: conversações em curso;
   3.6. Polônia: a decisão será tomada depois da reunião da Cúpula Européia de 17-18 de junho;
   3.7. Eslovênia: a decisão será tomada depois da reunião da Cúpula.

4. Provavelmente, não:

   4.1. Eslováquia: debate informal. A decisão será tomada depois da reunião da Cúpula;
   4.2. Finlândia: será votada pelo Parlamento;
   4.3. Hungria: não existe um debate. Aprovação parlamentar.

5. Não:

   5.1. Alemanha: o referendo foi descartado pelo *Bundestag*. Será submetido ao Parlamento;
   5.2. Itália: a Constituição italiana não permite referendo sobre este assunto. Será votada no Parlamento;
   5.3. Malta: o Primeiro Ministro afirmou que não existe uma base legal para convocar a votação. Será submetido ao Parlamento;
   5.4. Grécia: aprovação parlamentar;
   5.5. Chipre: será ratificada pelo Parlamento;

5.6. Áustria: salvo[258] se a maioria dos países da EU convoque o referendo;
5.7. República Tcheca: a Constituição não contempla;
5.8. Suécia: só haverá referendo se ocorrer divisão entre os partidos políticos.

A formação de um "povo europeu" passa por uma discussão ampla e conturbada. HABERMAS (2001:9-13) ao analisar as assembléias germânicas ocorridas em Frankfurt e em Lübeck no final dos anos 40 do século XIX, refere-se à resposta dada por Jacob GRIMM[259] sobre: "O que é o povo?", cuja resposta simples[260] foi: "Um povo é a essência das pessoas que falam a mesma língua". O pensador frankfurtiano afirma que "a contingência das fronteiras de territórios estatais desaparece por detrás dos fatos naturais da geografia lingüística" (HABERMAS 2001:14), caso a nação seja ou deva ser "coextensiva com a comunidade lingüística", citando Jacob GRIMM[261], este que afirmou: "nem os rios nem montanhas constituem divisões de povos, mas, antes, para um povo que ultrapassa montanhas e correntezas apenas a sua língua própria pode estabelecer fronteiras".

Ao apontar a chegada, hoje, no "limiar de uma forma pós-nacional de estabelecimento da comunidade política", HABERMAS(2001:25-26) afirma terem sido premonitó-

---

258 O condicionamento refere-se ao "Não"; ou seja, caso a maioria dos países convoque o referendo, a Áustria o fará.
259 Jacob GRIMM é considerado um dos pais fundadores das disciplinas das Ciências Humanas isoladas.
260 A afirmação de serem perguntas e respostas "simples" é feita por HABERMAS.
261 HABERMAS aponta esta certeza como o "pano de fundo para o fervor dos juristas e historiadores" para rejeitar a reivindicação de hereditariedade da coroa dinamarquesa quanto à incorporação de Schleswig, por ocasião da realização da primeira sessão pública à época.

rios os pensamentos de Julius FRÖBEL que, sob o pseudônimo C. JUNIUS, à época da reunião dos germanistas, estabeleceu ser um povo

> o conjunto de todas as pessoas que falam uma língua em comum — (mas) elas podem efetivamente possuir essa língua como herança de uma comunidade de linhagem [*Stammgemeinschaft*]; ou a mesma pode ser o produto de uma mistura de linhagens com a qual o povo surgiu como um novo; ou também pode um povo ter se misturado com o outro com o abandono [*Aufgebung*] total da sua própria língua ... Pode ser, além disso, que o conjunto das pessoas que falam a língua comum conformam um único Estado, uma maioria de Estados ou uma liga de Estados; ou esse conjunto pode ser ... uma parte de diversos Estados; ou ele pode, finalmente, viver totalmente sem existência política, disperso, sem pátria.

HABERMAS (2001:26-28) defende que, a partir do Tratado de Maastricht de 1992, a União Européia deve desenvolver-se "para além da condição de uma comunidade econômica funcional", devendo haver a necessária "consciência de pertença conjunta que tornará possível para os 'confederados associados livremente' identificarem-se *reciprocamente* como cidadãos". Considera necessário, para que exista uma construção da "vontade democrática que ultrapasse fronteiras", a ocorrência do desenvolvimento de uma "esfera pública política de dimensões européias e uma cultura política comum". Nessas circunstâncias, defende que numa relação comunicativa transfronteiriça das sociedades nacionais, há a necessidade do surgimento de "uma consciência de co-pertença a partir de uma rede de interesses há muito existente".

O filósofo alemão conclui que as identidades coletivas, mais que encontradas, são construídas. Porém, afirma que estas só criam unidade entre heterogêneos, sendo certo que "cada um é o outro para os demais", mesmo entre aqueles cidadãos pertencentes à uma determinada coletividade, possuindo o "direito de *permanecer* um outro".

HÄBERLE (1997:37), ao refletir sobre "povo", afasta a referência limitada ao aspecto quantitativo que é manifestado em dia de eleição, conferindo, nessas circunstâncias, legitimidade ao processo decisório. Entende, ainda, que "povo é também um elemento pluralista para a interpretação que se faz presente de forma legitimadora no processo constitucional", agindo "como partido político, como opinião científica, como grupo de interesse, como cidadão". HÄBERLE defende que a cidadania confere, conforme o art. 33 da Lei Fundamental da Alemanha, a competência objetiva para a interpretação constitucional, sendo os Direitos Fundamentais "parte da base da legitimação democrática para a interpretação aberta tanto no que se refere ao resultado, quanto no que diz respeito ao círculo de participantes (*Beteiligtenkreis*)". Afirma que "Na democracia liberal, o cidadão é intérprete da constituição!".

4.19. CONSTRUINDO UMA IDENTIDADE

Os multiníveis, as multivelocidades, a diversidade de povos e as barreiras lingüísticas, entre outros, são obstáculos importantes a serem vencidos neste "processo de produção" de um novo conceito de união de Estados. A discussão do futuro da Europa passa, necessariamente, pela participação da esfera pública da política européia, esta que pressupõe uma sociedade civil defensora de interesses, organizações não-estatais, movimentos civis etc., sendo necessário um sistema de formação nacional capaz de proporcionar uma base de língua estrangeira comum (HABERMAS, 2001:130), suficiente ao entendimento das informações necessárias à construção da União. Não é tarefa fácil.

Indagado sobre a problemática das várias velocidades que existirão na "Europa dos 25", SOLANA (2004:3) lembra que a constituição contém elementos que permitem o avanço em diferentes velocidades, apontando a existência de países que adotaram o euro, e outros não, havendo, já, duas velocidades. No mesmo sentido, países que têm coordenadas suas fronteiras e outros que não, não lhe parecendo estranho que nos campos da segurança e no da política exterior, por exemplo, se pudesse avançar com um grupo de países que fosse mais depressa. Entende não haver razões para desespero[262], sendo certo que haverá, sem dúvida, várias velocidades.

4.20. SEGURANÇA E INTEGRAÇÃO

Após 11 de março de 2004, os 25 países integrantes da União Européia, reunidos em Bruxelas, decidiram criar um sistema público de indenização de todas as vítimas do terrorismo. No entendimento de Michael MCDOWELL (CAÑAS, 2004:4), Ministro da Justiça irlandês, "*La atrocidad de Madrid generó um sentimiento de emergencia em nosotros*", afirmando, ainda, que "*Esperamos no tener que sufrir outra atrocidad para seguir avanzando*", referindo-se às propostas legislativas de indenização feitas após o 11 de março, que estavam estagnadas até o atentado ocorrido na Capital espanhola. A defesa do sistema que prevê as

---

[262] O autor utiliza o termo *No hay ninguna razón para rasgarse las vestiduras*, vertido neste texto como "desespero".

compensações transfronteiriças é exemplificada com a possibilidade de um cidadão espanhol ter sua reclamação de indenização por um atentado que sofra na Itália atendida mais facilmente.

Nesta "luta renovada" contra o terrorismo, o Conselho Europeu de Justiça e Interior admitiu o princípio geral proposto pela Espanha, de obrigar as companhias aéreas a conservar e transmitir às autoridades os dados dos passageiros. No mesmo sentido, a Comissão Européia propôs a criação de bases de dados européias de pessoas, grupos e entidades submetidos à investigação, registros de pessoas com antecedentes penais e registro de contas bancárias de pessoas sob suspeita.

O holandês Gijs DE VRIES, coordenador antiterrorista europeu, avaliando os avanços das negociações entre os Estados, afirmou quanto da necessidade de serem os trabalhos mais efetivos. Porém, mitigou sensibilidades defendendo o nível de liberdades dos cidadãos europeus, enquanto os ministros da Justiça e do Interior presentes estabeleceram um mínimo de proteção aos refugiados.

Espanha, França e Alemanha, a partir de 2005, deverão compartilhar seus arquivos de antecedentes criminais, possibilitando informação rápida sobre criminosos investigados e as condenações que possam ter sofrido em outros países (CAÑAS 2004b:2). O acordo entre os três países deverá ser válido para qualquer tipo de delito, sendo certo que a maior preocupação dos signatários é com os crimes de corrupção, terrorismo, prostituição, narcotráfico e falsificação de moeda e lavagem de dinheiro. O funcionamento depende de alguns ajustes técnico-jurídicos nas legislações dos países, com a finalidade de harmonizar e homogeneizar as figuras penais. Mesmo com todos os ajustes a serem feitos, Gabriela CAÑAS informa que outros países, como a Bélgica, por exemplo, devem se somar ao projeto.

Essa união em torno da situação comum encontra barreiras nas legislações de diversos membros da União Européia, apontando para a necessidade da adoção de um Diploma Constitucional comum, uma vez que os problemas são transfronteiriços, difusos e de interesse público, não sendo relevantes tentativas isoladas de resolver questões dessa ordem, bem como aquelas que envolvem as crises ambientais, estas que, principalmente a partir da Declaração de Estocolmo — Declaração das Nações Unidas sobre o Meio Ambiente — que instituiu o Programa das Nações Unidas sobre o Meio Ambiente, PNUMA — composto de um Conselho de Administração de 58 membros, delegados dos Estados, além de outros componentes, ratificando a necessidade do debate e do consenso.

A necessidade de se identificar o Estado da Arte da capacidade de enfrentamento por parte da Estados das crises transfronteiriças, ajustando as múltiplas velocidades e os múltiplos níveis, se faz presente. Pensamos que princípios consagrados pelo Direito Ambiental devem estabelecer o norte possível para a solução dos problemas. Nesse sentido, o Princípio da Responsabilidade Comum mas Diferenciada, originado na Rio-92, este que estabelece critérios de compartilhamento da responsabilidade internacional pela solução de problemas ambientais globais; com o mesmo peso, o Princípio da Precaução, aplicado quando da possibilidade de sérios e irreversíveis danos ambientais, situação em que a falta de certeza científica, nunca deve usada como razão para postergar a adoção de medidas economicamente viáveis com o objetivo de evitar ou reduzir os danos ambientais, apresenta um paradigma essencial em tempos contemporâneos. Além desses, devemos considerar o "Princípio da Ubiqüidade", o qual estabelece a idéia de "pensar globalmente e agir localmente", necessária ao enfrentamento dos problemas ambientais transfronteiriços.

Nessas circunstâncias, pensamos que a adoção de princípios como referências na opção por políticas públicas e de governo faz-se necessária, uma vez que o direito positivo não é capaz de fornecer a resposta necessária às questões contemporâneas. A preocupação centra-se na solução dos impasses relacionados aos direitos humanos fundamentais, estes que, certamente, ficarão relativizados com a adoção de medidas restritivas a grupos étnicos, religiosos e raciais, além da possibilidade de restrições importantes aos imigrantes.

4.21. ESTADO CONSTITUCIONAL DEMOCRÁTICO

A potência [*Macht*] política é constituída, conforme entendimento de HABERMAS (2001:143-144), "sob a forma do direito", sendo que "as ordens políticas alimentam-se da reivindicação de legitimidade do direito". Afirma que o direito não se contenta apenas com aceitação, impondo aos endereçados, além de um reconhecimento fático, o merecimento do reconhecimento. Nessas circunstâncias, todas as instituições públicas e construções que devem dar sustentação a essa reivindicação a "ser digno de ser reconhecido" [*Anspruch auf Anerkennungswürdigkeit*], pertencerem à legitimação de uma ordem estatal na forma do direito, valendo para todas as ordens estatais.

HABERMAS considera que os Estados modernos são caracterizados pelo fato de que a potência política seja constituída sob a forma de direito positivo [*positiv*], isto é, regulamentado [*gesatzt*] e cogente. Afirma que as ordens jurídicas modernas são construídas essencialmente sobre direitos subjetivos, devendo ser as normas jurídicas elaboradas de modo que possam ser encaradas, ao mesmo tempo, sob aspectos diferentes como leis coativas e de liberdade. Normas jurídicas devem ser seguidas, não porque coagem, mas sim porque legítimas. "A validade [*Gültigkeit*] de uma norma jurídica afirma que o poder estatal garante ao mesmo tempo positivação jurídica legítima e execução judicial fática" (2001:145).

O filósofo alemão (2001:149) entende que as autonomias privada e pública pressupõem-se de forma recíproca, afirmando:

> O nexo interno da democracia com o Estado de direito consiste no fato de que, por um lado, os cidadãos só poderão utilizar condizentemente a sua autonomia pública se forem suficientemente independentes graças a uma autonomia privada assegurada de modo igualitário. Por outro lado, só poderão usufruir de modo igualitário da autonomia privada se eles, como cidadãos, fizerem um uso adequado da sua autonomia política. Por isso os direitos fundamentais liberais e políticos são indivisíveis. A imagem do núcleo e da casca é enganadora — como se existisse um âmbito nuclear de direitos elementares à liberdade que devesse reivindicar precedência com relação aos direitos à comunicação e à participação. Para o tipo de legitimação ocidental é essencial a mesma origem dos direitos à liberdade e civis.

Em síntese, nesse especifico corte de análise adotado ao longo deste capítulo a respeito da atual etapa do processo institucional da União Européia ficou demonstrado que esse ente supranacional enfrenta, em verdade, desafios não só como apontamos ao longo deste capítulo com o estudo, em especial, da Europa Central, advindos desde a Primeira Guerra Mundial tais como nacionalidade/federação quanto, pretensamente, a imperiosidade de modelar "a demos" européia (DIEZ-PICAZO:2002). Entretanto, como já ficou claro nessa parte desta obra, há um novo paradigma em desenvolvimento a saber: o da tríade diversidade, segurança e solidariedade, em contraposição ao da tríade liberdade, igualdade e fraternidade, incorporada ao legado constitucional europeu pós-1945. Paradigma este que merecerá nossa atenção no próximo capítulo.

CAPÍTULO 5

A NOVA TRÍADE CONSTITUCIONAL DE ERHARD DENNINGER*

Francisco da Cunha e Silva Neto
Rafael M. Iorio Filho

5.1. Apresentação; 5.2. O legado constitucional pós-1945; 5.3. Transição dos anos 1990 para o século XXI; 5.4. Novos paradigmas de DENNINGER; 5.5. Igualdade e diversidade; 5.6.Segurança e liberdade; 5.7. Fraternidade e solidariedade; 5.8. Conclusão.

5.1. APRESENTAÇÃO

A leitura da obra de Peter HÄBERLE (1998) é essencial para compreendermos a permanência e o constante aperfeiçoamento do Estado Constitucional. Essa é a postura clara desse constitucionalista alemão, que destaca o fato de que, desde a Magna Carta de 1215, há uma busca incessante para a incorporação de *valores* ao denominado Estado Constitucional. Tal processo de enriquecimento valorativo atinge sua culminância, ainda segundo o pensamento de HÄBERLE, com a agregação das conquistas político-jurídicas da Revolução Francesa de 1789. Por conseqüência, como temos afirmado ao longo desta obra e também em VIEIRA (2004), o legado constitucional pós-1945 vem sintetizar esse processo formativo do Estado Constitucional.

Este capítulo apresenta como objetivo particular o exame da contribuição de Erhard DENNINGER (1998/2003) no seu propósito de constatar a possibilidade de estarmos, no desenvolvimento do constitucionalismo, diante da necessária consolidação de novos parâmetros[263] (e da conseqüente função valorativa dos Direitos Fundamentais no direcionamento das atividades estatais), rompendo, possivelmente, assim, com a perspectiva de continuidade esposada por HÄBERLE. Nossa intenção de análise não se limita tão-somente a verificar o surgimento de novos referenciais para repensar o Estado constitucional proposto por Denninger. Mais do que isso, abre-se uma oportunidade para avaliar essa provável ruptura paradigmática, *vis-à-vis* os esforços de desenvolvimento de uma teoria de mudança constitucional norte-americana, como desenhada na Parte I desta obra, apontando pontos de proximidade e de distanciamento com aquele modelo.

Cumpre ressaltar — até mesmo como justificativa da eleição da tese ora sob investigação — que DENNINGER cuida de, a partir de sua compreensão da atual superação

---

263 Vide DENNINGER (2003:22-45). DENNINGER aponta, claramente, para uma nova tríade ou aquilo que esse constitucionalista alemão percebe como a segunda tríade fundante de uma nova modelagem constitucional. Em contraste a essa concepção, vide ROSENFELD (2003:49), que qualifica essa tríade como paradigma do processo de organização político-institucional. Esta mesma noção foi esboçada por THOMAS KUHN, citado em BIRD (2000), concluindo por sintetizar a concepção de paradigma como o que explica a possibilidade de uma ciência normal da existência de um certo consenso entre os integrantes da comunidade dos cientistas.

do paradigma tradicional de *liberdade, igualdade* e *fraternidade* pelo que propõe, de *segurança, diversidade e solidariedade*, estudar os reflexos que tal modificação possa deitar sobre o tema dos direitos do homem. Dupla, portanto, a atualidade e relevância da abordagem.

A análise sobre a nova tríade do constitucionalismo, esboçada pelo autor destacado, voltada a propor como inovação a mudança dos paradigmas da constituição[264], demandará ainda o percurso de duas principais vertentes de investigação. Uma delas é o estudo dessa teoria político-institucional da mudança constitucional norte-americana; e a outra é uma perspectiva européia de reflexão a respeito do esgotamento ou não do denominado *legado pós-1945*.

Constataremos se a teoria de DENNINGER, no contexto social já do século XXI, marca tal superação, ou se esse esforço teórico — como adverte HABERMAS (2000)[265] em réplica ao examinar tal proposta — é simplesmente uma explicitação, após a II Guerra Mundial, das variáveis contidas na tríade herdada da revolução burguesa, em termos constitucionais para assegurar liberdade, igualdade e fraternidade.

---

264 Esta tríade, é importante destacar, integra a compreensão da trajetória constitucional ocidental, desde os fins da Revolução Francesa de 1789, deitando também efeitos — ainda que de forma pontual — no legado do constitucionalismo pós-1945.

265 HABERMAS (2000:524) nos afirma que DENNINGER não rompe com o legado pós-1945 da tríade liberal da liberdade, igualdade e fraternidade; ele simplesmente o torna explícito: *"multiculturalism and the materialization of the law only make explicit their objective, legal, and intersubjective content, which, from the very beginning, was implicit in 'classical' basic rights, namely the rights to liberty and the political participation"*.

5.2. O LEGADO CONSTITUCIONAL PÓS-1945[266]

O período após a II Guerra Mundial caracterizou-se, no universo europeu, por um amplo compromisso de povos e Estados no sentido de formalizar meios hábeis a evitar a ocorrência de novas barbáries, tais como as praticadas por regimes totalitários como o do nazismo. É fácil constatar a força que, nesses últimos sessenta anos, assumem os Direitos Humanos, principalmente numa perspectiva de sua efetivação na ordem internacional.

Outro ponto firmado nessa fase de 1945 foi o julgamento severo do colapso das ordens constitucionais estruturadas em várias sociedades européias com o término da I Guerra Mundial. No capítulo precedente, já destacávamos o pensamento de MIRKINE-GUETZÉVITCH (1933), que nos anos 30 do século passado já alertava para o fato de o insucesso daquelas experiências constitucionais abrir caminho a supressão dos avanços democráticos alcançados na Europa até então.

Esse quadro histórico firmou, para os constitucionalistas pós-1945, uma compreensão de que as novas constituições deveriam ser moldadas em novas bases institucionais e políticas. A esses fatos houve, também, a consciência da necessidade de vencer a estreiteza normativa resultante do positivismo jurídico construído no século XIX e nas primeiras décadas do século passado. Uma percepção consolidou-se no sentido de que somente uma estrutura valorativa incorporada às constituições poderia concretizar os Direitos Humanos e dotar as cartas políticas de uma efetiva força normativa (HESSE, 1991).

Entretanto, cabe assinalar que o constitucionalismo da segunda metade do século XX avançou visando a garantir a materialização das normas contidas no Texto Maior, mode-

---

[266] A respeito deste tema, vide o capítulo 1 de VIEIRA (2004).

lando um novo perfil para as suas jurisdições constitucionais (incorporando, na verdade, os aspectos positivos do *judicial review*, tendo como centro a Corte Suprema norte-americana).

Este amplo conjunto institucional, reconhecido pelo constitucionalismo europeu após a II Grande Guerra, é o que denominamos de legado constitucional pós-1945. A sua mensagem foi tão forte, que várias outras sociedades o incorporaram, como por exemplo a brasileira, que o adotou na formulação da Constituição Federal de 1988 (HÄBERLE, 2000).

5.3. TRANSIÇÃO DOS ANOS 1990 PARA O SÉCULO XXI

A fim de se resgatar o panorama de uma possível crise dos paradigmas constitucionais europeus na década de 1990 e articular a teoria de DENNINGER neste espaço, elegeram-se as obras *Derecho Ductil* do constitucionalista italiano Gustavo ZAGREBELSKY (1995) e *Liberdad, igualdad, fraternidad. 1789 como historia, actulidad y futuro del Estado constitucional* de Peter HÄBERLE (1998). A escolha daquela obra de ZAGREBELSKY deve-se ao fato de que ela marca a transição, cremos, do legado constitucional de 1945. Quanto à obra de HÄBERLE, cabe o crédito de nela este autor ter estudado e sistematizado a tríade de liberdade, igualdade e fraternidade.

Esse autor italiano destaca alguns pontos da transição do que ora denominamos legado constitucional de 1945, em especial, questiona o que vêm a ser, na tradição jurídica européia, as noções de lei; sentença; constituição; Estado Constitucional; a Ciência Constitucional; futuro do direito europeu; soberania; pluralismo; política constitucional etc., e a conseqüência de uma unidade flexível (*ductil*) no processo interpretativo da constituição. Leciona ZAGREBELSKY (1995:9):

> O que conta em última instância, e de que tudo depende, é a idéia do direito, da constituição, do código, da Lei, da sentença. A idéia é tão determinante que as vezes, quando está particularmente viva e é amplamente aceita, pode inclusive prescindir da coisa mesma, como sucede com a constituição da Grã-Bretanha ou (o exemplo menos interessante) do Estado de Israel. E, ao contrário, quando a idéia não existe ou se dissolve uma variedade de perfis que cada qual alimenta a sua maneira, o direito positivo se perde em uma Babel de línguas incompreensíveis entre si e confusa para o público leigo.

Para ZAGREBELSKY (1995:10), essas idéias são determinantes para a ciência da constituição e para a trajetória do Estado Constitucional, sobretudo diante a natureza valorativa de um neo constitucionalismo[267] representado no legado do pós-1945. Assim como HÄBERLE, este constitucionalista vincula-se a padrões do modelo clássico de Direito Constitucional ou de Ciência Constitucional. Em sua ótica, o Estado Constitucional seria a superação da "divisão da Europa em estados nacionais zelosos da soberania."

Tendo ainda em conta o projeto de superação, ZAGRE-

---

267 Vide a obra de ARIZA (1999). Além de ARIZA, é importante a leitura de COMANDUCCI (2002:88-112). Esse pensador italiano visualiza o denominado neoconstitucionalismo utilizando as mesmas categorias de Noberto Bobbio no tocante ao positivismo. Assim, teríamos um neoconstitucionalismo ideológico, teórico e metodológico. COMANDUCCI (2002:100) vê, por exemplo, ZAGREBELSKY como sendo um neoconstitucionalista ideológico ao defender que pode subsistir hoje uma obrigação moral de obedecer à constituição e as leis que lhe são conformes. Para completar esse quadro de leitura, vide ainda MORENO (2003:267-282)

BELSKY empreende uma releitura da questão da soberania, assinalando que, embora nessa categoria tenham sido construídos tanto o *"direito público moderno"* quanto o Estado de força (que acabou por servir de instrumento aos totalitarismos na Europa), coube à ciência política desmascarar essa ficção no final do século XIX e evidenciar as forças reais de poder[268], as forças corrosivas do pluralismo político e social interno, com o que se conseguiu avançar do conceito de Estado de Força para o de Estado Constitucional. Nessa perspectiva, o Direito Constitucional é um conjunto de materiais de construção, mas o edifício concreto não é obra da constituição, e sim da política constitucional[269]. No decorrer do século passado, ressalta o mestre, visualizava-se uma constituição aberta em virtude da coexistência, denominada unidade flexível, do compromisso da rede de valores e procedimentos comunicativos.

É essa abertura valorativa que aproxima a abordagem de ZAGREBELSKY à de HÄBERLE (1998) que nos mostra que 1789 produziu um profundo processo cultural estratégico para a consolidação do que se entende por Estado Constitucional. Daí a expressão segundo a qual *"1789 criou literatura universal"*[270].

A teoria do direito político a partir da Revolução Francesa nos enriquece-nos de textos constitucionais e declara-

---

268 *"La ciencia política ha desenmascarado una y mil veces esta ficción y ha mostrado las fuerzas reales, los grupos de poder, las élites, las clases políticas o sociales, etc., de las que la 'persona' estatal no era más que una representación, una pantalla o una máscara."* ZAGREBELSKY (1995:11).

269 *"Desde la Constitución, como plataforma de partida que representa la garantía de legitimidad para cada uno de los sectores sociales, puede comenzar la competición para imprimir al Estado una orientación de uno o otro signo, en al ámbito de las posibilidades ofrecidas por el compromiso constitucional."* ZAGREBELSKY (1995:13).

270 HÄBERLE (1998:34).

ções de Direitos Humanos que vem fazendo parte, desde então, do contexto de todos os cidadãos[271]. Neste contexto, temos a formação da própria teoria da constituição no seu sentido de modernidade. É bem de ver que, segundo HÄBERLE (1998:34), "a Teoria Da constituição remete a conexões tanto de história social e das idéias como histórico- culturais em geral"[272] e, nesse passo, a configuração da constituição do Estado pode ser explicada quanto às suas linhas culturais desde o momento de 1789.

Em outro momento de seu texto, HÄBERLE indica que a Teoria da Constituição é a ciência das constituições dos Estados. Em sua especial forma de teorizar, a Carta Política é vista não somente como um texto jurídico, mas também como um quadro cultural. Desse modo, toda a gama de dispositivos legais *(a denominada parafernália legislativa)* não abarca a constituição em sua integralidade. Nos seus dizeres (1998:46), "[a] constituição não é somente uma ordem jurídica para juristas, que estes devem interpretar de acordo com as velhas e novas regras de seu ofício."[273] Ou seja, ela "atua essencialmente para não juristas: para cidadãos e grupos."

Ao empregar a expressão *"situação cultural dinâmica"*, HÄBERLE (1998:46) deixa transparecer sua compreensão do fenômeno constitucional num dimensionamento além de uma proposta tão-somente positivista. Encarar uma *"dinâmica cultural"* em sede de uma Teoria da Constituição abre caminho para novas perspectivas dos cidadãos, inclu-

---

271 HÄBERLE (1998:34-35).

272 *"La teoría de la constitución remite a conexiones tanto de historia social y de las ideas como histórico-culturales en general".*

273 *"La Constitución no es solo un orden jurídico para juristas, que estes debieran interpretar de acuerdo con las viejas y nuevas reglas de su oficio"* ... *"actua esencialmente también como guía para no juristas: para ciudadanos y grupos."*

sive de esperanças reprimidas. Em nosso sentir a proposta de uma "*situação cultural dinâmica*" do fenômeno constitucional é uma ampliação do conceito de "*sociedade aberta dos intérpretes da constituição*"[274].

Disso decorre que o Estado constitucional constitui-se na expressão de um processo comunitário, "formalizada em textos jurídicos e contextos culturais, de muitos tempos e muitos lugares; merece admiração, assim como nosso esforço de hoje e no futuro" (HÄBERLE, 1998:68), o que dá ensejo a muitas variantes do próprio Estado Constitucional. No seu percurso histórico, têm-se as contribuições de inúmeros Estados, desde a Inglaterra com o seu parlamentarismo, passando pela constituição da Itália de 1947, com sua República Democrática fundada na busca de uma conciliação entre o capital e o trabalho, tudo contribuindo para um enigmático futuro do Estado Constitucional (HÄBERLE, 1998:69).

Este jurista alemão sustenta que 1789 não pode ser esquecido, fazendo parte da história e da atualidade do Estado Constitucional. Tal afirmação é rica de conseqüências, porquanto leva ao entendimento de que 1789 representa:

> uma garantia cultural de *status quo* com determinados conteúdos irrenunciáveis para o Estado Constitucional, parcialmente localizados pelo artigo 16 da Declaração dos Direitos do Homem de 1789: separação de poderes, Direitos Humanos, implicitamente também superiores na constituição (1998:87-88).[275]

---

274 O Estado Constitucional apresentado por HÄBERLE (1998:68) como resultado contraditório de várias forças e tendências de 1789, o que resta claro em sua obra, a dizer, "forma o concentrado obtido em um regime de divisão de trabalho, a produção integradora, o ganho cultural de muitas grandes datas que vibram em harmonia, mas não o fundamento geral."

275 "*...una garantía cultural de status quo con determinados contenidos irrenunciables para el Estado constitucional, parcialmente localiza-*

Nesse quadro, os direitos do homem e seus fundamentos, a dignidade humana, a separação de poderes e a democracia (todos pertencentes "geneticamente" ao caldo cultural de 1789) funcionam como *"barreiras culturais"* que não permitem um retrocesso (princípio do não-retrocesso) mas que possibilitam o progresso para a Teoria da Constituição juntamente com o seu objeto, a constituição do Estado Constitucional. Esse progresso, segundo HÄBERLE (1998:87-88), não se visualiza apenas nos direitos individuais, mas também nos direitos coletivos e difusos, especialmente com relação ao universalismo e materialização de tais direitos, haja vista a sua positivação nos pactos de Direitos Humanos promovidos pelas Nações Unidas.

Referindo-se a 1789 como inspirador de uma visão de mundo da concepção de sociedade aberta e modelo de esperança, afirma HÄBERLE (1998:89):

> 1789 proporciona a sociedade aberta no sentido de Popper como modelo de esperança, do mesmo modo que, com esta (e em face ao marxismo-leninismo) reconhece e empreende a História como aberta ou incerta. Em particular, resulta decisiva a imagem modernamente otimista do homem (por exemplo, nos fins educativos das Constituições dos Länders alemães, mas também na execução penal).[276]

---

dos por el artículo 16 de la Declaración de Derechos del Hombre de 1789: separación de poderes, *derechos humanos, implicitamente también primacia de la Constitución"*.

276 *"1789 proporciona la sociedad abierta en el sentido de Popper como modelo de esperanza, del mismo modo que, con ésta (y frente al marxismo-leninismo) reconoce y emprende la Historia como abierta o incierta. En particular, resulta decisiva la imagen modernamente optimista del hombre (por exemploen los fines educativos de las Constituciones de los Länder alemanes, pero también en la ejecución penal)"*.

5.4 A NOVA TRÍADE CONSTITUCIONAL PROPOSTA POR DENNINGER

No plano da Teoria da Constituição e, particularmente, em referência ao debate acerca dos Direitos Humanos, o atual quadro de incertezas provocado por um mundo altamente globalizado e marcado sobretudo por uma multiplicidade de culturas tem apontado à idéia universalizante de Direitos Humanos o desafio complexo de sua implementação e, mais ainda, de uma adequada justificação. Assim, a tríade da Revolução Francesa de 1789, ao expressar os ideais revolucionários da liberdade, igualdade e fraternidade, embora tenha por certo iluminado os caminhos de reflexão por longo tempo[277], hoje já enfrenta críticas em relação a sua suficiência como resposta às questões atuais.

Dentro desta problemática de soluções aos Direitos Humanos é que DENNINGER traz à baila a questão da Lei

---

277 A título de ilustração histórica, para que não se tenha a impressão de que tais paradigmas revolucionários tenham sido indiscutíveis desde sua origem — encontrando só agora a necessidade de uma revisitação teórica —, vale a referência à forte crítica perpetrada por ROBESPIERRE (1999:88-89), ainda por ocasião dos trabalhos de sistematização teórica dos ideais revolucionários. A contradita dirige-se particularmente aos termos em que, na Declaração dos Direitos do Homem, o tema da liberdade viu-se tratado, *vis-à-vis* o tema da propriedade: "...Ao definir a liberdade, o primeiro dos bens do homem, o mais sagrado dos direitos que ele recebe da natureza, dissestes com razão que os limites dela eram os direitos de outrem; porque não aplicastes esse princípio à propriedade, que é uma instituição social? Como se as leis eternas da natureza fossem menos invioláveis que as convenções dos homens. Multiplicastes os artigos para assegurar a maior liberdade ao exercício da propriedade, e não dissestes uma única palavra para determinar o caráter legítimo desse exercício; de maneira que vossa declaração parece feita não para os homens, mas para os ricos, para os monopolizadores, para os agiotas e para os tiranos."

Fundamental alemã, que tem como escopo protetivo tão-somente um catálogo de direitos liberais clássicos. Ao elegê-lo, observa DENNINGER, a Lei Fundamental alemã renunciou regular as *"ordens da vida"*, dando ensejo a constitucionalizar paradigmas dos ideais burgueses.

As primeiras tentativas de resposta deste autor à indagação acima tem sido esboçada na sua obra *Diritti del'luomo e legge fondamentale* (1998), como também em seu artigo *Segurança, Diversidade e Solidariedade ao invés de Liberdade, Igualdade e Fraternidade* (2003).

AMIRANTE (1998:I), ensina-nos que:

O complexo mosaico composto por DENNINGER é representado por um contínuo contraponto entre a concepção clássica de constituição — instrumento de organização, tão-somente, do poder — e a idéia mais recente, que a considera um instrumento de regulação de valores éticos e sociais, que devem vincular o legislador aos princípios e aos objetivos fundamentais da Carta Política segundo a dúplice orientação da opinião pública e do Tribunal Constitucional. DENNINGER traz uma preciosa contribuição à reflexão sobre direitos do homem e os direitos fundamentais no contexto da ininterrupta evolução do ordenamento estatal e todos aqueles sistemas jurídicos que intentam fazer-se substituir por uma forma diferente e mais concreta de legitimação (econômica, profissional, técnico-científica etc.).

Na compreensão do autor ora sob análise, o contexto de nascimento da tríade de 1789 veio a se encaixar nos padrões de uma construção kantiana do Estado Constitucional, máxime sob esses três pressupostos, que reproduzimos com apoio no texto de DENNINGER (2003:23): (a) a autonomia do sujeito individual como centro da vontade e da ação, para quem direitos e deveres podem ser atribuídos; (b) a universalização da razão, incluindo a razão prática, na base da qual estão as categorias de *"direito universal"* no que respeita à geração de normas, seus destinatários e seus objetivos voltados ao conceito de bem comum; e (c) a equalização de *"sujeitos"* (*Unterhanen*) (Kant, Hobbes) e (*citoyens*) (Rousseau).

É a partir desses citados pressupostos que a tríade ganha materialidade no seu percurso histórico, onde o direito constitui-se como a restrição da liberdade de cada pessoa para que haja o exercício da liberdade das outras pessoas, conforme uma universalização dos direitos porque racionais. Isto é, o exercício das liberdades individuais forma-se de acordo com esferas certas e limitadas.

É bem de ver que DENNINGER (2003:26) focaliza a sua análise no caso da presente discussão constitucional alemã nessa tensão entre as duas tríades de idéias. Alerta, contudo, que tal processo ainda está por ser enfrentado analiticamente, principalmente a bem de resguardar o *status quo* ainda embasado nas idéias de liberdade, igualdade e fraternidade.

Interessante observar que na proposta dessa nova tríade reguladora das *"ordens da vida"*, DENNINGER (2003:37) a vê no interior de uma transição de um sistema de regras limitativas — pertencentes ao parâmetro de 1789 — para um sistema de normas *"teleologicamente orientado e moralmente exigente"*. Neste mister é que um dos elementos da nova tríade, a *segurança*, vem expandir e modificar a idéia limitada de liberdade clássica (liberdades negativas), o que resulta no patrocínio pelo Estado da garantia contra uma série de perigos que rondam o bem-estar do cidadão individualmente.

RANGEL (2004), ao analisar a proposta de DENNINGER, enfatiza que o constitucionalista alemão ao referir-se à segurança tem em mente as incertezas e ameaças à vida moderna, como, por exemplo, os riscos produzidos pelo desenvolvimento da tecnologia.

5.5. IGUALDADE E DIVERSIDADE

Ao se deparar com a gênese da tríade da Revolução Francesa, DENNINGER (2003:27) constata que "a idéia de que todos podem ser igualmente afetados pelo direito provou ser uma ficção". Isto é, a construção de uma *volonté générale* aliada à produção de uma lei de objetivos universais quanto aos ideais revolucionários não levou em consideração os diferentes níveis de afetação das várias condições humanas (sexo, idade, etnia, ser estrangeiro, ter alguma limitação física ou psíquica, etc.).

Frente a esse nascer revolucionária e seus efeitos negativos, contrapõe o mestre alemão (2003:27) um novo cenário, a saber:

> Uma nova consciência das diferenças profundamente enraizadas na vida e nas condições da existência humana está ganhando espaço e agora busca expressão apropriada em textos constitucionais.

Este novo panorama das condições de existência humana exige, de acordo com DENNINGER, uma mudança no significado de uma igualdade nascida sob a égide de um formalismo jurídico para uma nova equação dessa idéia, agora desenhada conforme um *"estabelecimento de iguais condições de fato".*[278] Em termos atuais, esta nova equação da igualdade se alimenta da concretude para o devido exercício dos direitos fundamentais. Ele destaca que esse novo cenário fundamenta-se dentro de uma linguagem aristotélica — de uma passagem da justiça comutativa para a justiça distributiva —, haja vista anterior abstração de igualdade de fundo formal ver-se em face *"das necessidades especiais"* oriundas de exigências decorrentes dos vários grupos diferenciados da sociedade. Atendendo, assim, à lógica igualitária da diversidade. Ou seja, no raciocínio do constitucionalista (2003:28), *"o desejo por diversidade"* implica no estabelecimento da igualdade material.

Desta forma, não há mais viabilidade na contextualização da igualdade nos moldes abstratos e genéricos ocorridos no nascimento da tríade de 1789, tendo em conta o fato de estar exaurida a sua potência transformadora, sob pena da impossibilidade de solução dos problemas verificados na diversificada e diferenciada sociedade atual.[279]

Em relação ao princípio da igualdade, DENNINGER (2003) enfatiza a limitação desse ao seu aspecto formalista, traduzindo-se, em verdade, em mera igualdade formal dos cidadãos perante a lei. Ou seja, a operacionalização de uma igualdade substancial não poderia ser estabelecida a partir da dimensão inerte, visto não demandar uma ação positiva dos cidadãos ou do Estado.

Acentue-se que a questão da igualdade em DENNINGER é também avaliada em torno do sentido histórico do Estado-Nação europeu, porquanto neste a idéia de homogeneidade cultural impõe-se. Referindo-se sobre dita homogeneidade, observa HABERMAS (2000:525):

---

278 DENNINGER (2003:27).
279 DENNINGER (2003:28).

Durante muito tempo, o Estado-Nação europeu se alimentou da ficção da homogeneidade que levou à exclusão e discriminação de minorias e, na melhor das hipóteses, a uma política orientada para a assimilação cultural. Mais recentemente, no entanto, conflitos oriundos de atritos entre grupos étnicos, religiosos e culturais se intensificaram; tais conflitos exigem uma solução legítima.[280]

Com a crise do Estado-Nação, concepção esta que foi consolidada dramaticamente no início do século passado, conforme discutimos no capítulo anterior, tem-se aflorada a pluralidade de identidades étnicas, culturais e lingüísticas que, assim, não mais admitem uma lógica fundada na igualdade formal (portanto, alheia à diversidade). Insta observar que, aqui, nesse novo contexto do reconhecimento dos mais variados grupos culturais, diversidade implica no afastamento de idéias de assimilação, ou, ainda que remotamente, qualquer expectativa de integração centrada nos imigrantes.[281]

Propõe DENNINGER, em síntese, um ideal da diversidade identificado como a inserção de uma consciência pluralista, das diferenças profundamente enraizadas na vida e nas condições da existência humana. Interessante observar que a consagração desse paradigma estará a demonstrar também a insuficiência, no terreno do debate acerca da

---

[280] *"(b) For a long time, the European nation-state lived off the fiction of homogeneity that led to the exclusion and discrimination of minorities and, in the best of scenarios, to a politics oriented to cultural assimilation. But more recently, conflicts arising from frictions between different ethnic, religious, and cultural groups have intensified; they call for a legitimate solution"*.
[281] DENNIGER (2003:30).

fundamentação dos Direitos Humanos, das concepções comunitaristas, que inobstante à consideração da presença do indivíduo no contexto de sua comunidade implique numa aproximação; de outro lado, quando considera necessariamente a sua implantação histórica, traz a necessidade de convívio entre essas diversas inserções que resultarão do convívio comum de homens de tão diferentes origens.

A diversidade humana, longe de ser uma consideração secundária (que pode gerar a ignorância dos "outros"), é um componente fundamental da idéia de igualdade, cuja relevância deriva justamente da efetiva diversidade entre os seres humanos. Sim, porque se a *diversidade* entre seres humanos é da sua própria essência, temos a evidência de que o conceito de igualdade diz respeito a uma variável que tende a entrar em conflito — de fato, e não somente na teoria — com o respeito à própria igualdade, vista sob o ângulo da diversidade.

A conseqüência deste paradoxo está em que igualdade e desigualdade, em determinado âmbito, possam estar em contraste com a respectiva igualdade e desigualdade em um outro, gerando mais uma vez a constatação da evidência, ainda que empírica, da diversidade humana[282].

Num plano mais dogmático, o paradigma da diversidade traduz-se, dentre outras considerações, na proteção constitucional contra a discriminação focada na compensação por desvantagens já sofridas ou prováveis de acontecer. Nesse sentido a afirmação de DENNINGER (2003:28) é esclarecedora:

---

282 DENNINGER (1998:XXVII-XXVIII). Sobre o tema do outro e suas implicações no processo de construção do conteúdo constitucional, vide ROSENFELD (2003).

Há tentação de se falar de um novo desejo por diversidade operando sob o slogan "direitos iguais à desigualdade".

Em verdade, a aplicação da diversidade sobre a desigualdade social não comporta tão-somente na remoção de uma justiça discriminadora, uma justiça negativa, e sim diferenciada, porque atributiva, distributiva, ou melhor, *positiva* no sentido de uma ação pró-ativa tanto dos indivíduos, da constituição quanto do Estado em respeitar o pluralismo e multiculturalismo.

Observemos o que diz DENNINGER (2003:29):

> Nesses casos de diversidade o tratamento jurídico da desigualdade implica algo mais do que a mera remoção da justiça discriminadora, ela inclui a realização de uma forma mais sutil de justiça diferenciada[283].

Mais especificamente no debate da reforma da Lei Fundamental alemã (2003:30):

> A tensa relação entre o velho ideal de uma igualdade de todos os cidadãos baseada no estado-nação e o novo ideal de coexistência de uma pluralidade de identidades étnicas, culturais e lingüísticas tornou-se imediatamente clara no debate sobre a modificação da lei funda-

---

[283] ROSENFELD discorda desta aplicabilidade no constitucionalismo norte-americano visto que a tradição da Suprema Corte sustenta direitos negativos. "a liberdade de expressão não apenas se destaca como o direito constitucional mais caro aos americanos, ela também se tornou um de seus 'principais símbolos culturais'. A liberdade de expressão, além do mais, surgiu como um direito negativo quintessencial." ROSENFELD (2003:53).

mental para incluir a proteção às minorias e dispositivos sustentando interesses minoritários. Isso iria, com efeito, lançar fora o Estado Constitucional baseado numa cidadania nacional comum em favor de uma comunidade política multicultural e multinacional.

Resumidamente, o que se deve entender por diversidade é o processo gradual de reconhecimento de necessidades e direitos, fruto de um pluralismo de consciências no seio da comunidade.[284]

---

[284] "Da mesma forma que o reconhecimento da diversidade dos grupos por meio do reconhecimento de suas necessidades especiais não ocorre em um único ato, mas antes por meio de um processo gradual, também a consciência do significado de conceitos políticos, tais como pluralismo e tolerância, muda gradualmente. O pluralismo de opiniões, organizações e partidos, na mídia, para a composição de vários órgãos que exercitam a supervisão de funções, desde há muito parecia constituir uma condição tanto necessária quanto suficiente para gerar resultados normativos cuja realização pudesse ser aceita como bem comum. ... A idéia por detrás dessa visão é que um conceito consistente de bem comum é gerado, em certa medida, automaticamente, tanto quanto permaneça possível que todos os 'poderes sociais relevantes' tenham uma oportunidade de expressar suas perspectivas e preferências no processo de discussão. Esta idéia se baseia, segundo a qual cada um dos grupos e forças participantes acentua (apenas) um ou mais aspectos de uma compreensão essencialmente idêntica do bem comum. Esta última idéia se ergue sobre a crença liberal-burguesa na racionalidade da "opinião pública" —- fundada em uma faculdade ou razão comum — sob as condições do moderno pluralismo organizado. Mas, no contexto de novas demandas de diversidade, não mais direcionadas à síntese de um (todo) universal, e sim, ao invés, à possibilidade de coexistência de uma multiplicidade de particularidades freqüentemente incompatíveis, essas pressuposições não mais obtêm efetividade, ou, no mínimo, esta se encontra profundamente minada. Obviamente, o que isto significa para a organização de processos de tomada de decisão que hoje permanecem pluralistas — como no passado — ainda precisa ser definido. É certo, contudo, que o significado da categoria tolerância deve

5.6. LIBERDADE E SEGURANÇA

A releitura do conceito de liberdade — sempre tão cara ao homem — é proposta por DENNINGER, tendo em consideração a necessária combinação da dimensão do individual e do coletivo. Assim, aponta o autor a falta de abertura dos conceitos iniciais da liberdade como paradigma de uma ordem constitucional, para essa coexistência de individual e grupo:

> ...não há espaço para o conceito de desenvolvimento por meio da liberdade de outros ou para a idéia de expandir e aumentar a liberdade individual por meio de uma combinação solidária de várias esferas de liberdade[285].

Por exemplo, a liberdade como elemento da tríade de 1789 não seria suscetível de ser desenvolvida como ajuda aos outros, mas permaneceria apenas como uma esfera egoística do ser humano[286]. Em relação a este sentido expansivo da nova tríade de DENNINGER, anota HABERMAS (2000:1):

---

ser transformado no sentido de acentuar a necessidade de cooperação ativa com o 'outro', com estranhos". DENNINGER (2003:32)

285 DENNINGER (2003:24).

286 Em verdade, esse apontamento deve ser compreendido mais como um registro histórico do que como uma crítica de mérito propriamente. Afinal, em dias de Revolução Francesa, o próprio reconhecimento dos direitos do indivíduo constituía-se, em si, numa inovação, não havendo ainda qualquer espécie de consideração teórica em relação a um coletivo que pudesse significar qualquer outra coisa que não a soma dos indivíduos.

Denninger deseja "expandir e modificar" as idéias de liberdade, igualdade e fraternidade com os postulados da segurança, diversidade e solidariedade. Estas idéias se refletem em novos textos constitucionais (por exemplo, naqueles do novo *Bundesländer* do Leste germânico), de tal forma que os direitos sociais e culturais básicos, bem como as aspirações ecológicas, são aprovados como objetivos do Estado constitucionalmente codificados; isto é, não como direitos subjetivos, mas antes como metas objetivas da política governamental.[287]

A última variável da tríade proposta por DENNINGER é a *segurança*[288], que, numa permanente relação de tensão com a solidariedade, expressa a proteção patrocinada pelo

---

287 HABERMAS (2000:1): *"Denninger wants to 'expand and modify' the ideas of freedom, equality, and fraternity with the postulates of security, diversity, and solidarity. These ideas are reflected in the new constitutional texts (for example in those of the new East German Bundesländer) in such a way that social and cultural basic rights, as well as ecological aspirations, are enacted as constitutionally codified goals of the state; that is, not as subjective rights, but rather as objective aims of governmental policy.."*

288 Sobre um exemplo de aplicação deste conceito de segurança nos Estados Unidos da América, é interessante o exemplo narrado por ROSENFELD (2003:52): "como enfatizou ACKERMAN, o *New Deal* realizou uma verdadeira revolução constitucional nos Estados Unidos sem a passagem de uma única emenda à constituição. Embora essa revolução tenha tido apoio integral dos três poderes e do povo, ela foi, na verdade, cimentada mediante uma série de decisões da Suprema Corte que repudiaram várias decisões anteriores. Essa revolução legitimou o Estado de bem-estar não por constitucionalizá-lo, mas por desconstitucionalizar as principais barreiras jurídicas que se impunham em seu caminho. Especificamente, a Suprema Corte pavimentou o caminho para leis econômicas e de bem-estar social ao revogar sua proteção da liberdade de contrato praticamente ilimitada como um direito fundamental."

Estado aos cidadãos contra os perigos sociais, de saúde pública, técnicos e ambientais, criminalidade, etc.

O que aparece de novo neste contexto proposto pelo autor é uma dimensão constitucional diferente, que é definida por AMIRANTE (1998:XXI) como uma nova comunhão de responsabilidade entre o cidadão e o Estado, ou uma nova comunhão de riscos e de chances. Esta diferença se traduz na figura de um cidadão ativo no processo de decisão política e administrativa e na sua vigilância e responsabilidade na co-participação da efetiva proteção e tutela dos princípios basilares do ordenamento jurídico e dos direitos invioláveis da pessoa.

É importante destacar que a categoria *segurança* já ocupava cogitações inclusive no direito nacional, tendo merecido do jurista COMPARATO (1989:180) a seguinte definição:

> No que diz respeito à segurança, o sentido fundamental do vocábulo liga-se à etimologia (se, prefixo = sine + cura): é a tranqüilidade de ânimo, a isenção de preocupações, um bem concreto, a um interesse determinado. Não há segurança em abstrato, mas em relação à vida, ao patrimônio, à criação artística, à salvação eterna, ao amor de uma pessoa, própria identidade cultural e, com efeito, o excesso de segurança acaba por suprimir a liberdade, assim como a total liberdade é a ausência de segurança. A organização, ainda que consentida pelos sujeitos a que se destina, de um sistema completo de garantias, na vã tentativa de eliminar totalmente os riscos, redunda na suspensão prática, já não digo de qualquer capricho, mas de qualquer iniciativa, de qualquer criação, de qualquer mudança; pois o controle total dos riscos só existe com a interdição de toda varia-

ção individual em relação ao esquema preestabelecido. Por outro lado, a supressão de qualquer norma ou coação externa sobre a vida individual ou coletiva acarreta a eliminação de todas as garantias existentes e a impossibilidade prática de organizar outras.[289]

Essa variável segurança e seu delicado convívio com a liberdade vem merecendo, tanto por parte da Teoria Constitucional norte-americana quanto pelo debate europeu, mais atenção e aprofundamento, tendo em consideração,

---

[289] Ainda explorando a questão da segurança, vide as palavras de AGAMBEN (2004:131:132) com relação ao denominado Estado de Exceção: "O estado de exceção, hoje, atingiu exatamente seu máximo desdobramento planetário. O aspecto normativo do direito pode ser, assim, impunemente eliminado e contestado por uma violência governamental que, ao ignorar no âmbito externo o direito internacional e produzir no âmbito interno um estado de exceção permanente, pretende, no entanto, ainda aplicar o direito. Não se trata, naturalmente, de remeter o estado de exceção a seus limites temporal e espacialmente definidos para reafirmar o primado de uma norma e de direitos que, em última instância, têm nele o próprio fundamento. O retorno do estado de exceção efetivo em que vivemos ao Estado de Direito não é possível, pois o que está em questão agora são os próprios conceitos de 'Estado' e de 'Direito'. Mas, se possível tentar deter a máquina, mostrar sua ficção central, é porque, entre violência e direito, entre a vida e a norma não existe nenhuma articulação substancial. Ao lado do movimento que busca, a todo custo, mantê-los em relação, há um contramovimento que, operando em sentido inverso no direito e na vida, tenta, a cada vez, separar o que foi artificial e violentamente ligado. No campo de tensões de nossa cultura agem, portanto, duas formas opostas: uma que institui e que põe e outra que desativa e depõe. O estado de exceção constitui o ponto de exceção dessas forças e, ao mesmo tempo, aquele que, coincidindo com a regra, ameaça hoje torná-las indiscerníveis. Viver sob o estado de exceção significa fazer a experiência dessas duas possibilidades e, entretanto, separando a cada vez as duas forças, tentar, incessantemente, interromper o funcionamento da máquina que está levando o Ocidente para a guerra civil mundial."

naturalmente, as ameaças representadas pelos movimentos terroristas.

O grande desafio representado pela convivência entre normalidade constitucional — e tudo que isso possa significar do ponto de vista de garantia de direitos individuais, expressão primária da liberdade — e *Estado de emergência* é enfrentado por ACKERMAN (2004), que destaca a falta de resposta pelo direito, até o momento, às ameaças de segurança decorrentes de um movimento como o terrorista. Assim, explora-se o sentido constitucional possível do conceito de segurança, para tentar assegurar que o medo e a ameaça não se possam transformar em fatores de subversão permanente e descontrolada da ordem constitucional vigente, apontando como caminho possível a criação de uma espécie de *"emergency constitution"*, que de um lado contemplaria medidas de constrição de direitos civis, e de outro, tentaria preservar mecanismos de deliberação da sociedade que pudessem monitorar a necessidade desse estado de exceção.

É significativo o exercício de tentativa de harmonização entre os valores apontados por DENNINGER — *liberdade e segurança* —, tendo em consideração uma nova ameaça antes não cogitada pelo direito. TRIBE (2004), no entanto, rebate duramente a possibilidade dessa segurança constitucionalizada apontada por ACKERMAN.

Expressivas ainda, para a compreensão da proposta denningeriana — e de suas possíveis limitações —, são as observações de ROSENFELD (2003) no sentido da identidade do constitucionalismo norte-americano estar, de modo permanente, vinculado apenas a duas concepções, a saber: *liberdade* e *igualdade*, circunstância histórico-cultural que afastaria portanto, no âmbito estadunidense, a possibilidade de aplicação da mudança de paradigma proposta por DENNINGER.

Numa outra perspectiva de análise da proposta do jurista alemão — mas também denunciando uma visão um tanto regionalizada do problema, e particularmente das propostas de solução —, o professor RANGEL (2004) visualiza que a percepção de DENNINGER em relação à segurança está mais ligada ao cenário constitucional conservador alemão.

Todavia, não se pode deixar de identificar o tema da segurança como efetivamente paradigmático nos dias de hoje. Essa categoria, desenvolvida a partir de um marco originário da teoria do risco, se relaciona, como exposto por BECK (2003), com a perspectiva de uma ordem internacional organicamente integrada, tendo como categorias as noções de cosmopolitismo e a de exclusão social[290].

Vencidas essas ponderações, vale ressaltar que a *segurança* se fundamenta sobre dois valores. O primeiro está relacionado com uma supremacia do interesse social sobre o privado, procurando limitar as atividades particulares que causem riscos à integridade da comunidade. O segundo refere-se à construção de um instrumento capaz de conter as imprevisibilidades do exercício das liberdades.[291]

5.7. FRATERNIDADE E SOLIDARIEDADE

Em substituição — ou em expansão, como prefere HARBERMAS — ao elemento de fraternidade, proposto pelos ideários da Revolução Francesa, DENNINGER (2003:35) traz à consideração a idéia-matriz da solidariedade, cujo con-

---

[290] Para uma visão abrangente da força presente da segurança no quadro teórico desse início do século XXI, vide AGAMBEN (2004).

[291] Por exemplo: uma indústria pode inventar um produto transgênico — liberdade de invenção — o qual a sociedade não sabe se causará males à saúde, por isso o Estado deve tomar as devidas providências.

teúdo, nas palavras do autor, é assim enunciado: "... uma permanente imposição no sentido de mostrar 'decência em relação aos outros' e assim a permanente transcendência do 'meramente jurídico' para as esferas ética e moral.[292]"

O tema da solidariedade relaciona-se intimamente também com um contraponto da força desagregadora que o reconhecimento da diversidade pode gerar. DENNINGER (2003:34): "O desejo por diversidade contém um momento centrífugo numa sociedade mantida unida por meio de regras gerais válidas". Para que essa sociedade não se desfaça, ou seja, fuja de seu centro, DENNINGER propõe uma força centrípeta — compensação normativa — que é a solidariedade. Ela presume um tipo de convicção individual de respeito positivo em relação ao *outro*. Apelando, desta forma, à abertura de uma moralidade inacabada, frente a uma ordem jurídica fechada e definível.

Segundo DENNINGER (2003:35):

> A solidariedade não conhece limites substantivos ou pessoais; ela engloba o mundo e se refere à humanida-

---

[292] Quanto à relação entre a solidariedade e evolução dos Direitos Humanos, é importante notar o comentário de COMPARATO (2003:38): "Na história moderna, esse movimento unificador tem sido claramente impulsionado, de um lado, pela afirmação dos Direitos Humanos. São os dois grandes fatores de solidariedade humana: um de ordem técnica, transformador dos meios ou instrumentos de convivência, mas indiferente aos fins; e outro de natureza ética, procurando submeter a vida social ao valor supremo da justiça. A solidariedade técnica traduz-se pela padronização de costumes e modos de vida, pela homogeneização universal das formas de trabalho, de produção e troca de bens, pela globalização dos meios de transporte e de comunicação. Paralelamente, a solidariedade ética, fundada sobre o respeito aos Direitos Humanos, estabelece as bases para a construção de uma cidadania mundial, onde já não há relações de dominação, individual ou coletiva."

de. Ela reconhece o outro não apenas como um "camarada" ou como um membro de um particular "nós-grupo", mas antes como um "Outro", até mesmo um "Estranho". Isso distingue a solidariedade da "fraternidade", que enfatiza o sentimento. Solidariedade significa um vínculo de sentimento racionalmente guiado, enquanto se apóia na similitude de certos interesses e objetivos de forma a, não obstante, manter a diferença entre os parceiros na solidariedade. Significa também, em termos jurídicos, uma rejeição do caráter vinculante de sistemas de valor universais, e a renúncia da exigência de nos fazermos iguais aos outros tanto em posses quanto em consciência.

Finalmente, a solidariedade deve ser vista como uma transcendência libertadora de nosso etnocentrismo primitivo que nos capacita a ver diferenças tradicionais como insignificantes frente à dor e à humilhação[293].

5.8. CONCLUSÃO

Ao fim desta análise, podemos notar que ZAGREBELSKY e HÄBERLE ainda se mantêm dentro de uma perspectiva de uma Teoria da constituição firmada nos ideais da Revolução Francesa de 1789, precisamente com base na tríade histórica *liberdade, igualdade* e *fraternidade*.

---

[293] Este aspecto sociológico parece uma contradição na tese de DENNINGER. Pois concebe um universalismo, que este pretende romper, através da dor e do amor ao próximo. Valores que não são típicos de todas as culturas humanas.

Destaque-se, ainda, que HÄBERLE é altamente otimista quanto ao poder transformador das idéias decorrentes de 1789 para o desenvolvimento de uma Teoria da constituição vinculada ao desenvolvimento do Estado Constitucional, mormente porque envolvidas num caldo de cultura de natureza dinâmica.

Em relação a DENNINGER, sua proposta de substituição da tríade histórica por uma nova visão paradigmática (seguindo o entendimento de ROSENFELD) composta de *segurança, diversidade* e *solidariedade,* cremos, está ainda em processo de construção tanto prática quanto teórica. De toda sorte, a polêmica suscitada pela análise do citado constitucionalista alemão dá azo à seguinte questão: DENNINGER tenta romper, realmente, com a tradição da tríade de 1789 ou oferece ao mundo das idéias uma nova abordagem daquela, permitindo tão-somente a sua expansão? Esta interrogação ainda está para ser respondida em outro momento. A resposta, ao menos por enquanto, parece ser a pela permanência da tríade histórica de 1789.

Com base nesse contexto teórico, enfrentaremos, no próximo capítulo, diante do fenômeno político-jurídico do projeto da constituição européia, se esse documento constitucional foi sensível para acolher essa *tríade dennengeriana,* ou, com olhos voltados para o capítulo 4, se ela teria resolvido questões como o nacionalismo e o legado pós 1945.

CAPÍTULO 6

PERSPECTIVAS DE UMA NOVA TEORIA CONSTITUCIONAL: REFLEXOS DO PROJETO DE CONSTITUIÇÃO EUROPÉIA

Marcia Tamburini

6.1. Considerações iniciais; 6.2. A trajetória política da União Européia; 6.3. A forma e conteúdo do Tratado: delineamento de uma constituição?; 6.4. Um novo modelo de poder constituinte pela via convencional; 6.5. O Projeto de tratado: moldura confederal, federal ou de natureza híbrida?; 6.6. O conteúdo constitucional: proteção aos direitos fundamentais; 6.7. Conclusão.

6.1. CONSIDERAÇÕES INICIAIS

O tema de viabilizar um documento constitucional para as sociedades européias vem ocupando, desde a abertura dos trabalhos da Convenção sobre o futuro da Europa, em fevereiro de 2002[294], o centro dos debates políticos e aca-

---

[294] A Convenção, reunida em Bruxelas em fevereiro de 2002, estava encarregada de reformar a Comunidade Européia. Vide ROBERT

dêmicos europeus e afirmando-se, definitivamente, como espaço de um novo contrato social[295]. Afora as dificuldades decorrentes das diferentes estruturas políticas adotadas — que passam pelo Estado federal (na Alemanha, Áustria e Bélgica), Estado de regiões (Itália) e Estado descentralizado (França e Portugal), e por regimes presidencialistas e parlamentaristas, monarquias e repúblicas — sem esquecer da diversidade cultural e lingüística, o obstáculo que se coloca de plano à construção desse novo modelo constitucional e que vem dividindo a doutrina européia, parece ser a inexistência de um "povo europeu"[296], base da legitimidade democrática. Seria possível conceber-se um instrumento fundador de um Estado — e aí pouco importa sua organização — sem a manifestação de vontade capaz de constituí-lo? Em sendo afirmativa a resposta, de que modelo constitucional se aproxima a constituição européia? Poder-se-ia considerá-la inauguradora de uma "confederação", "federação" e, por conseqüência, um único Estado, ou teria um conteúdo híbrido, de feições *sui generis*? Esse novo perfil constitucional nasceria com a preocupação de conferir a mesma efetividade aos direitos sociais (a *prestações*) já assegurada aos direitos individuais (de *defesa*), dentro de um novo paradigma, como proposto por DENNINGER[297]? A que compromissos estaria vinculado? Revelaria uma ruptura com as tradições constitucionais pós-1945 ou estaríamos diante de uma mera reafirmação desses valores?

(2004). Neste texto, há uma importante discussão a respeito do significado jurídico do termo tratado-constituição.

295 *Cf.* a propósito, ROUSSEAU (1997).

296 ROUSSEAU (1997).

297 O tema do novo paradigma proposto por DENNINGER para a substituição da tríade *Liberdade, Igualdade* E *Solidariedade* é explorado no capítulo 5 da presente obra.

A análise dessa constituição reclama, em nosso pensar, o resgate dos fundamentos históricos delineados no capítulo 4, o exame dos movimentos empreendidos no sentido da organização política do que hoje se conhece como União Européia, as marchas e contramarchas de um processo constitucional que se arrastou por décadas até adquirir o modelo ora discutido.

6.2. A TRAJETÓRIA POLÍTICA DA UNIÃO EUROPÉIA

Diversamente do que possa parecer ao primeiro olhar, a mobilização no sentido da unidade não é recente, resultando de uma convergência de vontades que remonta ao pós-guerra. Nada obstante o esforço empreendido no último século, mais bem delineado a seguir, o embrião do primeiro projeto constitucional europeu transparece no ensaio escrito em 1712 pelo abade de Saint-Pierre — *Projet pour rendre la paix perpétuelle* — prevendo a elaboração de uma constituição de vocação européia[298]. Em que pese o caráter nitidamente idealista e simbólico do trabalho, não se pode desmerecê-lo como contribuição à formação de um bloco europeu (POCHERON, 2004). Essa iniciativa,

---

[298] POCHERON (2004:14). Divergindo de POCHERON, ROUSSEAU assinala que, mesmo em uma perspectiva filosófica, o primeiro projeto de constituição deve ser atribuído a Kant que, no ensaio *Projet de la paix perpétuelle* já sustentava, em 1795, que a paz entre os povos seria alcançada por meio do mesmo processo que, no plano interno, permitia aos homens a passagem do "estado de natureza" ao "estado civil". Segundo ROUSSEAU, vislumbra-se no pensamento de Kant a defesa de um "acordo" entre os povos no sentido de estabelecer uma constituição análoga à constituição civil, em que os direitos de cada indivíduo pudessem ser assegurados. Ter-se-ia, nesse modelo, uma "federação de povos" que não formaria, entretanto, um só e único Estado.

entretanto, permaneceu isolada por mais de século e meio até a elaboração do Projeto de constituição federal, apresentado em 6 de maio de 1951[299] pelo conde Condenhove-Kalerghi e desenvolvido pela chamada *Comissão constitucional dos Estados Unidos da Europa*[300], documento que lançou as bases do debate sobre a integração comunitária. No entanto, um consistente esboço de constituição européia somente ganha contornos com a criação da CECA[301]

---

[299] Mais uma vez esses constitucionalistas não são uníssonos quanto à trajetória histórica da formação européia e seu projeto constituinte. ROUSSEAU (1997) anota que Altiero Spinelli defendeu, em seu manifesto de "Ventotene" redigido em 1941, o "método constituinte" como instrumento para construção de uma Europa livre e unida. Um pouco mais tarde, em 1947, o apelo do general Marshall à união dos europeus como alternativa para a obtenção de ajuda financeira americana impulsionou a elaboração, em 1953, de um *tratado-constituição* da Comunidade política européia — ratificado por Bélgica, Países Baixos, Luxemburgo e Alemanha — que sucumbiu em virtude da não-adesão da França à pretendida Comunidade Européia de Defesa, em 1954. Já na publicação oficial *Une Constitution pour l'Europe* (Office des pulications Communauté Européenne, disponível no endereço eletrônico http://europa.eu.int) é atribuído ao Ministro Robert Schuman a proposição relativa à organização da Europa. Datada de 9 de maio de 1950 e conhecida como *Declaração Schuman*, é considerada pela referida publicação oficial como ato de nascimento da União Européia e a data comemorativa da *Journée de l'Europe*.

[300] Segundo POCHERON (2004), a origem da expressão *Comissão constitucional dos Estados Unidos da Europa* é atribuída a Victor Hugo, em 1819, que a empregou no Congresso em seu célebre apelo pela paz, incitando o povo europeu a construir uma Europa nos moldes do federalismo americano.

[301] Essa Comunidade (*Communauté Européenne du Charbon et de l'Acier* — CECA) foi instituída por meio do Tratado de Paris, firmado pela Alemanha, Bélgica, França, Itália, Luxemburgo e Holanda em 18 de abril de 1951, tendo como principal objetivo a criação de um vasto mercado comum de carvão e de aço, setores que exigiam a concorrência e livre circulação de mercadorias. A questão da integração setorial,

(Comunidade Européia do Carvão e do Aço), em 1951. Embora mais adequado à conjuntura política da época, esse método organizacional — chamado de "integração funcional"[302] ou "funcionalista" por defender a tese de uma construção gradual, limitando a ação comunitária a determinados setores da economia — não sepultou a ambição constituinte. Dois anos após, mais especificamente em 10 de março de 1953, o *Projeto de Comunidade Política Européia*[303] (CPE) delineava o processo de elaboração de uma nova ordem jurídica, com o mérito de ampliar a lógica de integração setorial plantada por aquele instrumento político-econômico.

De inspiração nitidamente federalista, o CPE continha inúmeras disposições relativas ao quadro institucional europeu, desenhando uma repartição de competências que o aproximava, em muito, do modelo de constituição clássica[304]. Aflorava-se, assim, a intenção de constituir, no seio

---

embora limitada aos dois setores indicados, prepara o terreno para o fenômeno ora em estudo.

302 Enquanto o método funcionalista pretendia construir a Europa por meio de tratados setoriais, ligados a determinados setores da economia, o método "federalista" pretendia fazer a Europa política de um só golpe, confiando a uma Assembléia transnacional o encargo de redigir a constituição. Dadas as injunções políticas da época, o método funcionalista acabou por impor-se sobre o método federalista (ver, a propósito, o texto de MAGNETTE (2004:24).

303 O Projeto da Comunidade Política Européia (CPE), adotado em 1953, resultou de uma assembléia *ad hoc* instalada pelos chefes dos Estados-membros sob a influência de Jean Monnet e de Paul-Henri Spaak, tendo por objetivo conferir efetividade ao art. 38 do Tratado da Comunidade Européia de Defesa (CDE) que, por sua vez, previa a elaboração, por meio de uma Assembléia da CED, de um projeto de "estrutura federal ou confederal" (para mais detalhes, recomenda-se a leitura de VICTOR (2000:41-52).

304 Como acima assinalado, ROUSSEAU (1997)considera o projeto

da Assembléia da Comunidade Européia de Defesa (CED), uma "comissão constitucional"[305] que, em última análise, elaboraria a ansiada constituição.

Nada obstante, a história decidia de modo diverso. A divergência entre os Estados-membros, notadamente a oposição da Assembléia Nacional Francesa em 1954, não apenas sepultou o projeto como enfraqueceu e diluiu as tentativas de união que então se delineavam, reforçando o método funcionalista. Somente trinta anos mais tarde, em 1984, empreende-se nova iniciativa constitucional e, desta feita, coberta por uma legitimidade democrática de que se ressentiam os trabalhos anteriores, fechados em negociações diplomáticas restritas aos representantes dos Estados. O Parlamento Europeu, recém-eleito pelo sufrágio direto, adota o *Projeto de Tratado de União Européia*[306], que surge não apenas com a vocação de se somar aos existentes, mas com o duplo compromisso de racionalizar as conquistas já alcançadas e lançar novas bases para a construção européia. Muito embora centrado no delineamento de questões relativas à união aduaneira — com uma amplitude não coberta pela CECA, como a livre circulação de bens, produtos, serviços e pessoas — e ao estabelecimento de um núcleo co-

---

como um verdadeiro *tratado-constituição* da Comunidade política européia.

305 Ver DE SCHUTTER e NIHOUL (2004:25).

306 O Projeto do Tratado da União Européia, chamado "Rapport-Spinelli", recebeu o nome de seu idealizador, Altiero Spinelli, então Presidente da Comissão Institucional do Parlamento europeu. Adotado em 14 de fevereiro de 1984, o Tratado voltava-se às instituições e políticas traçadas pela Comunidade Econômica Européia (CEE), criada em 25 de março de 1957 pela adesão ao Tratado de Roma pelos países-membros da CECA, é dizer, Alemanha, Bélgica, França, Itália, Luxemburgo e Holanda (ver POCHERON, 2004).

mum entre as diversas legislações, o projeto[307] previa, ainda que em um único dispositivo, a proteção aos direitos fundamentais, tema de que nos ocuparemos mais adiante.

O Tratado de Maastricht[308], ratificado em 1992, não alterou significativamente o quadro da União, embora tenha introduzido uma moeda única e estabelecido uma política estrangeira comum. Sem dúvida, ousou um pouco mais ao prever a cooperação entre os diversos sistemas judiciais. Com essa ampliação de domínios, a comunidade européia desprende-se da vinculação econômica que a caracterizou desde a origem. No entanto, o que se avizinhava como alicerçamento da União política européia perde fôlego depois de Maastricht.

Foi preciso mais de uma década para o surgimento de uma proposta que, além de racionalizar as conquistas dos diversos acordos internacionais, objetivasse inserir na constituição européia uma Carta de Direitos Fundamentais, o que veio a ocorrer em 9 de fevereiro de 1994 com a apresentação do *Rapport-Herman*[309] pela Comissão Institucio-

---

307 O documento produzido pelo Escritório de publicações oficiais da Comunidade Européia, *Le projet de Constitution pour l'Europe élaboré par la Convention européenne — Une présentation aux citoyens*, O Projeto de constituição para a Europa, elaborado pela Convenção Européia — uma apresentação aos cidadãos, publicado em 2004 (disponível no endereço eletrônico http://europa.eu.int, atribui ao Ato Único europeu, assinado em fevereiro de 1986 a iniciativa de construção de um mercado único, permitindo a livre circulação de pessoas, bens, serviços e capitais.

308 Para MANITAKIS (2004), o debate sobre a criação de uma constituição européia surgiu com o Tratado de Maastricht e a decisão a ele relativa, proferida pela Corte Constitucional alemã, foi reanimada a partir da Carta de Direitos fundamentais de Nice. A propósito, os estudos publicados no *European Journal of Law*, em 1995 são considerados emblemáticos, valendo ressaltar os trabalhos de GRIMM (1995:282-302) e o comentário de HABERMAS a respeito (1995:303-307).

nal do Parlamento europeu. O esvaziamento desse projeto pela rejeição da Assembléia de Estrasburgo nos permite constatar que os esforços do Parlamento limitavam-se, timidamente, à atualização de disposições dos tratados anteriores, sem inovar, substancialmente, em relação à proteção aos direitos fundamentais, tampouco no tocante à estrutura política da Comunidade Européia. Nesse mesmo ano, contudo, uma iniciativa mais audaciosa busca redesenhar a organização comunitária: a proposta apresentada por Karl Lamers e Wolfgang Schäuble ao Parlamento europeu pretendia insculpir, em um documento constitucional, os traços de uma entidade federal, mas, como as tentativas anteriores, esbarrou nos estraves políticos e nasceu com a marca do fracasso.

As duas conferências governamentais que se seguiram — dando resultado à assinatura dos Tratados de Amsterdã (1997) e de Nice (2000) — foram animadas por uma vontade política ainda mais frágil no sentido de estruturação de um projeto constitucional, restando sem resposta uma série de questões institucionais, como as relativas ao funcionamento da União composta por 25 ou mais Estados-membros, a repartição de competências e a garantia de legitimidade das instituições que representavam os Estados e os povos europeus[310].

Em dezembro de 2000, os Chefes de Estado e de Governo dos quinze membros decidiram firmar um acordo no sentido de proceder a uma reforma institucional que julgavam superficialmente traçada no Tratado de Nice, principalmente por haver deixado em aberto pontos centrais à

---

309 O projeto levou o nome de seu idealizador, Fernand Herman.

310 Ver Projeto de Constituição para a Europa, elaborado pela Convenção Européia (endereço eletrônico http://europa.eu.int http://europa.eu.int (2004).

construção européia[311]. Um ano após, o Conselho europeu reunido a Laeken editou, em 15 de dezembro de 2001, a *Declaração sobre o futuro da Europa*[312], convocando uma Convenção[313] encarregada de preparar uma Conferência

---

[311] O Conselho europeu, reunido em Nice em 2000 sob a presidência francesa, pretendia a reforma das instituições européias numa perspectiva de ampliação do número dos países integrantes da comunidade e do fortalecimento e consolidação dos acordos, definindo a repartição de competências entre a União e os Estados-membros, o papel dos Parlamentos nacionais na estrutura européia e a simplificação dos tratados. Buscava-se preparar o "futuro" da comunidade a partir de um documento unificador de uma nova ordem jurídica. O maior avanço que a Convenção de Nice trouxe no sentido da configuração de uma constituição deve-se à elaboração de um estatuto da Carta de Direitos Fundamentais. Na ótica de POCHERON (2004:20), o Tratado de Nice parece representar o fim de um ciclo de integração, marcado pelo método Monnet e os Tratados de Maastricht e de Amsterdã, constituindo o ponto de partida de uma nova fase do desenvolvimento comunitário.

[312] A *Declaração sobre o futuro da Europa* (Declaração 23 de Laeken) teve por mérito o compromisso de preparar a Conferência Intergovernamental no quadro do "Processo Pós-Nice". Vinculou a própria finalidade da União à elaboração de uma constituição, pretendendo solidificar a estrutura de uma organização européia mais democrática, transparente e eficaz.

[313] A Convenção contaria com 105 membros (com suplentes), cujo mandato fora estabelecido pelo próprio Conselho europeu de Laeken. Incumbiria aos convencionais o exame dos pontos nevrálgicos esquecidos nos tratados e a elaboração de um documento que serviria de base para as negociações da Conferência Intergovernamental, esta sim encarregada de tomar as decisões definitivas. Para conduzir os trabalhos, constituiu-se uma presidência composta de doze membros: Giscard d'Estaing (presidente), Amato e Dehaene (vice-presidentes), representantes de governos de três Estados-membros que exerceriam a presidência do Conselho, dois representantes dos Parlamentos nacionais, dois representantes do Parlamento europeu e dois representantes da Comissão (Barnier e Vitorino). Como deferência, convidou-se o representante do Parlamento da Eslovênia para participar das reuniões, ten-

Intergovernamental sobre o tema. Abria-se, dessa forma, a via de debate para a elaboração de uma constituição. Mas o caminho percorrido pelas propostas foi marcado por muitos avanços e retrocessos[314], até que a convenção chegasse a um consenso e pudesse finalizar um projeto de constituição, o que foi viabilizado pelo texto apresentado pelo então Presidente Giscard d'Estaing ao Conselho europeu, documento que serviu de suporte aos trabalhos da Conferência Intergovernamental (CIG)[315], encarregada, por sua vez, de conferir novo formato à União Européia. Materializava-se, após longo processo de integração comunitária, o ansiado Projeto Constitucional que, desde então, passou a ocupar posição de destaque no cenário político europeu.

Esse breve mapeamento nos autoriza a concluir que a formação do bloco europeu apoiou-se, inicialmente, na problemática econômica para, depois, ocupar-se, real e

---

do a primeira delas ocorrido em 28 de fevereiro de 2002. A Convenção ficou reunida, em sessões plenárias, durante quinze meses, com freqüência que alternava entre uma ou duas reuniões por mês, todas no Parlamento europeu em Bruxelas. Paralelamente às plenárias, instituíram-se grupos de trabalho dirigidos por um membro da presidência para tratar de temas específicos (para mais detalhes, recomenda-se a consulta a endereço eletrônico mencionado em nota anterior (2004)).

314 Desde o início dos trabalhos da Conferência Intergovernamental, um determinado número de Estados já defendia posição contrária ao projeto apresentado pela Convenção. Enquanto os seis Estados fundadores — Alemanha, Bélgica, França, Itália, Luxemburgo e Holanda — se pronunciavam em favor da adoção do texto como proposto pela Convenção, Espanha e Polônia sustentavam uma aplicação restrita do Tratado de Nice, opondo-se, igualmente, ao Projeto de Tratado Constitucional (sobre o tema vale a consulta ao jornal *Le Monde*, de 30 de setembro de 2003).

315 Os trabalhos da Conferência Intergovernamental foram iniciados em outubro de 2003, contando com a participação dos representantes dos governos dos Estados-membros, da Comissão européia e do Parlamento europeu.

verdadeiramente, com o processo de integração comunitária que, a seu turno, exigia a organização política em torno de um instrumento jurídico fundador. A questão constitucional parece, então, delinear-se com mais clareza e intensidade nos anos 1990, embora somente seja possível vislumbrar um sinal concreto do processo de constitucionalização que se encontrava em ebulição no seio da *União Européia* no ano 2000, mais precisamente por conta da elaboração da Carta de Direitos Fundamentais de Nice, lamentavelmente esquecida nos diversos tratados que marcaram a construção européia. Nada obstante a convenção não tenha inovado em matéria de reconhecimento de direitos fundamentais — apenas consolidando um rol de direitos já consagrados pelo direito comunitário —, a via eleita para essa tarefa representa a um só tempo o rompimento com o método intergovernamental adotado desde o nascedouro da organização européia e um avanço no sentido do delineamento da estrutura central de uma constituição.

Não se pode desconsiderar que os inúmeros e acirrados debates travados em torno do futuro da União e de sua identidade política[316], sobretudo após Maastricht, trouxeram uma nova dinâmica ao processo constitucional, despertando o interesse da sociedade para a temática européia. Não menos certo, porém, é que a multiplicidade de tratados existentes, a ausência de transparência em seus textos e a ampliação crescente da União[317], entre outros fatores,

---

316 A propósito, vale a consulta aos discursos de Jacques Chirac (http://www.monde-diplomatique.fr/cahier/europe/discourschirac ("Notre Europe") e Lionel Jospin (http://senat.fr/europe/avenir_union/jospin_052001.pdf).
317 O Conselho europeu de Copenhague, em dezembro de 2002, aceitou a ampliação da União para 25, decisão ratificada pela assinatura dos Tratados de Adesão, em 16 de abril de 2003 em Atenas, pelos 10 novos Estados-membros, mas o Conselho de Nice já permitia, ao seu tempo,

contribuíram fortemente para deslegitimar a construção européia junto aos cidadãos. O método comunitário proposto por Jean Monnet, montado na solidariedade setorial[318] antes ressaltada[319], não mais respondia às expectati-

---

tal ampliação (para consulta, recomenda-se http://europa.eu.int/eurlex/fr/treaties/dat). A reforma inacabada do Tratado de Amsterdã de 1997, organizado sob a presidência francesa, deixou em aberto, como já assinalado no texto, temas como a repartição de competências entre a União e os Estados-membros, a simplificação dos tratados existentes, o papel a ser desempenhado pelo Parlamento europeu e, especialmente, o estatuto da Carta de Direitos Fundamentais, retomadas pela Declaração 23 sobre o futuro da União, juntada ao Tratado de Nice.
318 Posição sustentada por Joschka Fischer, citado por POCHERON (2004:19). O método utilizado para revisão dos tratados — sempre realizada no seio de conferências intergovernamentais, entre os responsáveis dos governos dos Estados-membros — recebeu inúmeras críticas, sobretudo porque as decisões sobre a construção européia não podiam ser adotadas a portas fechadas, excluindo os cidadãos do processo decisório. Não foi outra a razão que levou o Conselho europeu a convocar uma convenção que reuniria os atores principais do debate: representantes do governo dos quinze Estados-membros e dos treze países candidatos, dos representantes dos Parlamentos nacionais, dos representantes do Parlamento europeu e da Comissão européia, os treze observadores oriundos do Comitê de regiões e do Comitê econômico e social e o mediador europeu, inaugurando-se, ainda, um portal de internet da convenção (http://european-convention.eu.int) que publicaria a contribuição dos convencionais, o resultado dos debates e os projetos debatidos. No entanto, as discussões não ficaram restritas aos convencionais, abrindo-se espaço às organizações não governamentais, ao meio econômico, acadêmico e outros parceiros sociais que, empenhados em influir no processo, abriram um *Forum* via internet, onde poderiam ser depositadas as contribuições da sociedade aos debates (http://europa.eu.int/futurum/forum_convention). Por outro lado, a participação direta da sociedade não foi esquecida, abrindo-se ao público a sessão plenária da convenção. Um outro portal de internet — Futurum (http://europa.eu.int/futurum) — encarregava-se de tornar público o conjunto dos documentos e todas as contribuições relativas ao futuro da União. Com isso, o método de convenção viabilizou e concretizou,

vas sociais, conduzindo à opção pelo método constitucionalista que se apresentava como o mais eficaz à reorganização e simplificação dos tratados e permitia estabelecer, em um texto constitucional, o objetivo aparente da integração[320], vale dizer, uma sociedade mais democrática.

Ora, se de um lado havia um consenso em relação à necessidade de se impulsionar o processo de constitucionalização em nível europeu, de outro, aflorava a diversidade de posições em relação ao conteúdo da constituição. À visão fundamentalmente federalista e supranacional alemã se opunha, de maneira quase constante, a Europa intergovernamental capitaneada pela França[321]. Some-se ainda, a essas duas concepções antagonistas da construção européia, a conjuntura política atual — como a crise iraquiana —, os diferentes sistemas de organização dos poderes políticos, a idéia de Estado, de Nação, de independência, apontando uma linha de fratura entre integracionistas e intergovernamentalistas, federalistas, sem esquecer dos supranaciona-

---

pela primeira vez, um debate amplo, aberto e transparente sobre o futuro da Europa. Um ano após, a convenção presidida por Giscard d'Estaing chegou a um consenso, apresentando um projeto de constituição ao Conselho Europeu de Tessalônica, em 20 de junho de 2003, como brevemente assinalado em nota anterior. O texto serviu de base para os trabalhos da Conferência Intergovernamental que reuniu os representantes dos governos, da Comissão européia e do Parlamento europeu em outubro de 2003.

319 Ver, a propósito, a referência feita em nota anterior..

320 O termo "integração", assentado na doutrina do direito internacional público, caracteriza, na visão de Jean Vincent, a fusão de certas competências estatais num órgão supra-estatal ou supranacional (GUILLIEN e VINCENT (1999:294).

321 A França pretendia fundar uma Federação de Estados-Nação à moda francesa (POCHERON, 2003:23), ou seja, adotando o modelo de Estado unitário fortemente descentralizado.

listas e soberanistas. Esses entraves, além de prolongar a finalização do projeto final de constituição, não sepultaram as divergências em torno do perfil ali esboçado.

Encontrar um ponto comum entre as diferentes correntes políticas e reunir, em um único documento, a multiplicidade de expectativas de cada Estado-membro — já pulverizadas em uma série de tratados — foi um esforço de décadas, trazendo à tona o papel ocupado na pauta dos debates tanto pelas tradições constitucionais quanto pelo modelo estrutural de cada país[322]. Os valores extraídos dessa diversidade cultural e étnica encontraram uma unidade no *Projeto de Tratado Constitucional*, consolidando *um patrimônio constitucional europeu*[323] (ROUSSEAU, 1997: 54), uma cultura constitucional comum que permite a cada cidadão reconhecer-se como integrante do povo europeu.

6.3. A FORMA E CONTEÚDO DO TRATADO: DELINEAMENTO DE UMA CONSTITUIÇÃO?

É possível perceber que do exercício coletivo e simultâneo de diversos Estados criou-se uma organização internacional com características originais. Cada Estado-membro, aceitando restringir sua própria soberania, transferiu parte de sua competência à União com vistas a viabilizar, por intermédio de instâncias comunitárias e segundo as regras do direito europeu, uma espécie de governo conjunto, exercendo *soberania cooperativa e solidária* (MANITA-

---

[322] As tradições constitucionais da França e Alemanha — países fundadores da CECA — formaram o que se pode chamar de *nó górdio* na pauta dos debates, mas que acabaram por se impor no Projeto de Tratado Constitucional.
[323] ROUSSEAU (1997:54).

KIS, 2004:2)³²⁴, de modo a promover coesão social dentro dos parâmetros esboçados por DENNINGER (1998 e 2003).

Refletir sobre essa nova organização, sobre a forma e conteúdo da constituição européia, nos impõe o dever de revisitar determinadas categorias jurídicas próprias do Direito Constitucional, como as noções de *poder constituinte*³²⁵, *de povo*, de *Estado-Nação*, e reinseri-las nesse novo cenário³²⁶. É verdade que, enquanto a unificação européia se fazia por tratados, as discussões jurídicas estavam centradas no direito internacional, não ocupando espaço as questões ligadas à natureza e forma da organização política. Mas as mudanças estruturais traçadas pelo Projeto de Tratado Constitucional na União Européia, que passam pela revisão do conteúdo de Leis Fundamentais de alguns Estados-membros, parecem indicar a necessidade de uma releitura nas referidas concepções.

Até que ponto poder-se-ia reconhecer um poder constituinte na via convencional? Se admitirmos o método constituinte via *Convenção*³²⁷, estaria ele representando

---

324 MANITAKIS (2004:2).

325 Poder constituinte visto em sua amplitude, seja como processo criador originário, seja como processo modificador (derivado) de uma constituição.

326 Sobre o tema, cabe a leitura do estudo de DELLAVALLE (2003:119-149). Rompe-se, assim, com a visão limitada e não-resolvida de nacionalidade, como visto no capítulo 4.

327 ROUSSEAU (1997:56) destaca que a Assembléia parlamentar do Conselho da Europa, desde sua primeira reunião em 20 de agosto de 1949, já afirmava sua vocação de assembléia constituinte européia. Apesar de não haver previsão estatutária para o desempenho dessa função, tornou-se, para o conjunto da Europa e dos europeus, um formidável laboratório constitucional. A Comunidade européia, sobretudo a partir das eleições dos deputados europeus pelo sufrágio universal, manifestou um interesse crescente pela idéia de constituição européia e

uma verdadeira ruptura com o processo assentado na teoria constitucional? Essas indagações não podem ser respondidas sem que antes se aponte o sentido em que o vocábulo constituição[328] vem empregado no texto[329].

Numa visão estrita, *constituição* é um ato fundador, organizador e escrito (ROUSSEAU, 1997:55-56). Como ato fundador, alinha os princípios e valores sobre os quais os indivíduos, em um dado momento, resolvem se associar para formar uma sociedade. De uma certa maneira, assinala, é a exteriorização, em um texto jurídico, de um contrato social[330]. Como ato organizador, determina os diferentes níveis e órgãos do poder bem como as relações entre eles e regula a repartição de competências; em última análise, é a expressão, em um texto jurídico, do princípio político da separação de poderes. Como ato positivo dá publicidade aos valores que expõe e às regras de organização que estabelece, oferecendo aos cidadãos os meios de comparar os atos do poder público com os valores e regras ali traçados e, por via de conseqüência, exigir sua adequação ao texto Maior[331].

---

seu Parlamento discutiu e adotou inúmeros projetos, sendo o último datado de fevereiro de 1994.

328 Nesse sentido, impõe-se a consulta ao estudo realizado por HÄBERLE (1999:3-31), destacando que a polissemia do termo constituição, que abrange desde o seu sentido histórico como o simbólico, dá margem a injustificadas confusões de ordem semântica que acabam por comprometer seu sentido jurídico.

329 Segundo HABERMAS (2001), as palavras são dotadas de um poder simbólico importante e, nessa perspectiva, podem cultivar uma consciência coletiva que prejudica as situações e o futuro. Assim, o termo "constituição", empregado em sentido simbólico, pode exercer uma influência determinante na criação de uma sociedade européia de cidadãos, de um povo europeu.

330 ROUSSEAU (1997: 55).

331 ROUSSEAU (1997:55).

Se emprestarmos um sentido genérico ao termo *constituição* — como "o conjunto de normas jurídicas que regem a organização de uma coletividade humana"[332] —, para explicar o instituto jurídico desenhado pelo *Projeto de Tratado*, é possível afirmar que todo Estado possui uma constituição em sentido material, sem que forçosamente o documento instituidor apresente a forma constitucional. E nessa perspectiva, é possível identificar uma constituição[333] no referido projeto, embora de feições *sui generis*. Sob o aspecto formal, contudo, não há como fechar os olhos ao molde de "tratado internacional", notadamente porque o texto ali contido decorre da convergência de vontades de Estados soberanos que, por meio de seus representantes, aprovaram e ratificaram um documento-base instituidor da construção européia, ocupando-se de reunir e unificar os inúmeros acordos anteriores. Mas se considerarmos a matéria ali tratada, a repartição de competência entre os Estados-membros e o Poder Central, os compromissos da União além do catálogo de direitos fundamentais —, elementos que entendemos serem centrais em uma constituição —, o documento pode ser considerado "tratado fundamental"[334] ou "tratado constitucional" (MANITAKIS, 2004:5).

---

332 Definição de PRÉLOT (1998:42-46). Conceito este próximo do entendimento HESSE (1983:16) quando afirma: "*La constitución és el orden jurídico fundamental de la Comunidad*".

333 As diferentes acepções do termo *constituição* têm permitido que parte da doutrina entenda, sem levar em conta o conteúdo dos textos comunitários, que a União Européia já possuía uma constituição. Ver, a esse respeito, GERKRATH (1997:124).

334 Nesse particular, recomenda-se uma vez mais a consulta ao trabalho de GERKRATH (1997:124).

Essa realidade vem sendo evidenciada tanto pela doutrina especializada — que já considerava o conjunto de tratados e convenções européias "quase-constituição" — quanto pela jurisprudência européia. A Corte de Justiça de Luxemburgo teve oportunidade de manifestar-se a respeito em decisão de 23 de abril de 1986, declarando que "a Comunidade econômica européia é uma Comunidade de direito na medida em que nem seus Estados-membros nem suas instituições escapam ao controle de conformidade de seus atos à Carta Constitucional de base, que é o tratado", enquanto a Corte de Estrasburgo, em 23 de março de 1995, posiciona-se no sentido de que "a Convenção européia dos direitos do homem é um instrumento constitucional de ordem pública européia"[335]. Apesar de considerar a qualificação "um pouco exagerada" segundo os critérios jurídicos de classificação, habitualmente moderados, ROUSSEAU admite que o tratado aponta uma direção, uma vontade de reaproximar a Europa de sua identidade constitucional. Nesse contexto, pouca relevância ostenta o espaço de referência de uma constituição para que se reconheça a existência de um poder anterior ao seu surgimento, reforçando-se, de fato, a tendência de reorganização da "Europa" pelo método constituinte.

6.4 UM NOVO MODELO DE PODER CONSTITUINTE: A VIA CONVENCIONAL

Assentadas essas bases, um outro desafio se apresenta: identificar o poder constituinte no quadro de juridicidade da União. Embora seja tarefa essencial para o desenvolvimento do tema proposto, o terreno arenoso onde se situa

---

[335] ROUSSEAU (1997:56).

impõe dificuldades embaraçosas. É essencial porque uma constituição supõe, antes de tudo, um poder constituinte; árdua, porque não se pode apontar, com precisão, o titular desse poder nos limites da organização européia[336].

MANITAKIS (2004:8) acrescenta outros obstáculos à identificação de um poder constituinte, opondo-se frontalmente àqueles que reconhecem, de fato ou "metaforicamente", uma função constituinte à Conferência Intergovernamental e, por seu intermédio, aos Estados-membros. Para o constitucionalista grego, se os Estados, por meio de seus representantes, são os verdadeiros redatores dos tratados e exprimem a vontade internacional da convenção, não dispõem — seja como sujeitos de direito internacional, seja sob a ótica interna de ordem constitucional nacional, e mesmo pelos critérios de ordem jurídica européia — de qualquer poder constituinte, ainda que pela via de revisão. Em crítica à tese contrária — que considera o exercício coletivo da soberania de cada Estado-membro no seio da Conferência Intergovernamental como instância de poder constituinte europeu primário ou secundário — ressalta que o modo encontrado para o exercício desse poder esforça-se por legitimar, de um modo antidemocrático, um poder intergovernamental de Estados não controlados pelo parlamento. E enumera as falhas desse entendimento: primeira, porque as constituições nacionais não autorizam a transferência do poder constituinte em nível supranacional; segunda, porque a concepção de poder constituinte europeu se opõe ao conceito de soberania de Estado e de seu reconhecimento internacional; terceira, porque o poder constituinte não pode ser extraído da vontade convencional multipartida dos Estados[337]. As constituições, quer

---

[336] ROUSSEAU (1997:63).
[337] MANITAKIS (2004:10).

sejam promulgadas por Assembléias Constituintes ou outras instâncias representativas eleitas pelo povo, quer sejam aprovadas por *referendum*, serão sempre atribuídas ao povo, exprimindo a vontade soberana de uma sociedade de cidadãos iguais e livres (ou de uma sociedade política) de se autogovernar e organizar em torno de uma unidade política. E é, em seu pensar, a ausência de um poder constituinte do povo que fornece o critério negativo absoluto que confirma a inexistência de uma constituição européia no estágio atual do direito positivo. Afigura-se, assim, juridicamente complicado conceber-se um poder constituinte único, soberano, autônomo e democraticamente legitimado no seio da União européia sem rupturas institucionais e descontinuidades jurídicas (MANITAKIS, 2004:8-10). A constitucionalização da *União Européia* não se sustenta em um ato unilateral[338], devendo antes resultar de um processo constituinte permanente, longo e prolongado, admitindo oposições, conflitos, lutas, reivindicações e situações de polarização.

O que se pode constatar desse molde particular de organização é que a União européia equilibra-se entre dois pólos: o de direito internacional — com a soberania de cada Estado solidamente reconhecida — e o de construção nacional, ligada à autonomia constitucional e à soberania po-

---

338 ROUSSEAU destaca que os constitucionalistas pretendiam construir a Europa por meio de uma Assembléia constituinte submetida ao povo pela adesão de um pacto federal. Os funcionalistas, por sua vez, defendiam a tese de uma construção gradual, de função a função (por setores específicos, como o do carvão e do aço, da agricultura, transporte etc.). Esse método tem inspirado a construção européia: a multiplicação dos tratados particulares e as convenções especiais sendo traçadas pelo Conselho da Europa. Essa maneira de fazer a Europa, segundo o constitucionalista, correspondia às melhores condições políticas da época, mais precisamente em fins de 1980.

pular dos povos pertencentes aos Estados-membros. Sua autonomia jurídica depende, portanto, do rompimento desses laços, seja simplesmente desnaturando-os (segundo a dialética hegeliana) ou mesmo transformando-os (no sentido contemporâneo) em formas políticas novas, desconhecidas até hoje (MANITAKIS, 2004:9-10).

Nenhum dos óbices impedem, entretanto, que seja encontrada uma saída jurídica para essas formulações (ROUSSEAU, 1997:63), sobretudo se considerarmos que o poder constituinte ostenta tanto uma natureza política como jurídica. E isso porque, embora inaugure pela norma constitucional a ordem jurídica de uma dada sociedade, o poder constituinte, ele mesmo, não encontra fundamento de validade em nenhuma norma preexistente no ordenamento jurídico positivo, nada mais sendo do que a manifestação de uma vontade política[339], da vontade política do soberano que, livremente, decide os princípios e forma de sua organização.

Aliás, por ocasião da Revolução, em 1789, a França vivenciou um poder constituinte verticalmente imposto, sem que, contudo, se ressentisse de base democrática: ao tempo em que membros do Terceiro Estado, sem mandato explícito, se autoproclamaram legítimos representantes da Nação e instituíram a *Assembléia Nacional Constituinte*, o povo francês era muito mais um "projeto" que uma realidade (ROUSSEAU, 1997:63-64). Nessa perspectiva, e considerando que a legitimidade do poder constituinte não repousa em uma "normatividade" anterior, não se pode concebê-lo senão como a expressão livre da vontade do soberano que, no tema em tela, assenta-se no povo europeu.

Mas se de um lado é de todo impossível identificar-se um só "povo europeu"[340] que possa, como tal, exercer o

---

339 ROUSSEAU (1997:63).
340 HABERMAS (2000) considera que a ausência de um povo euro-

poder constituinte, é inegável a existência de "povos europeus"[341], de uma diversidade de sujeitos capaz, no conjunto, de instituir sua constituição[342]. Nesse particular, MANITAKIS não distoa de ROUSSEAU, entendendo que a constituição européia — como texto de caráter solene destinado a organizar e limitar a soberania dos povos da Europa e a traçar as linhas de um Estado europeu metanacional — deve buscar a fonte de sua legitimidade no povo europeu, organizando uma esfera pública de participação e comunicação política[343], uma *res publica*, que será, a um só tempo, a criação e o criador da constituição. Apesar de tratar-se de empreitada particularmente complexa e incerta sob o pon-

---

peu não é argumento sólido para impedir o reconhecimento de uma constituição européia. A vontade dos representantes dos Estados-membros, mesmo que imposta verticalmente, representaria a vontade do povo e seria capaz de conferir plena legitimidade ao texto constitucional.

341 A propósito, os tratados não faziam referência ao "povo europeu", mas reconheciam a existência de "povos européus", como se verifica no art. 1 do Tratado da União Européia.

342 ROUSSEAU (1997:63).

343 Ver sobre o tema HABERMAS (2001): para que se reconheça o poder constituinte, não se faz necessário apresentar as mesmas características sedimentadas na Teoria Constitucional, bastando que, promulgada uma constituição, seja aprovada por *referendum* e que possa incidir tanto sobre uma esfera política pública européia quanto sobre o povo europeu, que reparta os valores políticos comuns e demonstrem a vontade de viver em comunidade, de encontrar um *modus vivendi* europeu. O surgimento de um povo europeu e de uma esfera política pública não são criação artificial de uma constituição formal, mas produto de articulações políticas mais profundas. Em resposta a GRIMM, HABERMAS insistiu na necessidade de "formar, sob uma perspectiva de uma cultura política comum, uma esfera pública integrada em nível europeu, uma sociedade de cidadãos com os mesmos grupos de interesses e um sistema de partidos políticos que seja capaz de representar os interesses das diferentes parcelas da comunidade" (1996:150-157).

to de vista histórico, a Carta Magna européia será o produto da articulação política de cidadãos que residem no mesmo território da União, dividindo os valores e destino políticos comuns, com iguais direitos. E a consciência da qualidade de *cidadão europeu* se forma através de um agir formal e informal, de ações mútuas de comunicação na esfera política pública (DELLAVALLE, 2003:125-129).

Apesar de reconhecer o esforço de uma corrente doutrinária no sentido de encontrar a legitimação da União européia no povo dos Estados-membros, SCHMITZ (2003:1714-1715) considera temerária a concepção de um *povo transnacional*. Para que se possa conceber um povo europeu é necessário livrar-se dos rastros deixados pela Teoria da Nação, abandonar os laços de ordem histórica, etnocêntrica e cultural que nos prendem àqueles conceitos. E para a ciência jurídica o que é determinante é a noção normativa de povo elaborada pela Teoria Geral do Estado, e não as noções etnológica, antropológico-cultural ou histórica. Povo, pondera o jurista, é a designação de uma comunidade de homens pertencente a um agrupamento político particular, que *pode ser* étnica e culturalmente homogênea, partilhando de uma história comum. A homogeneidade, portanto, não se apresenta como condicionante da existência ou qualificação de um povo, do mesmo modo que as linhas territoriais e as fronteiras lingüísticas não podem constituir, segundo MANITAKIS (2004), o critério de seu reconhecimento. O que é capaz de indicá-lo, no sentido emprestado pela Teoria do Estado, é um laço formal de cidadania comum no seio do mesmo grupamento político (SCHMITZ, 2003:1.714). A existência de um "povo europeu", como prevista no art. 17 e seguintes do Tratado da constituição Européia, é sem dúvida resultado da cidadania comum na comunidade de integração supranacional *União Européia*.

A divergência de conceituação entre a Teoria Geral do Estado e essa nova realidade político-empírica repousa em critérios sociológicos (SCHMITZ, 2003:1.714), que leva em conta a vontade de viver em uma comunidade determinada. Pouca relevância apresenta, pois, o fato de reconhecerem-se os cidadãos como membros de um povo autônomo, mas saber se estão fundamentalmente prontos a uma vida comum com os demais cidadãos dessa comunidade, todos submetidos a uma só ordem jurídica e desfrutando de uma mesma igualdade de direitos. No caso particular da União Européia, presume-se essa vontade de viver em comunidade a partir do processo democrático de ratificação — quer pela fundação, quer pelo ingresso na União — ou, diretamente, por meio de *referendum*. A hipótese de um povo europeu reclama, tão-somente, a coexistência de diferentes povos em um mesmo território.

SCHMITZ admite que essa concepção pode parecer estranha à corrente tradicionalmente ligada à Teoria do Estado, para quem o conceito de "povo" encontra-se ontologicamente vinculado à idéia de *nação* ou *povo de um Estado*. Qualquer outro grupamento político fora desses limites deveria, antes, transformar-se em "Estado", no sentido usualmente empregado pelo direito internacional público, para depois revelar seu "povo". No entanto, essa linha de pensamento peca por não levar em conta as atuais manifestações complexas de estruturas políticas — como União, Estado, Estado federal, região e outras — negando ainda a natural identificação cumulativa dos cidadãos em uma paisagem política verticalmente diferenciada. E mais. Confere uma importância desmedida a um eventual "Estado Federal Europeu" que não mais se justifica na conjuntura social do século que se inicia, em que, na prática, nenhum grupamento político, nem mesmo um Estado, pode se considerar independente (SCHMITZ, 2003:1716).

Uma moderna Teoria Geral do Estado deveria partir, na ótica de SCHMITZ (2003:1718), de uma pluralidade de povos: o povo europeu existe, mas é, tanto quanto o povo dos Estados-membros, um entre outros. Os diferentes povos estão, assim como os grupamentos políticos correspondentes, imbricados verticalmente uns nos outros e o povo europeu não existe senão como povo da União européia. A importância do reconhecimento de uma categoria própria, que pode ser classificada como "povo da União", reside no centro dessa forma de integração.

Em se adotando a classificação fornecida pelo constitucionalista ora em destaque, é forçoso admitir que os fenômenos históricos relativizam inevitavelmente a significação dos conceitos, mesmo se estiveram, durante séculos, no centro da teoria geral do Estado e da teoria da constituição (SCHMITZ, 2003:1718). Nada obstante e fechando os olhos a essa realidade, os defensores do pensamento tradicional *Estado-Nação* contestam, veementemente, a existência de um povo europeu.

Longe de pretender sustentar aqui que a forma particular de organização do povo europeu implica, necessariamente, o fim da história das formas políticas, o que se busca, em verdade, é acentuar uma realidade estrutural da Europa política para visualizar, nesse contexto, a existência de um poder fundador.

Se nos Estados europeus o poder constituinte é exercido de forma partilhada entre o povo e sua estrutura de representação, é dizer, o Parlamento[344], melhor seria partir dessa realidade e conceber o poder constituinte europeu como um poder associado aos povos e aos Parlamentos na-

---

344 Nos Estados-membros da Comunidade Européia o Parlamento desempenha um papel intrinsecamente ligado ao trabalho constituinte (ROUSSEAU, 1997:64).

cionais, cada ator podendo intervir nas diferentes fases do processo constitucional. Se tal não bastasse para conferir legitimidade ao processo constituinte europeu, a previsão de manifestação direta do povo por meio de *referendum* já supriria eventuais carências democráticas.

Essas breves anotações dão mostra de que a trajetória da Teoria Constitucional européia sinaliza uma idéia de ruptura estrutural com a concepção de poder constituinte sedimentada no direito constitucional, levando a doutrina especializada a admitir uma outra forma de poder constituinte originário, de caráter permanente, que ultrapasse as fronteiras territoriais e transcenda os estreitos limites da concepção de *Estado-Nação*. É bem verdade que o termo "constituição" permaneceu associado, durante dois séculos, ao conceito de *Estado*[345] e, por vezes, ao de *Estado-Nação*, o que não significa dizer, sob pena de naturalizar-se a história (ROUSSEAU, 1997:55), que *constituição* e *Estado* estejam ontologicamente ligados e, por via de conseqüência, que seja impossível conceber-se uma constituição fora dos quadrantes políticos do Estado[346]. A ligação que deve ser feita, pondera o autor, é entre constituição e sociedade. Esta última é que não pode ser concebida sem que haja um ordenamento jurídico para regular as relações privadas.

Partindo-se dessa premissa, e considerando que a constituição é a Lei fundamental que enuncia os princípios so-

---

345 PERNICE e MAYER (2003:43-68) pontuam essa conexão lógica e histórica.

346 Nas ponderações de ROUSSEAU (1997:54-57), uma mesma palavra pode comportar diferentes significados em períodos históricos diversos. Na antiguidade, *constituição* designava o modo de organização política próprio a cada cidade grega. O vínculo *constituição-Estado* é, portanto, muito mais um produto atual da história das formas políticas do que a expressão de uma necessidade ontológica insuperável.

bre os quais os direitos são concedidos, que determina os poderes e os procedimentos pelos quais são elaborados, parece nítida a vinculação entre constituição e sociedade (ROUSSEAU, 1997:54-56). Como conseqüência lógica, não se pode apontar a inexistência de um "Estado europeu" como óbice — teórico ou prático — à idéia de uma constituição, do mesmo modo que o fato de dotar-se a Europa de uma constituição não significa dizer que venha a tornar-se um *Estado*.

A propósito, no período compreendido entre as duas guerras, a teoria normativa de Estado já havia concebido a constituição como regra suprema ou conjunto de princípios e regras fundamentais que estruturam e regulam o funcionamento de uma ordem jurídica, que, por sua vez, *podia* ou *não* adotar a forma de Estado (MANITAKIS, 2004:6). Ora, se todo conjunto de regras racionalmente articulados para reger o funcionamento ou as relações de uma sociedade de pessoas pode ser chamado de ordem jurídica, certo é que toda ordem jurídica dispõe de uma regra fundamental ou de um conjunto de regras fundamentais que definem os termos estatutários de sua constituição e funcionamento. Nessa linha de raciocínio, toda ordem jurídica apóia-se em uma base normativa estabelecida em um *estatuto* (i.e., no sentido de uma carta política sem eficácia jurídica) ou, em outros termos, em uma *constituição*. E a ordem jurídica européia, sem excepcionar a regra, inegavelmente dispõe de um pilar jurídico, de regras de organização e funcionamento de suas instâncias, inscritas nos tratados fundadores. Assim, e numa perspectiva normativa coerente, os tratados fundadores poderiam ser comparados a uma constituição, sobretudo porque desempenham funções próprias dos "estatutos" ou de uma "constituição", dispondo sobre o funcionamento de uma ordem jurídica original e autônoma[347]. Trata-se, em última análise, de um "tratado constitutivo" de uma "ordem normativa" ou de um "Estado de Direito", mas que *não pode ser considerado Estado* porque não dispõe de sua própria soberania[348] e, conseqüentemente, não depende de um poder constituinte para existir ou conservar-se[349].

6.5. O PROJETO DE TRATADO: MOLDURA CONFEDERAL, FEDERAL OU DE NATUREZA HÍBRIDA?

Apontadas as controvérsias relativas ao fundamento de validade da ordem constitucional européia, impõe-se o enfrentamento de outra questão não menos tortuosa. De que modelo se aproximaria a Constituição européia? MANITAKIS sustenta que a União Européia, resultando da manifestação de vontade dos Estados-membros, somente pode ser concebida como uma *Confederação*, uma união de povos — apoiada em uma identidade política dos povos da Europa — e, ao mesmo tempo, uma união de Estados,

---

347 Os elementos característicos de uma constituição são apresentados por PIRIS. Segundo este constitucionalista, a Teoria Normativa de Estado concebe a constituição como regra suprema ou conjunto de princípios e regras fundamentais que regem o funcionamento de uma ordem jurídica, estabelecendo a separação de poderes, a repartição de competências entre as diversas ordens jurídicas internas, e enumerando o catálogo de direitos fundamentais (1999:623-ss.).

348 A constituição européia decorreria, para BLANCHARD (2001:18-30), do princípio da integração. Ao incidir verticalmente, o princípio revela a origem de uma ordem constitucional de Estados e de povos; horizontalmente, o instrumento inaugural é seguido ou precedido de uma evolução das constituições nacionais.

349 MANITAKIS (2003:6).

construída e governada segundo a vontade política de seus governantes[350]. Mas não se pode perder de vista que, numa visão histórica, a Constituição da Europa não pode ser vista como um documento fundador de um Estado à imagem das constituições nacionais (FERRY, 2000:115-120) e, nessa perspectiva, parece ser prematuro amoldá-la em qualquer categoria jurídica do Direito Constitucional, sendo recomendável considerá-la constituição de um *"Estado de povos europeus unidos"*.

De toda sorte, essa integração não — estatal que se assemelha a um Estado de modelo parlamentar, esse fenômeno jurídico que se situa entre a organização supranacional, a Confederação de Estados e o Estado Federal, e que, por não encontrar qualquer objeto de comparação nos modelos organizacionais conhecidos, rejeita classificação apriorística, autoriza, ao menos por ora, seja considerada *federação sui generis*.

Sob qualquer ângulo em que se examine a questão, uma conclusão se impõe: a União Européia, como representante de uma nova forma de organização social, de União supranacional[351], vem ocupar um relevante papel na Teoria Constitucional. E sem embargo dos esforços de conceituação, o que transparece desse cenário jurídico é o dilema em que se encontra hoje a Teoria Constitucional: por um lado associar a idéia de constituição exclusivamente à forma de organização de Estado importa o risco de aceitar um esvaziamento de seu significado diante dos movimentos políticos impulsionados pela globalização, pela geo-regionalização e integração supranacional; por outro, associar-se gru-

---

350 Para mais detalhamentos, recomenda-se a leitura de MANITAKIS (2003).
351 SCHMITZ (2003: 1717-1718).

pamentos não-estatais à Teoria da constituição pode ensejar a diluição da noção mesma de constituição.

Se se pretende conservar ou restabelecer a significação de constituição enquanto instituição central de direito em um regramento global e frágil de relações políticas, o melhor caminho parece ser o de utilizar essa instituição em favor dos novos detentores supranacionais de poder público, introduzindo-se na Teoria Geral da constituição um conceito seletivo centrado na *capacidade constitucional* (SCHMITZ, 2003:1736- 1742), que reclama, a seu turno, a distinção entre os diferentes tipos de constituição e o novo modelo em vias de ratificação: constituição de Estado, constituição da União ou uma outra categoria à espera de denominação.

Certo é que devemos nos habituar a uma nova concepção de constituição, a uma nova estrutura no Direito Constitucional. Esse cenário articulado de maneira especialmente particular põe por terra os limites de soberania de cada Estado-membro ao modificar as fontes do ordenamento jurídico interno que, longe de ser puramente nacional, amplia seu terreno aos domínios internacionais por sobre o direito comunitário. Ainda que a relação jurídica entre essas fontes possa suscitar debates nas dimensões da política e da dogmática jurídica, a pluriformidade do Direito Constitucional dos Estados-membros da União Européia tornou-se uma realidade que desafia os estudiosos da matéria.

6.6. O CONTEÚDO CONSTITUCIONAL: PROTEÇÃO AOS DIREITOS FUNDAMENTAIS

A tentativa de alinhar os pontos centrais da constituição européia não estaria completa sem o exame do sistema de tutela de direitos fundamentais previsto na nova constituição, aprovada pela Conferência Intergovernamental, em 29 de outubro de 2004 (porém ainda a ser compreendida como projeto de constituição, haja vista a necessidade de aprovação popular em cada Estado-membro). Não resta dúvida que a preocupação em conferir proteção integral aos direitos fundamentais já se fazia sentir nos idos de 1950, transparecendo nos trabalhos da Convenção Européia de Direitos do Homem e de Liberdades fundamentais (CEDH), assinada em Roma em 4 de novembro do mesmo ano e ratificada por todos os Estados-membros do que, à época, constituía a Comunidade européia. Embora tenha se limitado à tutela dos direitos civis e políticos, não se pode deixar de reconhecer que, a seu tempo, essa tímida iniciativa importou em significativo avanço no sentido de garantir efetividade aos referidos direitos.

Esse quadro permaneceu inalterado por meio século, submetido aos influxos políticos que motivavam os tratados firmados no seio da Comunidade Européia, até que, em 8 de dezembro de 2000, o Parlamento, o Conselho e Convenção europeus entenderam por bem incorporar a Carta de Direitos Fundamentais traçada em Nice, dotando a União de um catálogo de direitos que não apenas reunia um conjunto de disposições protetivas dispersas nos tratados que a antecederam como também lhe conferia força jurídica. Ampliava-se, desse modo, o campo de tutela jurídica dos direitos fundamentais, abrangendo domínios que escapavam à ação da União, como a expressa referência ao direito *a uma boa administração*, aos direitos sociais e à bioética.

Mesmo assim, esse documento ainda não ocupava a posição de destaque que lhe cabia, restando confinado a um anexo da Convenção de Nice. O Projeto de Tratado Constitucional, ao prever explicitamente a competência da União para aderir à Convenção Européia de Direitos do Homem e de Liberdades fundamentais (CEDH) e torná-la parte integrante da constituição, vem preencher essa lacuna jurídica. Não se pretende sustentar, com isso, que os tratados antes firmados não se ocuparam, ainda que modestamente, com a tutela dos direitos fundamentais, mas sinalizar que a reunião do catálogo de dispositivos previstos no direito comunitário confere mais relevo ao Projeto de constituição, sem que isso lhe atribua, contudo, um caráter de perfeição. Ao contrário, o Projeto, que já se tornou realidade por ter sido aprovado como a constituição para a Europa (como já dito, ainda a ser aprovada pelos povos europeus dentro de cada Estado-membro), apresenta virtudes e defeitos que merecem análise.

Como nos diferentes textos constitucionais democráticos, o tratado constitucional revela, em seu Preâmbulo, os valores que compõem o patrimônio constitucional e a diversidade européia, ocupando-se o art. 2º dos princípios da dignidade humana, da liberdade, democracia, igualdade, do Estado de Direito e respeito aos direitos fundamentais, enquanto o art. 4º, reproduzindo a pauta dos tratados anteriores, cuida da livre circulação de pessoas e bens e da não discriminação em razão da origem, enfim, das chamadas liberdades fundamentais. O art. 7º, além de referenciar uma vez mais os princípios fundamentais, faz remissão à Carta de Direitos Fundamentais, à Convenção Européia dos Direitos do Homem e às heranças constitucionais comuns, assinalando ainda a adesão à Convenção Européia de Direitos do Homem, sem que tal importe em modificação de competência da União (parágrafo 2º do art. 51).

Nada obstante, o que parecia representar, a princípio, um grande avanço no trato dos direitos, acaba por instaurar uma incerteza muito próxima da transgressão da segurança jurídica[352], postulado maior dos direitos fundamentais no

---

352 A segurança jurídica a que se refere a constitucionalista é aquela

constitucionalismo contemporâneo (FREIXES, 2004). Isso porque, ao mesmo tempo que o art. 52.2 determina que os direitos reconhecidos pela Carta e insertos na constituição deverão ser exercidos *nas condições e limites ali determinados*, o parágrafo 1º do mesmo dispositivo legal transfere ao legislador a tarefa de impor *qualquer limitação a esses mesmos direitos e liberdades* e, ainda assim, desde que correspondam aos objetivos de interesse geral reconhecidos pela União ou sejam necessários à proteção dos direitos e liberdades de outrem.

Ora, ou a constituição se encarrega de limitar os direitos, exercendo seu papel constitucional, ou delega essa função ao legislador infraconstitucional. Como se não fosse bastante essa falta de técnica legislativa, o parágrafo 4º do artigo 54 apresenta uma outra perplexidade ao intérprete ao dispor que os direitos fundamentais que resultem das tradições constitucionais comuns aos Estados-membros e que sejam reconhecidos pela Carta deverão ser interpretados em harmonia com as ditas tradições. Ao se aplicar literalmente esse comando normativo, esvazia-se a idéia de *standard* mínimo dos direitos fundamentais traçada no art. 53 da Carta que integra o tratado: se a interpretação deve se harmonizar com as tradições constitucionais, a conseqüência lógica será a não-aplicação do *standard* mais elevado de direitos permitido pela Carta quando a constituição européia entrar em vigor (o que dependerá, frise-se, da aprovação popular a ser obtida em cada Estado-membro ao longo dos próximos anos).

A inserção das Carta de Direitos Fundamentais na constituição européia nos leva a refletir em como as con-

---

que decorre da observância às regras positivadas no ordenamento jurídico, bem como aos princípios, sejam implícitos, sejam os extraídos do sistema jurídico.

quistas da União em matéria de direitos fundamentais podem adquirir um novo sentido. À vocação original dos direitos fundamentais na União — de caráter puramente instrumental ou defensiva — poderíamos vislumbrar um tratamento que oriente o sentido de conceitos tão centrais à construção européia como aquele de "cidadania" da União ou do significado do espaço comum de liberdade, segurança e justiça? E, nessa perspectiva, os direitos fundamentais deixariam de ser vistos apenas como limite à ação das instituições ou dos Estados-membros no domínio de aplicação do direito da União, passando a figurar, de forma afirmativa, como pilar da construção do espaço comum da União? Quer-nos parecer que à obrigação de não violação aos direitos fundamentais imposta à União vêm se somar a obrigação de lhe promover a aplicação, como prevê a Carta (art. 11-51, par. 1 do Tratado Constitucional). Mas não é nossa intenção, pelos objetivos da obra, analisar cada comando normativo e sim sinalizar uma ou outra incongruência do Tratado Constitucional no trato da matéria.

De todo modo, salta aos olhos nesse processo de estruturação dos direitos fundamentais — que engloba os tratados internacionais, a Convenção Européia dos Direitos do Homem e a Carta dos Direitos Fundamentais, pilares do direito comunitário europeu — a reafirmação progressiva de tradições constitucionais presentes nas diferentes estruturas jurídicas dos países-membros da União, como deixa antever o art. 6º do Tratado da União Européia. Mas deixa em aberto alguns direitos que somente figuram no direito comunitário como princípios gerais. E, nessa perspectiva, não podem ser invocados de maneira autônoma, dependendo da conjugação com uma outra norma, seja de natureza constitucional ou infraconstitucional, e ainda assim reveladora da pertinência temática no campo de aplicação do direito da União. Como exemplos, vale citar o direito à dignidade humana (art. 1º da Carta), o direito à vida (art. 2º), o direito à integridade da pessoa (art. 3º), a proibição de tortura e de penas ou tratamentos desumanos ou degradantes (art. 4º)[353]. O mesmo ocorre com os princípios democráticos, do Estado de Direito, da liberdade e igualdade, da proteção aos direitos humanos que, embora revelem os valores subjacentes à ordem jurídica, guardam igualmente a natureza jurídica de princípio geral de direito comunitário. Nesse particular, o tratado peca uma vez mais. Ao referir-se a *princípios* e *direitos e liberdades* no parágrafo 5º do art. 53, parece pretender distingui-los e conferir força impositiva somente aos últimos. Com isso, não só enfraquece a Carta como conjunto coerente de direitos fundamentais, como remete aos juízes o encargo de classificar um e outro como bem entender, aumentando a incerteza jurídica e retirando a força normativa da constituição (FREIXES, 2004: 13-14).

De outra parte, como o tratado constitucional se ressente de instrumentos processuais adequados à proteção dos direitos que proclama, confere aos pronunciamentos da justiça constitucional um papel de relevo. Com efeito, a jurisdição constitucional especializada, limitada à Áustria, Alemanha e Itália, passou após a II da Guerra Mundial a fazer parte da realidade francesa em 1958 (ainda que de modo *sui generis*, por sistema de controle prévio da constitucionalidade das leis, por meio de Conselho Constitucional), sendo seguida por Espanha e Portugal depois da queda das ditaduras na metade dos anos 1970, pela Bélgica em 1980 e, desde 1990, encontra-se presente no conjunto dos

---

[353] A respeito do tema, vale a consulta à obra de DE SCHUTTER (2004:96).

países da Europa central e oriental, levando a crer que a primazia da constituição tende a tornar-se um princípio adotado pelo conjunto de Estados europeus.

Formalmente, sempre foi assim desde o momento em que, na ordem jurídica interna, considerou-se a constituição como norma suprema. Nas antigas sociedades totalitárias do sul e do leste da Europa, a única regra superior a todas as outras era, sem dúvida, a vontade política dos dirigentes do partido único. Nas sociedades democráticas, ao contrário, a vinculação da soberania popular à soberania parlamentar impôs, de fato, o legiscentrismo, é dizer, a primazia da democracia. Hoje, essas situações tendem a desaparecer. Em todo lado, admite-se que os atos jurídicos em geral e principalmente a lei devem apresentar conformidade à constituição.

Mas a supremacia reafirmada da Lei Maior somente se tornou um princípio comum efetivo quando se generalizou no continente europeu o controle da constitucionalidade das leis, caminhando, em igual passo, com o desenvolvimento da justiça constitucional na Europa (ROUSSEAU, 1997: 54-73).

De modo geral, as Constituições européias, além de catalogar os direitos fundamentais, prevêem instrumentos processuais de garantia tanto em face do poder público quanto em face do particular, valendo ressaltar, a título de exemplo, o recurso constitucional individual (*verfassungsberchwerde*) do direito alemão e o recurso de amparo do direito espanhol. Restam; a reboque desses movimentos, a Grã-Bretanha, os países escandinavos, a Holanda e Luxemburgo, em que a tradição constitucional não se funda na idéia de soberania da Lei Maior e, por via de conseqüência, afigura-se desnecessário estabelecer um controle de constitucionalidade para combater os excessos de poder do soberano. A despeito de não adotarem o controle concentrado, não dispensam o método difuso, o que assegura uma constante vigilância *in concreto* à observância dos direitos fundamentais.

O que importa, em verdade, ao lado das modalidades de controle efetivamente diferentes de uma constituição a outra, é a aceitação do princípio de um controle, de uma censura às leis que, embora votadas pela maioria democraticamente eleita, são contrárias à constituição e, em particular, aos direitos fundamentais que enuncia.

É possível perceber, pois, que no contexto histórico instaurado a partir da derrubada dos regimes ditatoriais na Europa em fins dos anos 1980 as Constituições européias passaram a consagrar os mesmos direitos: liberdade individual, de locomoção, de opinião e expressão, política e sindical, liberdade de imprensa, direito de propriedade, respeito à vida privada, dignidade da pessoa humana entre outros. Essa similitude nos fornece, a toda evidência, uma idéia comum de direito no seio da comunidade européia, uma mesma representação de ordem social desejável, fruto da conjugação dos princípios da economia social de mercado e daqueles relativos a uma sociedade democrática pluralista[354]. Tal identidade não dispensou, contudo, a adequação de algumas leis fundamentais às exigências do tratado-constituição ora em exame. Mesmo os países onde a formulação dos direitos encontra assento na parte dispositiva — como Alemanha, Itália e Espanha — tiveram que se submeter a um processo de reforma para viabilizar a incorporação dos novos direitos alinhados no tratado constitucional. As adequações à nova realidade dependerão, é certo, da flexibilidade do direito constitucional de cada Estado.

Nesse cenário multifacetado, parece inegável a relevância do papel desempenhado tanto pela justiça nacional es-

---

354 No mesmo sentido, *cf.* ROUSSEAU (1997).

pecializada, quanto pelas Cortes de Estrasburgo e de Luxemburgo. Essas últimas, ao exercer a *tutela jurisdicional supranacional*[355], vem estabelecendo em seus pronunciamentos um *standard* mínimo a ser observado pelos Estados-membros na proteção aos direitos fundamentais — o que atenua, de certo modo, a ausência de previsão de mecanismos processuais de tutela no Tratado Constitucional — e possibilitando, com isso, a convivência harmoniosa de três níveis de ordens jurídicas: da União, do Conselho da Europa e de cada Estado-membro[356]. A submissão tanto do direito interno quanto do direito da União à Convenção Européia dos Direitos do Homem reflete uma perfeita interação entre os sistemas internos e o sistema europeu de tutela de direitos fundamentais (art. 6º do Tratado da União Européia). No entanto, e em que pese esse inegável entrelaçamento entre os sistemas, o direito europeu ainda se ressente da incorporação de duas grandes estruturas do direito interno: da necessidade de fixar, frise-se, o *standard* de cada um dos direitos antes da inserção da Carta na constituição européia, e de prever um mecanismo de controle dos direitos ali proclamados perante a Corte de Justiça.

Lamentavelmente, todo esse esforço de uniformização do tratamento jurídico a ser conferido aos direitos fundamentais entre os países-membros da União Européia cai por terra quando o tratado-constituição torna *letra morta* o pilar da hermenêutica constitucional fincado na Carta de

---

355 FREIXES (2004) anota que tanto a Corte de Estrasburgo quanto a de Luxemburgo têm solidificado, em sua tarefa interpretativa, a força impositiva dos direitos fundamentais.

356 A Corte Européia de Justiça teve oportunidade de se manifestar no sentido de consolidar a prevalência do direito comunitário sobre o direito interno de cada país, quando este confrontar com aquele.

Direitos. Enquanto este documento impõe, em seu art. 53, interpretação extensiva aos direitos fundamentais, assegurando-lhe o mais alto nível de proteção e garantia[357], o tratado constitucional faz trajetória inversa ao impor aos juízes nacionais e europeus a obrigatória referência, em suas decisões, às explicações fornecidas pelos convencionais e chefes de governo quando da elaboração do Projeto da constituição. Com isso, cerceia a evolução exegética do texto constitucional, impede sua contextualização e adequação às circunstâncias do momento e, o que é ainda mais grave, engessa o trabalho do intérprete numa época em que a reafirmação dos direitos fundamentais assenta-se, sobretudo, no poder de interpretação dos juízes constitucionais[358].

E, a se tomar como norte interpretativo o disciplinamento do Tratado Constitucional, o art. 53 da Carta de Direitos Fundamentais corre o risco de tornar-se um simples dispositivo formal, desprovido de qualquer eficácia normativa, notadamente porque antes mesmo de a constituição européia entrar em vigor, os operadores do direito já vinham atribuindo à Carta um valor jurídico de princípio geral do direito comunitário, com todas as conseqüências daí advindas[359], como antes ressaltado. Cabe à Corte de Justiça conferir força obrigatória ao documento, assegurar-lhe os efeitos jurídicos pertinentes e criar um procedimento processual adequado a garantir efetividade aos direitos

---

357 Essa ampla garantia conferida pela Carta de Direitos Fundamentais é tratada por FREIXES (2004) como o *standard mais elevado* de proteção.

358 O patrimônio constitucional europeu do século XIX e da primeira metade do século XX, ao contrário, centrava-se na idéia de supremacia do parlamento.

359 FREIXES (2004:9).

ali catalogados. Seja como for, sua incorporação ao Tratado Constitucional — que, ressalte-se, peca pela ausência de sistematização e de previsão de garantias processuais à proteção dos direitos fundamentais — torna possível o monitoramento da observância dos referidos direitos pelos Estados-membros da União. Com isso, permite que sejam detectadas as anomalias e evitadas situações que possam conduzir à sua potencial violação, podendo se transformar em um instrumento capaz de permitir uma contínua vigilância entre os Estados-membros, uns sobre os outros, de modo a alcançar-se um espaço comum de liberdade, de solidariedade, de segurança e de justiça (DE SCHUTTER, 2002:117).

Cabe, por derradeiro, destacar que, além das dificuldades de harmonização das disposições da constituição européia com o disciplinamento dos direitos proclamados na Carta, o Tratado Constitucional pouco avança em relação aos direitos sociais, que parecem não haver recebido a merecida proteção. Uma vez mais transfere-se à Corte de Justiça — por meio de seus pronunciamentos — e ao legislativo a tarefa de reduzir o nível de incerteza jurídica dos direitos sociais e conferir-lhe a merecida efetividade. Aos primeiros cabe, no trabalho interpretativo, definir o domínio de aplicação do direito da União e verificar a enumeração dos direitos definidos na Carta, sobretudo os sociais, para cobrir-lhes com a indispensável garantia, sem discriminação de nacionalidade, de forma a alcançar toda e qualquer pessoa que esteja sob o campo de aplicação do direito comunitário. Ao Legislativo, por sua vez, incumbe disciplinar as condições de vida e de trabalho, as formas de desenvolvimento dos recursos humanos com vistas a atingir um nível de emprego elevado e durável e eliminar as exclusões. Para tanto, atribui-se competência ao legislador da União para estabelecer a igualdade de gênero em matéria de emprego, possibilitar a integração profissional dos deficientes físicos, garantir a informação e o direito de negociação coletiva dos trabalhadores, sua proteção em caso de licenciamento injustificado, assegurar condições justas e igualitárias de trabalho, e tantas outras questões[360]. Em última análise, os convencionais se esqueceram de (ou se recusaram a) conferir eficácia constitucional aos direitos sociais.

Possível afirmar que a incorporação da Carta de Direitos Fundamentais (2000) à Parte III da constituição européia (DIEZ PICAZO, 2002) materializa a constatação de estarmos diante de um conjunto de direitos fundamentais de menor carga prestacional e programática, mais diretiva em promover a solidariedade.

Quanto à variável segurança, ela está bem consubstanciada no sistema europeu de segurança (Acordo Schengen). Entre outras medidas adotadas por esse referido sistema, encontramos a abolição do controle de polícia de fronteira no tocante aos Estados integrantes da União Européia. Em decorrência desse processo de busca de unidade de política de segurança, surgem outros institutos, tais como o do *euroordem* (MORELLA, 2003:69-95 e JÉGOUZO, 2004[361]), estruturando um mandado de prisão de âmbito europeu.

Nota-se, dessa forma, apesar da inclusão no futuro corpo constitucional de mecanismos de proteção dos direitos fundamentais (integrados ao marco da Convenção Euro-

---

[360] DE SCHUTTER (2004:107).

[361] Conforme JÉGOUZO (2004:479-481), instituiu-se no plano europeu um órgão dotado de personalidade jurídica própria, denominado *eurojust* — que, juntamente com o procedimento do mandado de prisão europeu (*euroordem*) —, que representa a tentativa de criação de um futuro espaço judiciário integrado progressivamente pelos membros da União Européia.

péia dos Direitos do Homem de 1950), que podem prevalecer procedimentos de controle social, muitas vezes em detrimento dos direitos de defesa do cidadão.[362]

6.7. CONCLUSÃO

A Europa dos "tratados" não assegura hoje sua existência, tampouco sua sobrevida (ROUSSEAU, 1997: 54-68). Multiplicando as instituições, amontoando-se e modificando-se uns aos outros, tratados e convenções deram lugar a um "monstro" incompreensível aos cidadãos e mesmo aos estudiosos. Não é surpreendente, na visão de ROUSSEAU, que duas atitudes tenham se desenvolvido: o euroceticismo e o jurisdicionalismo. Os cidadãos, alheios à repartição de competências e de poderes, tornam-se indiferentes a uma Europa que não faz apelo a eles, repousando sobre o Judiciário o compromisso de levar clareza e transparência às questões, ainda que, para tanto, fechem os olhos ao mais simples princípio da ordem constitucional. Daí resulta que os cidadãos tornam-se cada vez mais céticos diante de uma Europa que se constrói por juízes e esses, por sua vez, encontram-se cada vez mais persuadidos a carregar o fardo de uma Europa livre, unida e constitucional.

Como saída desse círculo vicioso, ROUSSEAU reforça o método constituinte que, pelo seu modo de elaboração, reinveste os cidadãos e seus representantes da responsabilidade de enunciar os princípios do contrato social euro-

---

[362] Esse é o caso flagrante, repetimos, de medidas como da euroordem, que facilita a entrega, por motivos criminais, do cidadão de um Estado à custódia de um outro Estado integrante da União Européia sem os enquadramentos formais como os requeridos num processo de extradição.

peu. Pela sua natureza, não confunde mais o quadro de exercício das políticas com o conteúdo dessas mesmas políticas; por sua forma, é acessível à compreensão de cada um e, pelo cúmulo dessas três qualidades — participação democrática, clareza de regras e de igualdade de responsabilidades —, recria as condições de uma confiança dos povos e, por isso mesmo, as condições de um novo sopro para a Europa. Uma Europa que mudou de aparência e geografia após a queda do muro de Berlim, a implosão do sistema soviético e a emergência de novos Estados no centro e a leste.

Com a generalização de constituições fundadas no princípio da separação de poderes, esse espaço não pode mais ser governado pelos tratados que já se mostraram incapazes de gerenciar a diversidade de sistemas jurídicos extraídos de ampliações sucessivas da União Européia, sendo a via constituinte a única apropriada a responder às mutações econômicas, geográficas e políticas da Europa. Ao poder político ela concede a legitimidade e autoridade necessária ao cumprimento de suas missões e, em particular, a de regular, pelo direito e segundo uma visão de conjunto, os diferentes setores do sistema social europeu.

Ao continente europeu facilitam as convergências de políticas, sem fazer dos critérios econômicos e financeiros os únicos elementos de pertencimento à Europa. Aos cidadãos desencantados, a via constituinte oferece os instrumentos de uma reconstrução identitária que repousa suas raízes e sua força na adesão a um conjunto de valores comuns.

Se antes a conjuntura política não favorecia a pretendida reunião dos povos europeus em torno de um instrumento jurídico fundador de uma nova ordem jurídica, hoje é mais receptiva à idéia de uma constituição. Se antes o mercado único importava em uma moeda única, a moeda única implica, a seu turno, um poder político europeu estabelecendo a legitimidade democrática necessária para definir, principalmente, as políticas fiscais, econômicas e sociais sem as quais o euro não teria nem força nem significação, sobretudo porque não é um fim em si mesmo, mas sim um meio a serviço de uma visão política ou, mais precisamente, de uma representação da sociedade que somente um poder político democrático se encontra legitimado a propor.

A estabilidade de uma moeda, qualquer que seja, não depende jamais de seus indicadores econômicos e financeiros, mas sobretudo da solidez do poder político que ele simboliza. E esse poder político vem elegendo a via constituinte, ainda que sob uma roupagem particular, como a mais capaz de desenhar um novo modelo de organização social.

O tratado constitucional sinaliza, inegavelmente, uma reformulação na Teoria Constitucional, exigindo que sejam revisitadas categorias jurídicas solidamente assentadas na doutrina. Em sentido material, apresenta uma idéia de estabilidade constitucional de dupla significação: por um lado, a estabilidade positiva, ao reafirmar os valores tradicionalmente reproduzidos nos Textos Maiores de cada Estado-membro e permitir o surgimento de uma outra gama de direitos ainda não especificados; por outro, engessa a própria constituição, ao controlar e orientar o trabalho exegético dos juízes, impedindo que o conteúdo constitucional acompanhe as transformações sociais. A verdadeira ruptura apresenta-se, em nosso sentir, no método constituinte inovador, pelo qual o poder constituinte originário se renova a cada manifestação dos convencionais, ampliando, significativamente o campo de ação do poder constituinte derivado.

Em relação ao tratamento conferido aos direitos fundamentais, é possível constatar que, desde o início da formação comunitária, a proteção a tais direitos esteve atrelada às necessidades de progresso da construção da União européia. Ao longo dessa caminhada, três dinâmicas se superpuseram para lhes conferir o tratamento hoje disciplinado constitucionalmente, todas, entretanto, com a marca comum de lhes atribuir uma função instrumental[363].

A primeira delas apoiou-se no que constitui o objetivo último do projeto europeu, vale dizer, a criação de um espaço relativamente homogêneo (art. 2º do Tratado da União européia), organizado a partir da necessidade de se criarem condições para uma livre circulação dos fatores de produção entre os Estados-membros da Comunidade, favorecendo o crescimento econômico e o progresso social. Como conseqüência, algumas liberdades fundamentais[364] passaram, desde logo, a figurar no Tratado de Roma (de 25 de março de 1957) —, como a liberdade de emprego entre os Estados-membros — que implicava a supressão de qualquer discriminação fundada na nacionalidade (arts. 7 e 48 da CEE, atuais arts. 12 e 39 da CE); a livre prestação de serviços (art. 59, CEE, atual art. 43 da CE) e a liberdade de concorrência, traduzida esta na interdição de acordos entre as empresas e no abuso de posição dominante (arts. 85 e 86 CEE, atuais arts. 81 e 82 CE) — voltadas à garantia de igualdade de condições de concorrência no conjunto da Comunidade Econômica Européia.

Se, por um lado, essa tutela funcionava como instrumento jurídico de realização do mercado comum, por outro, o tratamento diferenciado conferido por cada Estado-

---

363 A propósito, cabe a consulta a DE SCHUTTER (2004: 81-83).

364 Sem entrar na discussão relativa à distinção entre liberdades públicas e direitos fundamentais, na ótica de DE SCHUTTER (2004: 81-117), as primeiras foram assim chamadas muito mais em função da relevância do papel que assumiram no direito comunitário, do que em razão do pertencimento dessas liberdades na família dos direitos fundamentais reconhecidos entre os Estados-membros.

membro aos direitos fundamentais dificultava a consolidação do ansiado espaço único[365]. Era necessário, pois, ampliar o campo de interdependência entre eles, de tal modo que a proteção conferida aos direitos fundamentais por um integrante da Comunidade produzisse, necessariamente, reflexos sobre todos os outros. O Tratado da Comunidade Européia cumpre, em parte, essa missão, ao reservar um título ao disciplinamento da *"Política social, educação, formação profissional e juventude"*, mantido no tratado de Maastricht, de 7 fevereiro de 1992, e ampliado com a entrada em vigor, em 1º maio de 1999, do Tratado de Amsterdã, comprometendo a Comunidade a sustentar a harmonização social a partir da competição regulatória[366].

Nada obstante esses avanços, o risco de uma *descompartimentalização* das economias nacionais pela ausência de coordenação entre os Estados-membros no tratamento dos direitos fundamentais ainda não havia sido afastado, o que conferia à Corte de Justiça da Comunidade européia um papel de destaque no reconhecimento do catálogo de direitos traçado na Carta de Direitos Fundamentais — aqui se situa a segunda dinâmica apontada por DE SCHUTTER — encarregada que é de reforçar sua prevalência sobre o conjunto do direito nacional dos Estados-membros. Assim, e com apoio no art. 164 do Tratado CEE (atual art. 220 CE), firmou-se jurisprudência no sentido de que os direitos fundamentais devem figurar entre os princípios gerais do direito comunitário.

Embora assim considerados, ainda que não possam ser reivindicados de forma autônoma, ou seja, cobertos pela garantia de um instrumento processual próprio, os direitos

---

365 Espaço único, no sentido empregado no texto, não significa espaço homogêneo. Em verdade, o tratamento conferido aos direitos fundamentais por cada Estado-membro não era inteiramente uniforme.
366 Ver a esse respeito, DE SCHUTTER (2004:84).

fundamentais exercem a função de limitar a margem de liberdade do Estado no tocante às medidas que se inscrevem no domínio de aplicação do direito comunitário.

A derradeira dinâmica pode ser identificada a partir do Tratado de Maastricht, de 1992, traçando uma noção de cidadania na União européia (a segunda parte do Tratado está consagrada a esse tema: arts. 8 a 8E do Tratado CE, atuais arts. 17 a 22 CE). Com efeito, se essa noção não substitui aquela da nacionalidade, como destacado ao longo da obra, vem juntar-se a ela, criando para os seus titulares um sentimento de pertencimento comum. O resultado dessas diferentes dinâmicas vem revelado na Carta de Direitos Fundamentais, tornando visíveis as conquistas da União nessa matéria.

Para os objetivos desta obra, fica patente que a constituição européia está direcionada a enquadrar-se em aspectos que equilibrem a tentativa advinda tanto de estabilidade da após I Guerra Mundial (nacionalidade/Estado e Estado/federação) e, quanto ao legado pós-1945, como a sua dinâmica via princípios e democracia.

Acresce a essa busca de equilíbrio, dentro da tessitura constitucional em construção, a necessidade de incorporar também o paradigma de DENNINGER (segurança, diversidade e solidariedade), como foi exposto no capítulo 5. Como será possível, indagamos, a interação de fatores tão contraditórios entre si?

O futuro é imprevisível e o jurista, como tal, reflete e trabalha em geral de maneira retrospectiva, aplicando, interpretando e tentando sistematizar o direito. É bem verdade que as alterações significativas do contexto social em que repousa o direito dificultam a precisão do estudioso, agente que é dessas transformações. Seu papel se põe a delinear o quadro jurídico com que se defronta, estimular as discussões, enfim, semear o debate.

CONCLUSÃO

José Ribas Vieira
Josué Mastrodi

A leitura do conjunto desses seis capítulos direcionados a delimitar o significado da teoria da mudança constitucional na percepção dos constitucionalistas norte-americanos e europeus indicou-nos, claramente, entre outros aspectos, que a análise do tema proposto nesta obra não pode se restringir, apenas, a uma mera distinção com o poder constituinte de revisão.

Como restou demonstrado, a noção de *mudança constitucional* envolve um amplo campo de complexidade prático-teórico, a saber: qual é o papel da constituição e sua estabilidade?; que peso traduz o *judicial review* — ou sua congênere jurisdição constitucional — no sentido de assegurar ou não a manutenção de uma dada norma constitucional?; e, por fim, como viabilizar a presença do *We the People* (ACKERMAN, 1991) nesse processo de transformação constitucional?

Esse esforço teórico nos trouxe a certeza de que não podemos continuar, como ocorre no Direito Constitucional brasileiro, a reduzir a categoria *mudança constitucional* a uma simples interface desta com os *conceitos de constituição rígida* ou com expressões vagas e operacionalmente imprecisas de que o Texto Maior estaria, assim, mais apto a interagir com a realidade social.

Não é por outra razão que acreditamos que a contribuição desta obra se assenta na necessidade de termos instrumentos de análise pontuais, como estão patentes no pensamento de constitucionalistas do porte de ACKERMAN e GRIFFIN, para dar dimensão concreta e histórica à aplicação da constituição. Ou, então, que pelo menos possamos contar com as variáveis nítidas (*Estado-nação, democracia e novo paradigma constitucional*) para compreender a dinâmica do processo constitucional vivenciado, por exemplo, por um ente da natureza político-jurídica da magnitude da União Européia.

A partir dos esquemas — práticos, normativos e políticos — a seguir, procuraremos conferir um caráter mais direto e objetivo a estas conclusões. Os subsídios contidos nesta obra indicam formas diferenciadas sobre como as teorias constitucionais norte-americana e européia enfrentaram o parâmetro da estabilidade da norma constitucional.

Esquema nº 1 — Estabilidade Constitucional

(A) Teoria constitucional norte-americana

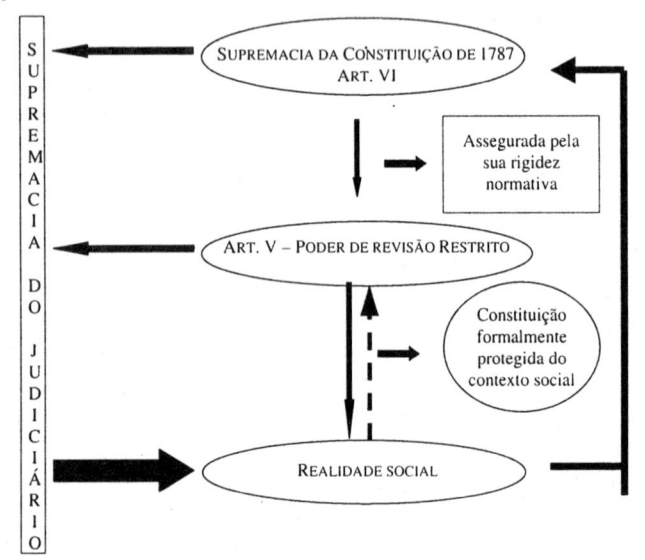

```
SUPREMACIA DO JUDICIÁRIO

SUPREMACIA DA CONSTITUIÇÃO DE 1787
ART. VI
    → Assegurada pela sua rigidez normativa

ART. V – PODER DE REVISÃO RESTRITO
    → Constituição formalmente protegida do contexto social

REALIDADE SOCIAL
```

Esse quadro esquemático demonstra que, formalmente, o universo político-institucional norte-americano tem como centro a constituição de 1787. Paralelamente a esse contexto, a sua prática (notadamente no caso *Marbury v. Madison*, de 1803) impôs a propalada supremacia do Judiciário (a sua grandeza está presente, aliás, no citado esquema, por uma seta graficamente mais expressiva do que as outras). Neste ponto, em especial no capítulo 2, contamos com os questionamentos radicais de GRIFFIN e TUSHNET acerca dessa pretensa supremacia do Judiciário.

(B) Teoria constitucional européia

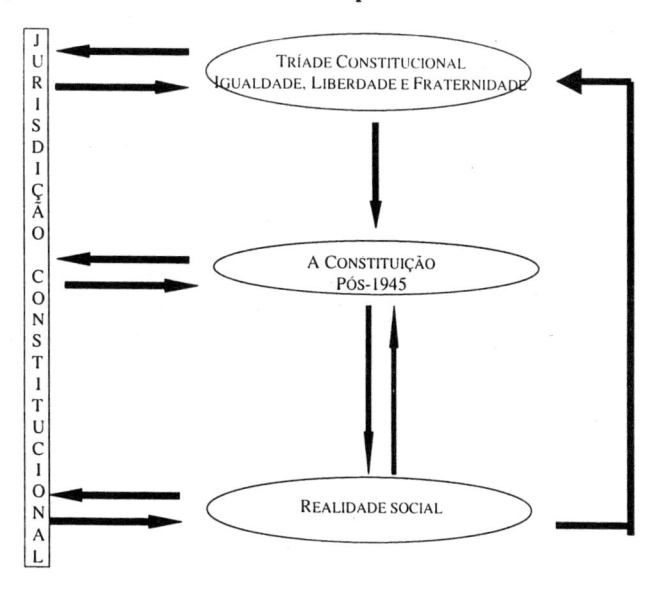

```
JURISDIÇÃO CONSTITUCIONAL

  ← → TRÍADE CONSTITUCIONAL
       IGUALDADE, LIBERDADE E FRATERNIDADE
              ↓
  ← → A CONSTITUIÇÃO
       PÓS-1945
              ↓↑
  ← → REALIDADE SOCIAL
```

No esquema europeu, ficou nítida uma certa complexidade, na medida em que temos como núcleo político-institucional, notadamente no pós-1945, a concepção de ingresso, no direito, de valores sócio-culturais por meio de princípios normativos. Dessa forma, a utilidade da obra pode ser medida pela contextualização histórica e política à tríade constitucional relatada no capítulo 5. Lamentavelmente, a constituição brasileira de 1988 reflete esse conjunto de valores de modo marcadamente abstrato e, muitas vezes, até mesmo com matizes dogmáticos.

Feita essa ressalva, podemos perceber que o esquema da pretensa estabilidade constitucional no pós-1945 é mais *sistêmica* e mais *funcional*.

Some-se a isso o destaque do capítulo 2, no sentido de que os integrantes dos Tribunais constitucionais dos Estados europeus têm mandatos a cumprir, alargando, por conseqüência, o espectro de sua legitimidade e essa interação entre valores, constituição e sociedade.

Restaria a indagação a respeito dessa possível maior *capilaridade* do constitucionalismo europeu, decorrente de seus centros irradiadores (valores, constituição, jurisdição constitucional e a realidade social), ainda não respondida ao longo desta obra: seria a sua construção institucionalmente superior ao do sistema norte-americano? Como, sem essa *capilaridade*, a estrutura constitucional americana de 1787 permaneceu até os dias de hoje? Uma das explicações pode ser encontrada na leitura articulada dos três primeiros capítulos, sinalizando que essas variáveis de *supremacia* acabaram por gerar expressiva ordem de tensão política e jurídica, suscitando estudos doutrinários e soluções práticas (jurisprudenciais), bem como saídas legislativas originais e enriquecedoras. Postas essas considerações, podemos avançar para um outro parâmetro de conclusão desta obra: a dinâmica constitucional.

Vencida essa etapa conclusiva sob a variável *estabilidade* constitucional, resta ainda a necessidade natural de contrapor com o parâmetro da *dinâmica* constitucional. Em nosso pensar, configuradas com os respectivos esquemas gráficos, as duas citadas dimensões analíticas possibilitam uma adequada compreensão do real significado de *mudança* constitucional.

Esquema n° 2 — Dinâmica Constitucional

(A) Teoria constitucional norte-americana

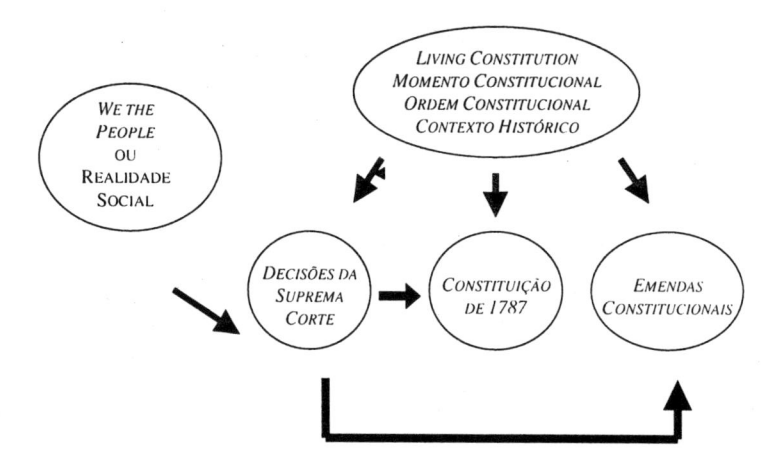

```
                    ┌─────────────────────────┐
                    │  LIVING CONSTITUTION    │
  ┌──────────┐      │  MOMENTO CONSTITUCIONAL │
  │ WE THE   │      │  ORDEM CONSTITUCIONAL   │
  │ PEOPLE   │      │  CONTEXTO HISTÓRICO     │
  │ OU       │      └─────────────────────────┘
  │ REALIDADE│             ↓    ↓    ↓
  │ SOCIAL   │
  └──────────┘
         ↘
         ┌──────────┐    ┌──────────┐    ┌──────────────┐
         │ DECISÕES │    │CONSTITU- │    │  EMENDAS     │
         │ DA SUPREMA│→  │IÇÃO      │    │CONSTITUCIONAIS│
         │ CORTE    │    │DE 1787   │    │              │
         └──────────┘    └──────────┘    └──────────────┘
                 └───────────────────────────┘↑
```

Historicamente, a doutrina foi forjando um quadro analítico compreensivo para enquadrar ou superar os impasses gerados pelas noções de *supremacia*. É o caso da expressão *Living Constitution*, tradicional no sistema constitucional nacional americano, que sofreu, ao nosso ver, um *aggiornamento* aplicativo com o trabalho revolucionário de ACKERMAN. E, sucessivamente, encontramos as contribuições teóricas e críticas de GRIFFIN (contexto histórico) e de TUSHNET (ordem constitucional).

Não obstante, superando os fatores de *supremacia*, ou independentemente do fato de saber se essa concepção de mudança constitucional adotada pela teoria constitucional estadunidense traduziria ou não uma ruptura constitucional, vale ressaltar, a título conclusivo, que o referido esquema doutrinário resgata o significado e o alcance do papel da *história* (capítulo 3) para interpretar essa sofisticada dinâmica constitucional. Precisamos deixar claro que, nesse quadro, reaparece, também, a questão da legitimidade que, sem muito alarde, já comparecia por meio da *Living Constitution* (realidade social). O pensamento de ACKERMAN, tendo como base a democracia dualista, revive, aliás, de modo radical a noção *legitimidade*, dando um sentido operativo e um caráter afirmador ao próprio preâmbulo da Constituição de 1787: *We the People*.

(B) Teoria constitucional européia

(B.1) Modelo após I Guerra Mundial

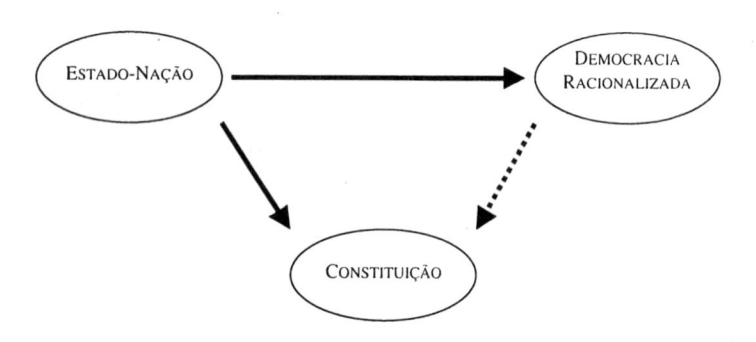

```
   ESTADO-NAÇÃO ──────────────▶  DEMOCRACIA
        │                       RACIONALIZADA
        │                      ⋰
        ▼                  ⋰
      CONSTITUIÇÃO
```

O capítulo 4 apontou como a variável Estado-nação, após a I Guerra Mundial, acabou por produzir um efeito devastador devido à sua pontencialidade política sobre as frágeis tentativas de termos constituições protegidas por uma democracia sob uma ordem racionalizada (MIRKINE-GUETZÉVITCH, 1933) (por esta razão, para representar essa falta de consistência, apresentamos a relação entre democracia e constituição, no gráfico acima, por meio de uma seta tracejada).

(B.2) Modelo constitucional pós-1945

```
                    Tríade Constitucional
                         pós-1945
         ┌─────────┐                              ┌─────────┐
         │ JU  CON │                              │ P       │
         │ RI  STI │                              │ A       │
         │ S   TU  │                              │ R       │
Democracia│ DI  CI │        ↓                    │ L       │Democracia
         │ ÇÃ  ON  │    Constituição ←────        │ A       │
         │ O   AL  │  ←─                          │ M       │
         └─────────┘                              │ E       │
                                                  │ N       │
                                                  │ T       │
                                                  │ O       │
                                                  └─────────┘
```

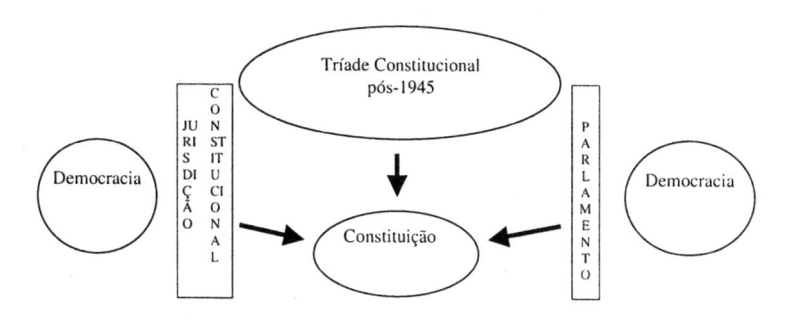

Sem dúvida alguma, o modelo europeu pós-1945 é muito bem-sucedido em termos de concretização constitucional e estabilidade política e, agora, fortemente estruturado e protegido por um sistema democrático. Entretanto, mesmo considerando esse contexto institucional bem ordenado, tal fato não garantiu que a categoria *Estado-nação* desaparecesse como uma importante variável no seu sentido de dinâmica constitucional. Indagamos, com certo intuito provocativo, como uma Europa fragmentada institucionalmente poderia enfrentar uma estrutura de poder cada vez mais internacionalizada (capítulo 4).

(B.3) Modelo constitucional da constituição européia

```
    Estado-         Democracia do        Novo paradigma
    nação           povo europeu         (nova tríade)
         \               ↓                    /
          \              ↓                   /
           →    Constituição européia    ←
```

343

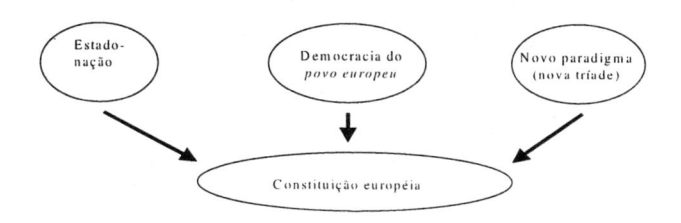

A partir dos capítulos 4, 5 e 6, e sobretudo com base no exame da futura constituição européia, é possível perceber o processo tenso e conflitivo institucional decorrente deste subesquema. Não é surpresa que tal processo gera uma certa criatividade ou originalidade na tentativa de conciliar ou integrar variáveis tão díspares e indefinidas (afinal, o que é o *povo europeu*, contido no Preâmbulo do projeto do Texto Maior europeu, por exemplo?).

Este quadro ora esboçado estimula a constatar — comparando-se a realidade européia com o impasse vivenciado historicamente no processo constitucional norte-americano pela noção de supremacia — que aquele contexto político-institucional reúne hoje, comparativamente, a mesma ordem de tensão para gerar uma criatividade ímpar no âmbito constitucional nesse início do século XXI.

Por derradeiro, deparamo-nos com certas reflexões para o debate da mudança constitucional. Uma delas, de natureza específica, indaga quais desses esquemas teóricos aplicáveis são mais apropriados para que superemos essa limitada perspectiva adotada no Brasil de *constituição rígida* e de *poder constituinte revisor*. Outra, de caráter mais geral e tendo por base o capítulo 5, volta-se à interpretação do pensamento constitucional de DENNINGER: qual seria a real dimensão desse fator *segurança* tanto para a teoria quanto para a efetiva mudança constitucional em nossos dias?

Para responder a esses questionamentos, devemos registrar a menção, nesta obra e também na anterior (VIEIRA, 2004), de pensadores da ordem de Jürgen HABERMAS (capítulo 4), que se mostra confiante numa forma de *procedimentalismo* como o único caminho viável para garantir o mais relevante dos legados constitucionais para as gerações futuras: a democracia.

BIBLIOGRAFIA

ACKERMAN, Bruce. *The rise of world constitutionalism*. In *Yale Law School Occasional Papers, Second Series*, n° 3. New Haven: Yale Law School, 1997.

ACKERMAN, Bruce. *The Emergency Constitution*. In *The Yale Law Journal*, vol. 113, n° 5, 2004, pp. 1029-1079.

ACKERMAN, Bruce. *The New Separation of Powers*. In *Harvard Law Review*, vol. 113, n° 3, 2000, pp. 633-729.

ACKERMAN, Bruce. *We the People — 2: Transformations*, Cambridge: Harvard University Press, 2ª reimpr., 2001.

ACKERMAN, Bruce. *We The people: Foundations*. Cambridge: The Belknap Press of Harvard University Press, 1991, vol. 1

ACOSTA SÁNCHEZ, José. *Formación de la constitución y jurisdicción constitucional: fundamentos de la democracia constitucional*. Madrid: Tecnos, 1998.

ACTON, Lord. *Nacionalidade*. In BALAKRISHNAN, Gopal (org). *Um Mapa da Questão Nacional*. Trad. Vera Ribeiro. Rio de Janeiro: Contraponto, 2000, pp. 23-44.

ADLER, Matthew D. *Popular constitutionalism and the rule of recognition: whose practices ground US law? In University of Pennsylvania Law School. Paper 54*, 2004. Disponível em: http://lsr.nellco.org/upenn/wps/papers/54. Acesso em: 20 out. 2004.

AGAMBEN, Giorgio. *Estado de Exceção*. Tradução de Iraci D. Poleti. São Paulo: Boitempo, 2004.

ALEXY, Robert. *Teoría de los Derechos Fundamentales*. Trad. para o espanhol de Ernesto Garzón Valdés. Madri: Centro de Estudios Políticos e Constitucionales, 1ª ed., 3ª reimpr., 2002.

AMIRANTE, Carlo. *Introduzione. Diritti dell'uomo e sistema costituzionale: un futuro dal cuore antico*. In DENNINGER, Erhard. *Diritti delluomo e legge fondamentale*. Torino.G.Giappichelli Editore, 1998, pp. I-LVIII.

ANDERSON, Benedict. *Introdução*. In BALAKRISHNAN, Gopal (org). *Um Mapa da Questão Nacional*. Trad. Vera Ribeiro. Rio de Janeiro: Contraponto, 2000, pp. 7-22.

ARIZA, Santiago Sastre. *Ciencia Juridica Positivista y Neoconstitucionalismo*. Madrid: Editora Mcgraw Hill, 1999.

ÁVILA, Humberto. *Teoria dos Princípios*. São Paulo: Malheiros, 2003.

BARRET Jr., Edward L.; COHEN, William e VARAT, Johnathan D., *Constitutional Law Cases and Materials*. Westbury (NY): The Foundation Press, Inc., 1989.

BECK, Ulrich. *Pouvoir et contre-pouvoir à l ère de la globalisation*. Sem indicação de tradutor. Paris: Aubier,2003.

BERNARDES, Juliano Taveira. *Controle Abstrato de Constitucionalidade:* Elementos materiais e princípios processuais. São Paulo: Saraiva, 2004.

BICKEL, Alexander M. *The Least Dangerous Branch: The Supreme Court at the Bar of Politics*. New Haven/London: Yale University Press, 2ª ed., 1986.

BINENBOJM, Gustavo. *A Nova Jurisdição Constitucional Brasileira: Legitimidade democrática e instrumentos de realização*. Rio de Janeiro: Renovar, 2ªed., 2004.

BIRD, Alexander. *Thomas Kuhn*. Princeton: Princeton University Press, 2000.

BITTAR, Orlando. *Obras completas de Orlando Bittar: Estudos de Direito Constitucional e Direito do Trabalho.* Rio de Janeiro: Renovar, 1996.

BLANCHARD, David. *La constitutionnalisation de l'Union européenne.* Rennes: Apogée, 2001.

BÖCKENFÖRDE, Ernst Wofgang. *Escritos sobre Derechos Fundamentales.* Trad. para o espanhol de Juan Luis Requejo Pagés e Ignácio Villaverd Menédez. Baden-Baden: Nomos Verlagsgesellshaft, 1993, pp. 13 a 43.

BONAVIDES, Paulo. *Curso de Direito Constitucional.* São Paulo: Malheiros, 10ª ed., 2000.

BORK, Robert H. *Coercing virtue: The worldwide rule of judges.* Washington, DC: The AEI Press, 2003.

BRITO, José de Souza *et al. Legitimidade e Legitimação da Justiça Constitucional — Colóquio no 10º Aniversário do Tribunal Constitucional — Lisboa, 28 e 29 de maio de 1993.* Coimbra: Coimbra Editora, 1995.

CALDWELL, Peter. *Popular Sovereignty and the Crisis of German Constitutional Law: The Theroy & Pratice of Weimar Constitutionalism.* Durbam: Duke University Press, 1997.

CAMARGO, Margarida Maria Lacombe. *Em vista de um conceito de jurisdição constitucional.* Revista Estado, Direito e Sociedade — artigos on line. Disponível em: http://www.puc-rio.br/sobrepuc/depto/direito/revista/online/rev15_ribas_e_marg.html. Acesso em: 15 out. 2004.

CAÑAS, Gabriela. *España, Francia y Alemania compartirán los archivos de antecedentes penales.* In El País, Madri, 20 jul. 2004. Internacional, nº 9.910, p. 2.

CAÑAS, Gabriela. *Los 25 países de la UE acuerdan indenizar a todas las victimas Del terrorismo.* In El País, Madri, 31 mar. 2004. Internacional, nº 9.800, p. 4.

CANOTILHO, José Joaquim Gomes. *A concretização da constituição pelo legislador e pelo Tribunal Constitucional.* In MIRANDA, Jorge (org.) *Nos dez anos da constituição.* Lisboa: Imprensa Nacional — Casa da Moeda, 1986.

CANOTILHO, José Joaquim Gomes. *constituição dirigente e vinculação do legislador* — contributo para a compreensão das normas constitucionais programáticas. Coimbra: Coimbra, 2ª ed., 2001 (a 1ª ed. de 1994 também foi utilizada).

CANOTILHO, José Joaquim Gomes. *Direito Constitucional e Teoria da constituição.* Coimbra: Almedina, 7ª ed., 2004 (a 1ª edição de 1998 e a 5ª, de 2002, também foram utilizadas).

CAPPELLETTI, Mauro. O *Controle Judicial de Constitucionalidade das Leis no Direito Comparado.* Trad. Aroldo Plinio Gonçalves. Porto Alegre: Sergio Antonio Fabris Editor, 2ª ed., 1992.

CARRINO, Agostino. *Solidariedad y derecho. La sociologia juridica de los 'critical legal studies'.* In Doxa nº 12, 1992, pp. 115-153.

CARVALHO, Ernani Rodrigues de. *A Judicialização da política no Brasil: apontamentos para uma nova abordagem.* Trabalho apresentado no 4º. *Encontro Nacional da ABCP — painel 1 — Direito, Justiça e Controle* — PUC Rio de Janeiro — 21-24 julho 2004. Disponível em http://www.cienciapolitica.org.br/Ernani_Carvalho.pdf. Acesso em 06.jan. 2005.

CASTANHEIRA NEVES, A. O *actual problema metodológico da interpretação jurídica.* Coimbra: Coimbra Editora, 2003.

CASTRO, Marcus Faro de. O *Supremo Tribunal Federal e a Judicialização da Política.* In Revista Brasileira de Ciências Sociais. São Paulo, vol. 12, nº 34, junho de 1997, pp. 147-156.

CLARK, Bradford R. *Unitary Judicial Review*. In *The George Washington Law Review*, vol. 72, n⁰ˢ 1 e 2, dez. 2003, pp. 319-353.

CLÈVE, Clèmerson Merlin. *A fiscalização abstrata da constitucionalidade no Direito Brasileiro*. São Paulo: RT, 2ª ed., 2000.

COELHO, Inocêncio Mártires. *Jurisdição constitucional e criação judicial do direito: estado constitucional de direito ou estado judicial de direito?* In *Fórum Administrativo*. Belo Horizonte, ano 1, n° 10, dez. 2001, pp. 1307-1312.

COMANDUCCI, Paolo. *Formas de (neo)constitucionalismo: un análisis metateórico*. Trad. Miguel Carbonel. In Revista *Isonomia* n° 16, abril 2002, pp. 88-112.

COMPARATO, Fábio Konder. *A Afirmação Histórica dos Direitos Humanos*. São Paulo: Saraiva, 3ª ed., 2003 (a edição de 1999 também foi utilizada).

COMPARATO, Fábio Konder. *Para viver a democracia*. São Paulo: Brasiliense,1989.

CONSTANT, Benjamin. *Princípios Políticos Constitucionais*. Trad. Maria do Céu Carvalho Rio de Janeiro: Líber Júris, 1989.

COUTINHO, Jacinto Nelson de Miranda (org.). *Canotilho e a constituição Dirigente*. Rio de Janeiro: Renovar, 2003.

CRUZ, Álvaro Ricardo de Souza. *Jurisdição Constitucional Democrática*. Belo Horizonte: Del Rey, 2004.

CUNHA MELO, Manuel Palacios. *A Suprema Corte dos EUA e a judicialização da política: notas sobre um itinerário difícil*. in *A democracia e os três poderes no Brasil*. Belo Horizonte: Editora UFMG, Rio de Janeiro: IUPUERJ/FAPERJ, 2002.

DAU-LIN, Hsü. *Mutación de la constitución*. Trad. Pablo Lucas Verdu e Christian Foster. Oñati: IVAP, 1998.

DE SCHUTTER, Olivier e NIHOUL, Paul (coords.). *Réfle-

xions sur les transformations du droit de l'Union européenne. Bruxelas: Larcier, 2004.

DELLAVALLE, Sergio. *Necessità, pensabilità e realtà della Costituzione europea.* In *Diritti e Costituzione nell'Unione Europea,* Bari:Laterza, 2003.

DENNIGER, Erhard. *Freedom versus Security.* Disponível em www.goethe.de/kug/ges/rch/thm/en163802.htm. Set.2004. Acesso em 5.out. 2004.

DENNINGER, Erhard. *Diritti dell uomo e legge Fondamentale.* Trad. para o italiano de Luitgard Riegert e de Carlo Amirante. Torino: G Giappichelli Editore,1998.

DENNINGER, Erhard. *Democracia militante y defensa de la Constitución. In* BENDA, MAIHOFER, VOGEL, HESSE & HIEDE (orgs.). *Manual de Derecho Constitucional.* Trad. para o espanhol de Antonio Lopez Pina. Madri: Marcial Pons, 1996, pp. 445-486.

DENNINGER, Erhard. *Segurança, Diversidade e Solidariedade ao invés de Liberdade, Igualdade e Fraternidade. In Revista Brasileira de Estudos Políticos,* vol. 88, 2003, pp. 21-45.

DENNINGER, Erhard. *Security, Diversity, Solidarity, Instead of 'Freedom, Equality, Fraternity.'* Tradução para o inglês de Christopher Long e Willian Scheuerman. *In Constellattions* n° 4, dez.2000, pp. 507 a 526. Também disponível em www.periodicoscapes.gov.br. Acesso em 17.jan.2005.

DÍEZ-PICAZO, Luis Maria. *Constitucionalismo de la Unión Europea.* Madrid: Civitas, 2002.

DOUGLAS, Davison M. *The rhetorical uses of Marbury v. Madison: the emergence of a 'great case.'* In *Wake Forest Law Review,* vol. 38, n° 2, 2003, pp. 375-407.

DRYZEK, John S. *Deliberative democracy and beyond: liberals, critics, contestations.* Oxford, Oxford University Press, 2000.

EGURBIDE, Peru. *El Gobierno prepara para febrero el referendum sobre la Constitución europea.* In *El País*, Madri, 25 jul. 2004. *España*, n° 9.915, p. 22.

EISGRUBER, Christopher L. *Constitutional Self-Government and Judicial Review: A Reply to Five Critics.* In *University of San Francisco Law Review*, vol. 37, n° 1, 2002, pp. 115-190.

EL PAÍS. Editorial. *Cita con la historia.* Madri, 30.out.2004. *Opinión*, n° 10.012, p.14.

ELY, John Hart. *Democracy and distrust. A theory of judicial review.* Cambridge, Massachusetts/London: Harvard University Press, 1980.

ENCICLOPÉDIA INTERNACIONAL DE LAS CIENCIAS SOCIALES, Madrid: Aguiar, 1979, Vol. 3 e 6.

ENTRIKIN, J. Nicholas. Verbete *Reconstruction*. In BOYER, Paul S. (org.). *The Oxford Companion to United States History.* Nova York: Oxford University Press, 2003, pp. 653-656.

EPSTEIN, Lee e WALKER, Thomas G.. *Constitutional law for a changing America: institutional powers and constraints.* Washington DC:CQ Press, 5ª ed., 2004.

FALLON JR., Richard H. *Implementing the constitution.* Harvard: Harvard University Press, 2001.

FARBER, Daniel A. *Judicial Review and Its Alternatives: An American Tale.* In *Wake Forest Law Review*, vol. 38, n° 2, 2003, pp. 415-444.

FERNANDES, Bianca Stamato. *Jurisdição Constitucional: A Trajetória Teórica para a Superação da Tensão entre Direitos Humanos e Soberania.* (mimeo.) Dissertação de Mestrado, PUC-RJ, 2003.

FERRAJOLI, Luigi. *A soberania no mundo moderno: nascimento e crise do Estado nacional.* Tradução de *La sovranità nel mondo moderno* por Carlo Coccioli e Márcio Lauria Filho, revisão de Karina Jannini. São Paulo: Martins Fontes, 2002.

FERRAZ, Anna Cândida da Cunha. *Processos informais de mudança da constituição: mutações constitucionais e mutações inconstitucionais.* São Paulo: Max Limonad, 1986.

FERRY, Jean-Marc. *La question de l'Etat Européen.* Paris:Gallimard, 2000.

FISHER III, William W. *The Defects of Dualism. In* 59 U. Chi. L. Rev. 955, 1992.

FREIXES, Teresa. *Le respect des droits fondamentaux.*, palestra proferida na Universidade de Montpellier I em julho de 2004, por ocasião do VI Congresso Francês de Direito Constitucional, realizado pelo C*entre d'études et de recherches comparatives constitutionnelles et politique* (CERCOP) da mesma Instituição. Disponível em http://www.cercop@droit.univ-montp1.fr. Acesso em 6.ago.2004.

GARGARELLA, Roberto. "The constitution of inequality. Constitutionalism in the Americas, 1776-1860". *In I-CON,* vol. 3, n. 1, 2005. Disponível em www.periodicoscapes.gov.br. Acesso em 2 de janeiro de 2005

GARGARELLA, Roberto. *La Justicia frente al gobierno: sobre el carácter contramayoritario del poder judicial.* Barcelona: Ariel, 1996.

GELLNER, Ernest. *Nations and Nationalism.* Ithaca, New York: Cornell University Press, 1983.

GINSBURG, Tom. *Confucian Constitutionalism: Globalization and Judicial Review in Korea and Taiwan. In Illinois Public Law Research Paper n°. 00-03.* Disponível em http://papers.ssrn.com/sol3/papers.cfm?abstract_id=2 89255. Acesso em 28.out. 2004.

GINSBURG, Tom. *The Warren Court in East Asia: An Essay in Comparative Law. In Illinois Public Law Research Paper n° 04-12.* Disponível em http://papers.ssrn.com/sol3/papers.cfm?abstract_id=538984. Acesso em: 28 out. 2004a.

GOLDSWORTHY, Jeffrey. *Judicial Review, Legislative Override, and Democracy*. In *Wake Forest Law Review*, vol. 38, n° 2, 2003, pp. 451-468.

GRIFFIN, Stephen M. *Barnett and the Constitution we have lost*. In *Tulane University School of Law. Public Law and Legal Theory Working Papers Series. Working paper n° 04-01*. junho de 2004. Também disponível em http://ssrn.com/abstract=565024. Último acesso em 18 de setembro de 2004.

GRIFFIN, Stephen M. *Constitutional theory transformed*. In *Yale Law Journal*, 108, 8. 1999, pp. 2115-2163.

GRIFFIN, Stephen M.. "Judicial Supremacy and Equal Protection in a Democracy of Rights." *In University of Pennsylvania Journal of Constitutional Law*, vol. 4, n° 2, janeiro de 2002, pp. 281-313. Disponível em http://www.law.upenn.edu/conlaw/ thetablecon. html. Acesso em 10 de agosto de 2003.

GRIFFIN, Stephen M. *Review essay: has the hour of democracy come round at last? The new critique of judicial review*. (Apresentado na Reunião Anual da Political Science Association, 2000, mimeo, pp. 1-25). *In Const. Comm.*, vol. 17, 2000, pp. 683-701.

GRIFFIN, Stephen M. *The age of Marbury: judicial review in a democracy of rights*. (Apresentado na Reunião Anual da *American Political Science Association*, 2002, mimeo, pp. 1-74). *In Tulane Law School Working Paper n° 2003-01*. Disponível em: http://ssrn.com/ abstract=441240. Acesso em: 12 abril 2004.

GRIFFIN, Stephen M. *American constitutionalism: from theory to politics*. Princeton: Princeton University Press, 1996.

GRIFFIN, Stephen M. What is constitutional theory? The newer theory and the decline of the learned tradition. In *South California Law Review*, n° 62, 1988-1989.

GRIMM, Dieter. *Una Costituzione per l'Europa?* Trad. para o italiano de Leonardo Ceppa, Fabio Fiore e Gabriela Sivestrini, in ZAGREBELSKY, Gustavo, PORTINARO, Píer Paolo e LUTHER, Jörg (orgs.). *Il futuro della Costituzione*. Torino:. Einaudi, 1996, pp. 339-367.

GROISSER, Philip. *World History*. Oxford: Oxford Books Company, 1975.

GUILLIEN, Raymond, VINCENT, Jean (dir). *Lexique des termes juridique*. Paris: Dalloz, 12ª ed., 1999.

GUSY, Christoph. *Las Constituciones de entreguerras en Europa Central*. Tradução do alemão para o espanhol de Leonardo Álvarez Álvarez. *In* http://web.uniovi.es/ constitucional/fundamentos/ egundo/weimar.html#_ftnref1. Acesso em 08 de maio de 2004.

HÄBERLE, Peter. *Hermenêutica constitucional: a sociedade aberta dos intérpretes da constituição: contribuição para a interpretação pluralista e "procedimental" da constituição*. Trad. Gilmar Ferreira Mendes. Porto Alegre: Sergio Antonio Fabris, 1997.

HÄBERLE, Peter. *Libertad, Igualdad, Fraternidad: 1798 como historia, actualidad y futuro del Estado Constitucional*. Trad. para o espanhol de Ignácio Gutiérrez Gutiérrez. Madri: Editorial Trotta, 1998.

HÄBERLE, Peter. *Pluralismo y Constitución: Estudios de Teoría Constitucional de la Sociedad Abierta*. Estudos preliminares e tradução para o espanhol de Emilio Mikunda-Franco. Madrid: Tecnos, 2000.

HABERMAS, Jürgen. *Remarks on Erhard Denningers Triad*. Tradução para o inglês de Christopher Long e Willian Scheuerman. *In Constellattions* nº 4, dez. 2000. Também disponível em www.periodicoscapes.gov.br. Acesso em 17.jan.2005.

HABERMAS, Jürgen. *A constelação pós-nacional*: ensaios políticos. Tradução de Márcio Seligmann Silva. São Paulo: Littera Mundi, 2001.

HABERMAS, Jürgen. *Between facts and norms*. Tradução para o inglês de Willian Rehg. Cambridge, Massachusetts: The MIT Press, 1996.

HABERMAS, Jürgen. *Direito e Democracia: entre a facticidade e validade*. Trad. Flávio Breno Siebeneichler. Rio de Janeiro: Tempo Brasileiro, 1997.

HAMILTON, John. *The Federalist n.º 78*. Disponível em: http://www.constitution.org/ fed/federa78.htm. Acesso em 27 out. 2004.

HESSE, Konrad. *A força normativa da constituição*. Tradução de *Die normativa kraft der verfassung* por Gilmar Ferreira Mendes. Porto Alegre: Sérgio Antonio Fabris, 1991.

HESSE, Konrad. *Elementos de Direito Constitucional da República Federal da Alemanha*. Trad. Luis Afonso Heck. Porto Alegre. Sergio Antonio Fabris, 998.

HESSE, Konrad. *Escritos de Derecho Constitucional*. Trad. para o espanhol de Pedro C. Villalón. Madrid: Centro de Estudios Constitucionales, 1983.

HIRSCHL, Ran. *The political origins of the new constitutionalism. Indiana Journal of Global Legal Studies*, vol. 11, nº 1, 2004.

HOBSBAWN, Eric. *Etnia e nacionalismo na Europa hoje*. In BALAKRISHNAN, Gopal (org). *Um Mapa da Questão Nacional*. Trad. Vera Ribeiro. Rio de Janeiro: Contraponto, 2000, pp. 271-282.

HOBSBAWN, Eric. *Nações e Nacionalismo desde 1780*. Trad. Maria Célia Paoli e Anna Maria Quirino. Rio de Janeiro: Paz e Terra, 2002, 3ª edição.

HOEKSTRA, Valeria J.. *Public reaction to Supreme Court Decisions*. Massachussets: Cambridge University Press, 2003.

HOLMES, Stephen, e SUNSTEIN, Cass R.. *The cost of rights: why liberty depends on taxes*. Nova York: Norton & Co., 1999.

JACOBSON, Arthur & SCHLINK, Benhard (orgs). *Weimar: A jurisprudence of Crisis*. Trad. para o inglês de Belinda Cooper. Berkeley: University of California Press, 2000.

JEGOUZO, Isabelle. Verbete *Eurojust*. In CADIET, Loíc (coord.). *Dictionnaire de la Justice*. Paris: PUF, 2004, pp. 479-481.

JELLINEK, Georg. *Reforma y mutación de la Constitución*. Trad. para o espanhol de Christian Foster. Madri: Centro de Estúdios Constitucionales, 1991.

JELLINEK, Georg. *Reforma y mutación de la Constitución*. Trad. Christian Foster. Madri: Centro de Estúdios Constitucionales, 1991.

KELSEN, Hans. *Teoria Geral das Normas*. Porto Alegre: Sergio Antonio Fabris, 1986.

KELSEN, Hans. *Teoria Geral do Direito e do Estado*. São Paulo: Martins Fontes, 1998.

KELSEN, Hans. *Teoria Pura do Direito*. São Paulo: Martins Fontes, 2ª ed., 1987.

KELSEN, Hans. *Jurisdição constitucional*. São Paulo: Martins Fontes, 2003.

KERVÉGAN, Jean-François. *Democracia e Direitos Humanos*. In MERLE, Jean-Christophe e MOREIRA, Luiz. *Direito e Legitimidade*. São Paulo: Landy, 2003, pp. 115-125.

KLARMAN, Michael J. *Constitutional Fact/Constitutional Fiction: A Critique of Bruce Ackerman's Theory of Constitutional Moments*. In 44 Stan. L. Rev. 759, 1992.

KRAMER, Larry. *The People Themselves: popular constitutionalism and judicial review*. Oxford: Oxford University Press, 2004.

KUTTNER, Robert. *Tudo à venda: As virtudes e os limites do mercado*. Trad. Claudio Weber Abramo. São Paulo: Cia. das Letras, 1998.

LASSALLE, Ferdinand. *A essência da constituição*. Sem indicação de tradutor. Rio de Janeiro: Lumen Juris,, 6ª ed., 2001.

LEVINSON, Sanford. *Bush v. Gore and the French Revolution: a tentative list of some early lessons*. In Law and Contemporary Problems, vol. 65, n° 3, Duke University, School of Law, 2002. Também disponível em http://www.law.duke.edu/shell/cite.pl? 65+Law+&+Contemp.+Probs.+7+(Summer+2002). Último acesso em 16.abr.2004.

LEVINSON, Sanford. *Why I do not teach Marbury (except to eastern europeans) and why you shouldn't either*. In Wake Forest Law Review, vol. 38, n° 2, 2003, pp. 553-574.

LLOSA, Mario Vargas. *Europa laica y creyente*. In El País, Madri, 11 jul. 2004. Opinión, n° 9.901, p. 11.

LOEWENSTEIN, Karl. *Teoría de la Constitución*. Sem indicação de tradutor. Barcelona: Editorial Ariel, Barcelona, 1979.

LUCAS VERDÚ, Pablo. *La Constitución en la encrucijada (palingenesia iuris politici)*. Madrid: Real Academia de Ciencias Morales y Políticas, 1994.

MADISON, James, HAMILTON, Alexander e JAY, John. *Os artigos federalistas 1787-1789* (edição integral). Tradução de Maria Luiza X. de A. Borges. Rio de Janeiro: Nova Fronteira, 1993.

MANITAKIS, Antonis. *La constitution européenne face à la souverainetè nationale et européenne*. Palestra proferida na Universidade de Montpellier I em julho de 2004, por ocasião do VI Congresso Francês de Direito Constitucional, realizado pelo *Centre d'études et de recherches comparatives constitutionnelles et politique* (CERCOP) da mesma Instituição. Disponível em http://www.cercop@droit.univ-montp1.fr. Acesso em 6.ago.2004.

MARAVALL, José María; PRZEWORSKI, Adam (eds.). *Democracy and the rule of law*. Cambridge: Cambridge University Press, 2003.

MAUS, Ingeborg. *Judiciário como superego da sociedade. O papel da atividade jurisprudencial na 'sociedade órfã.'* Tradução de Martonio MontAlverne Barreto Lima. In *Novos Estudos CEBRAP*, nº 58, nov. 2000, pp. 183-202.

McCONNELL, Michael W. *The Forgotten Constitutional Moment*. In *Constitutional Commentary*. v. 11. nº 1, 1994, pp. 115-144.

McCONNELL, Michael W. *The story of Marbury v. Madison: making defeat look like victory*. In DORF, Michael (ed.). *Constitutional law stories*. New York: Foundation Press, 2004, pp. 13-31.

MENDES, Gilmar Ferreira. *Controle de constitucionalidade:* aspectos jurídicos e políticos. São Paulo: Saraiva, 1990.

MENDES, Gilmar Ferreira. *Jurisdição constitucional*. São Paulo:Saraiva, 4ª ed. 2004.

MICHELMAN, Frank I. *Living with judicial supremacy*. In Wake Forest Law Review, vol. 38, nº 2, 2003, pp. 579-606.

MIRKINE-GUETZÉVITCH, B.. *As novas Tendências do Direito Constitucional*. Trad. Candido Motta Fillho. São Paulo: Cia. Editora Nacional, 1933.

MONTESQUIEU. *L'Esprit des lois*. Paris: Éditions Gallimard, 1995. (Também foi utilizada a tradução da coleção *Os pensadores, Do Espírito das Leis*, vols. 1 e 2. São Paulo: Nova Cultural, 1997.)

MORAES, Alexandre de. *Jurisdição constitucional e tribunais constitucionais: garantia suprema da constituição*. São Paulo: Atlas, 2000.

MORESO, José Juan. *Comanducci sobre neoconstitucionalismo*. In Revista *Isonomia* nº19, outubro 2003, pp. 267-282.

MORO, Sergio Fernando. *Jurisdição Constitucional como Democracia*. São Paulo: RT, 2004.

MORTATI, Constantino. *Costituzione*, In *Enciclopedia del Diritto*. Milão: Giuffrè, vol.11, 1962.

MÜLLER, Friedrich. *Fragmento (sobre) o poder constituinte do povo*. Tradução de *Fragment (uber) Verfassunggebende Gewalt des Volkes* por Peter Naumann. São Paulo: Editora Revista dos Tribunais, 2004.

MÜLLER, Friedrich. *Quem é o Povo? A questão fundamental da democracia*. Trad. Peter Naumann, rev. Paulo Bonavides. São Paulo: Max Limonad, 1998.

NAGEL, Robert F. *Marbury v. Madison and modern judicial review*. In *Wake Forest Law Review*, vol. 38, n° 2, 2003, pp. 613-630.

PANIAGUA, Enrique Linde. *Constitucionalismo democrático (o los hombres en el centro del sistema político)*. Madrid: Editorial Colex, 2002.

PEREIRA, Jane Reis Gonçalves. *Direitos fundamentais e interpretação constitucional: uma contribuição ao estudo das restrições aos direitos fundamentais na perspectiva da teoria dos princípios*. Tese de doutoramento em Direito. Universidade do Estado do Rio de Janeiro (*mimeo*), 2004.

PERRY, Michael J. *Protecting Human Rights in a Democracy: What Role for the Courts?* In *Wake Forest Law Review*, vol. 38, n° 2, 2003, pp. 635-687.

PERRY. Michael J. *Why Constitutional theory matters to constitutional practice (and vice versa)* In LEYH, Gregory. *Legal hermeneutics: history, theory and practice*. EUA: University of California Press, 1991.

POCHERON, Sabrina. *La Constitution européenne, Perspectives françaises et allemandes*. Paris:L'Harmattan, 2004.

POLANYI, Karl. *A grande transformação: as origens de nossa época*. Trad. Fanny Wrobel, 4ª ed. Rio de Janeiro: Campus, 2000.

POMER, Leon. O *Surgimento das Nações*. São Paulo, Atual Editora, 1994.

POSNER, Richard A. The institutional dimension of statutory and constitutional interpretation. In *Michigan Law Review*, fev.2003, vol. 101, Issue 4. Disponível em http://gateway.proquest.com. Acesso em 20 de setembro de 2004.

POWE JR., L. A. *The Politics of American Judicial Review: Reflections on the Marshall, Warren, and Rehnquist Courts*. In *Wake Forest Law Review*, vol. 38, n° 2, 2003, pp. 697-727.

POWELL, H. Jefferson. *The original understanding of original intent*. In *Harvard Law Review*, vol. 98, n° 5, 1985, p. 884/948.

PRAKASH, Saikrishna B.; YOO John C. The origins of judicial review. *University of Chicago Law Review*, v. 69, summer, 2003, p. 1-89. Disponível em: http://ssrn.com. Acesso em 30.out. 2004.

RANGEL, Paulo de castro. *Diversidade, Solidariedade e Segurança (notas em redor de um novo programa constitucional)*. Disponível em www.ao.pt/genericos/detalhe Artigo.asp. Acesso em 22 nov. 2004.

RITUERTO, Ricardo M. de. O *Europa se reforma o entra en decadencia*. In *El País*, Madri, 20 ago. 2004. *Internacional*, n° 9.941, p. 4.

ROBESPIERRE, Maximilien de. *Discursos relatórios da convenção*. Tradução de Maria Helena Franco Martins. Rio de Janeiro: EDUERJ, 1999.

RODRIGUES, *Lêda Boechat. A Corte Suprema e o Direito Constitucional Americano*. Rio de Janeiro: Civilização Brasileira, 2ª ed., 1992.

ROSENFELD, Michel. O *constitucionalismo americano confronta o novo paradigma constitucional* Sem indicação de tradutor. In *Revista Brasileira de Estudos Políticos* n° 88, dezembro de 2003c, pp. 147-188.

ROSENFELD, Michel. O *constitucionalismo Americano Confronta o Novo Paradigma Constitucional de Denninger*. In Revista Brasileira de Estudos Políticos. Belo Horizonte: UFMG, dezembro, 2003, pp. 47-79.
ROSENFELD, Michel. *A identidade do sujeito constitucional*. Tradução de Menelick de Carvalho Netto. Belo Horizonte: Mandamentos, 2003b.
ROSENFELD, Michel. *The rule of law, and the legitimacy of constitutional democracy*. Cardozo Law School, Working Paper Series, n. 36, 2001.
ROSS, William G. *The Resilience of Marbury v. Madison: Why Judicial Review Has Survived So Many Attacks*. In Wake Forest Law Review, vol. 38, nº 2, 2003, pp. 733-783.
SAMPAIO, José Adércio Leite. *Teorias constitucionais em perspectiva: em busca de uma constituição pluridimensional*. In SAMPAIO, José Adércio Leite (coord.). *Crise e desafios da constituição*. Belo Horizonte: Del Rey, 2004, pp. 03-54.
SAMPAIO, José Adércio Leite. *A constituição reinventada pela jurisdição constitucional*. Belo Horizonte: Del Rey, 2002.
SANCHÍS, Luis Prieto. *Justicia Constitucional y Derechos Fundamentales*. Madri: Trotta, 2003.
SANDALOW, Terrance. *Abstract Democracy: A Review of Ackerman's We The People*, In 9 Const. Commentary. 309, 1992.
SARLET, Ingo Wolfgang. *A Eficácia dos Direitos Fundamentais*. Porto Alegre: Livraria do Advogado, 4ª ed., 2004.
SARMENTO, Daniel. *Direitos Fundamentais e Relações Privadas*. Rio de Janeiro: Lumen Juris, 2003.
SCHAUER, Frederick. *Deliberating About Deliberation*, In 90 Mich. L. Rev. 1187, 1992.
SCHAUER, Frederick. *Neutrality and Judicial Review*. In

John F. Kennedy School of Government — Harvard University — Working Papers 03-008, 2003. Também disponível em: http://ssrn.com/abstract=385208. Acesso em 30.out.2004.

SCHMITT, Carl. *A Crise da Democracia Parlamentar*. Trad. de Inês Lobbauer. São Paulo: Editora Scritta, 1996.

SCHWARTZ, Bernard. *A history of the Supreme Court*. New York: Oxford University Press, 1993.

SHABINI, Omid A. Payrow. *Language Policy and Diverse Societies: Constitutional Patriotism and Minority Language Rights*. In *Constellations*, vol. 11, n° 2, 2004, pp 193-216.

SHERRY, Suzanna. *The Ghost of Liberalism Past, In Harvard Law Review*, n° 105, p. 918, 1992.

SILVA, Fernanda Duarte Lopes Lucas da Silva. *A justiça frente ao governo*. In *Revista da EMARF*, EMARF, Rio de Janeiro, vol. 1, p.31-40, 1999. Disponível também em www.mundojuridico.adv.br.

SILVA, Fernanda Duarte Lopes Lucas da. *A estrutura normativa das normas constitucionais. Notas sobre a distinção entre princípios e regras.* In PEIXINHO, Manoel Messias et al (org.). *Os princípios da constituição de 1988*. Rio de Janeiro: Lumen Juris, 2001, pp. 3-24.

SILVA, José Afonso da. *Curso de Direito Constitucional Positivo*. São Paulo: Malheiros, 20ª ed., 2002.

SMEND, Rudolf. *Constitución Y Derecho Constitucional*. Trad. de José Maria Beneyto Perez. Madri: Centro de Estudios Constitucionales, 1985. (a primeira edição de sua obra data de 1928).

SOLANA, Javier. Entrevista. In *El País*, Madri, 18 jul. 2004. *Internacional*, n° 9.908, p. 3.

SOLLUM, Lawrence B. *The aretaic turn in constitutional theory.* In *University of San Diego Public Law Research, Paper* n° 04-03, Disponível em http://papers.ssrn.com/

sol3/papers.cfm?abstract_id=512882. Acesso em 18 de junho de 2004.

SOUZA NETO, Cláudio Pereira de. *Jurisdição Constitucional, Democracia e Racionalidade Prática*. Rio de Janeiro: Renovar, 2002.

STEINMETZ, Wilson. *A vinculação dos particulares a Direitos Fundamentais*. São Paulo: Malheiros, 2004.

STRECK, Lênio Luiz. *Jurisdição Constitucional e Hermenêutica*: Uma nova crítica do Direito. Rio de Janeiro: Forense, 2ª ed., 2004.

SUNSTEIN, Cass e ULLMANN-MARGALIT, Edna. *Second-order decisions*. Ethics, 2000. Disponível em http://ssrn.com/abstract=193848. Acesso em 21 de outubro de 2004.

SUNSTEIN, Cass e VERMEULE, Adrian. *Interpretation and institutions*. In Michigan Law Review. Vol. 101, Set 2003.

SUNSTEIN, Cass R. *Interpretative theory in its infancy: a reply to Posner*. In Michigan Law Review, vol. 101, Set. 2003.

SUNSTEIN, Cass R. *Designing democracy: what constitutions do*. Oxford: Oxford University Press, 2001.

SUNSTEIN, Cass R. *What Did Lawrence hold of autonomy, desuetude, sexuality, and marriage*. In The Supreme Court Review. The University of Chicago Press, 2003, pp. 27-74).

SUNSTEIN, Cass R. *Designing democracy: what constitutions do*. Oxford: Oxford University Press, 2001b.

SUNSTEIN, Cass R. *One case at a time: judicial minimalism on the Supreme Court*. Cambridge: Harvard University Press, 1999.

SUNSTEIN, Cass R. *The Second Bill of Rights: FDR's unfinished revolution and why we need it more than ever*. New York: Basic Books, 2004.

SUPREMO TRIBUNAL FEDERAL. *Jurisprudência política.* São Paulo: Malheiros, 2ª ed., 2002.

TAVARES, André Ramos. *Teoria da justiça constitucional.* São Paulo: Editora Saraiva, 2005.

TAVARES, André Ramos. *Tribunal e Jurisdição Constitucional.* São Paulo: IBDC: Celso Bastos Editor, 1998.

TORRES, Ricardo Lobo. *A metamorfose dos direitos sociais em mínimo existencial.* In SARLET, Ingo Wolfgang (org.). *Direitos fundamentais sociais: estudos de direito constitucional, internacional e comparado.* Rio de Janeiro: Renovar, 2003, pp. 1-46.

TRIBE, Laurence H. *American constitutional law.* Nova York: The Foundation Press, 2ª ed., 1988.

TRIBE, Lawrence H. *The Anti-emergency constitution.* In The Yale Law Journal, vol. 113, n° 8, junho de 2004, pp.1801-1870.

TROPER, Michel. *Marshall, Kelsen, Barak and the constitutionalist fallacy.* In I-CON, vol. 3, n° 1, 2005, pp-24-38.

TROPER, Michel. *The logic of justification of judicial review.* In I.CON New York, vol.1, n°1, 2003, pp. 99-121.

TUSHNET, Mark. *Law and Prudence in the Law of Justiciability: The Transformation and Disappearance of the Political Question Doctrine.* In North Carolina Law Review, vol. 80, n° 4, maio de 2002. Também disponível em: http://ssrn.com/abstract=283464. Acesso realizado em 02.jan.2005.

TUSHNET, Mark. *New Forms of Judicial Review and the Persistence of Rights- and Democracy-Based Worries.* In Wake Forest Law Review, vol. 38, n° 2, 2003, pp. 553-574.

TUSHNET, Mark. *Non-Judicial Review.* In Harvard Journal on Legislation, vol. 40, n° 2, pp. 453-492. Cambridge, Massachusetts: Harvard Law School, 2003b.

TUSHNET, Mark. *Skepticism About Judicial Review — A Perspective from the United States. In* CAMPBELL, Tom; EWING, Keith; TOMKINS, Adam (eds.). *Skeptical approaches to entrenched Human Rights.* Oxford: Oxford University Press, 2001. Também disponível na internet em: http://ssrn.com/abstract=240588. Acesso em 2.jan.2005.

TUSHNET, Mark. *Taking the Constitution Away From the Courts.* Princeton: Princeton University Press, 1999.

TUSHNET, Mark. *The New Constitutional Order.* Princeton: Princeton University Press, 2003c.

VIANNA, Luiz Werneck et al.. *A judicialização da política e das relações sociais no Brasil.* Rio de Janeiro: Revan, 1999.

VICTOR, Jean-Louis. *Les projets de Constitution dans l'histoire de la construction européenne.* MAGNETTE, Paul (ed.). *La Constitution de l'Europe.* Bruxelas: Editions de l'Université Libre de Bruxelles, Institut d'Etudes Européennes, 2000. pp. 41-52.

VIEIRA, José Ribas. *A noção dos princípios no direito público do estado democrático. In* PEIXINHO, Manoel Messias et al (org.). *Os princípios da constituição de 1988.* Rio de Janeiro: Lumen Juris, 2001, pp.123-129.

VIEIRA, José Ribas et. al. *Da Vontade do legislador ao Ativismo Judicial: Os impasses da jurisdição constitucional.* In Revista Informe Legislativo nº 160, ano 40. Brasília: Edições Técnicas do Senado, out./dez. 2003, pp. 223-243.

VIEIRA, José Ribas et al. *A constituição européia: O projeto de uma nova teoria constitucional.* Rio de Janeiro: Renovar, 2004.

VIEIRA, Oscar Vilhena. *A constituição e sua reserva de justiça: um ensaio sobre os limites materiais ao poder de reforma.* São Paulo: Malheiros Editores, 1999.

WOLFE, Christopher. *The rise of modern judicial review: from constitutional interpretation to judge-made law.* London: Rowman & Littlefield, 2ªed., 1994.

YÁRNOZ, Carlos, GONZÁLES, Enric. *Europa sella su Constituición en Roma.* In *El País*, Madri, 30 out. 2004. *Internacional*, nº 10.012, p. 2.

YÁRNOZ, Carlos. *Posición de Los 25 sobre la ratificación en las urnas de la Constitución europea.* Disponível em http://www.euractiv.com. In *El País*, Madri, 20 jun. 2004, *Internacional*, nº 9.880, p. 2.

YÁRNOZ, Carlos. *Via libre para la UE de varias velocidades.* In *El País*, Madri, 20 jun. 2004. *Internacional*, nº 9.880, p. 2.

YÁRNOZ, Carlos. *La historia de un éxito.* In *El País*, Madri, 30 out. 2004. *Internacional*, nº 10.012, p. 5.

ZAGREBELSKY, Gustavo. *El derecho dúctil.* Trad. para o espanhol de Gregorio Peces-Barba. Madri: Editorial Trotta, 1995.

PUBLICAÇÕES OFICIAIS

Une Constitution pour l'Europe (Office des publications. Communauté Européenne. ISBN92-894-6464-X).

Le projet de Constitution pour l'Europe élaboré par la Convention européenne — Une présentation aux citoyens. Office des publications officielles des Communautés européenne, 2004 (ISBN 92-894-6444-5).

PORTAIS DE INTERNET

http://www.newleftreview.net/NLR24501.shtml.
http://www.monde-diplomatique.fr/cahier/europe/discour schirac ("Notre Europe").
http://senat.fr/europe/avenir_union/jospin_052001.pdf.

http://european-convention.eu.int.
http://europa.eu.int/futurum/forum_convention.
http://europa.eu.int/futurum.
http://europa.eu.int/eur-lex/fr/treaties/dat/nice_treaty_fr.pdf.
http://www.cercop@droit.univ-montp1.fr.
http://www.ssrn.com
http://www.mundojuridico.adv.br
http://www.peiodicoscapes.gov.br

Impresso em offset nas oficinas da
FOLHA CARIOCA EDITORA LTDA.
Rua João Cardoso, 23 – Tel.: 2253-2073
Fax.: 2233-5306 – Rio de Janeiro – RJ – CEP 20220-060